日本能源法研究

——以政府规制的法律与政策为中心

エネルギー法研究

政府規制の法と政策を中心として

[日] 藤原淳一郎　著

于杨曜　黄　焱　译

華東理工大學出版社
EAST CHINA UNIVERSITY OF SCIENCE AND TECHNOLOGY PRESS
·上海·

图书在版编目(CIP)数据

日本能源法研究：以政府规制的法律与政策为中心/
(日)藤原淳一郎著；于杨曜，黄焱译.—上海：华东
理工大学出版社，2018.8

ISBN 978-7-5628-5559-0

Ⅰ.①日… Ⅱ.①藤… ②于… ③黄… Ⅲ.①能源法
—研究—日本 Ⅳ.①D931.326

中国版本图书馆CIP数据核字(2018)第178876号

Original Japanese title Study of Energy Law: Focused on Law and Policy of Regulated Industries

Original Japanese edition published by Nippon Hyoronsha Co., Ltd.

Chinese translation edition published by East China University of Science and Technology Press Ltd.

著作权合同登记号：图字09-2017-184号

项目统筹 / 马夫娇　李芳冰
责任编辑 / 李芳冰
装帧设计 / 吴佳斐
出版发行 / 华东理工大学出版社有限公司
地址：上海市梅陇路130号，200237
电话：021-64250306
网址：www.ecustpress.cn
邮箱：zongbianban@ecustpress.cn
印　　刷 / 杭州日报报业集团盛元印务有限公司
开　　本 / 710 mm×1000 mm　1/16
印　　张 / 18
字　　数 / 283千字
版　　次 / 2018年8月第1版
印　　次 / 2018年8月第1次
定　　价 / 98.00元

中文版序

preface

中央 2015 年 9 号文和 2017 年 15 号文分别开启了新一轮电力市场与油气市场体制改革的大幕。为了使这些政策尽快落地，我国能源法制建设必定会迎来一个新的高潮。

我国能源法制建设起步于上个世纪九十年代，借鉴欧美与日本等国的市场经济立法经验进行制度设计是我们一贯的做法。然而，现行能源法律制度绩效持续处于低迷状态，引进、吸收、模仿甚至植入市场经济国家的法律制度并没有带来我国能源市场竞争力的提升。有人将其归结为能源法律体系并不完整，甚至有人将《能源法》出台作为提升法律制度绩效的前提。必须承认，法律的逻辑性固然重要，法律的思想或制度设计更为重要。正如霍姆斯强调的，法律的生命在经验，而不在逻辑①。

那么，究竟是什么妨碍了我国能源法法律绩效？切合一国实际的法律才会有绩效。诺思认为，发展中国家热衷于引进吸收甚至植入发达国家的法律通常并不成功，因为没有相同的政治经济背景，没有相近的历史、文化传统②。法律制度建设不是靠法律条款的引进、吸收、模仿甚至植入来的，而是一个深刻的政治过程、经济过程、历史过程与文化过程。虽然各国的政治、经济、文化与历史发展都有不同，但至少相同发展阶段所遇的问题应当是大致相同或相近的，借鉴市场经济国家与我国发展阶段相同或相近阶段的法律显得格外有意义。只因为此，樊纲强调，我们要特别关注的是市场经济国家发展历史上的经验、教训，各种机制，政策和做法，及其市场经济必经的历史发展过程。了解了历史过程，不仅为我们现在如何促进市场经济发展提供更好的经验与教训，同时为市场经济发展今后可能遇到的问题做一个思想准备。研究经济与法律的人要注重历史研究，注重市场经济发展的历史过程③。显然研究市场经济国家

① ［美］小奥利弗·霍姆斯.《普通法》. 冉昊，姚中秋，译. 北京：中国政法大学出版社，2006.

② ［美］诺思.《暴力与社会冲突》. 杭行，等译. 上海：上海人民出版社，2009.

③ 见樊纲为［美］伯格尔《二十世纪欧洲的法律与竞争》“中文版序”.

与我国发展阶段相同或相近阶段的法律是必须的。市场经济无论是不是法制经济，但肯定是制度经济，市场经济发展史就是一部制度史。作为其中的一种制度，法律同样伴随并与市场经济进程匹配发展的制度规则及其运作。只可叹，研究部门法的法律人多浮躁在跟踪市场经济国家现行法律及其制度的介绍与演绎上，而少有人关注与我国相同或相近发展阶段的法律与制度的研究上。

藤原论文集研究的不是日本现在的能源法律制度，而是从上个世纪七十年代末到本世纪初日本电力和燃气产业从政府规制到放松规制并逐步趋于市场化的过程，以及在此过程中相关法律制度演变。从经济发展阶段来看，这一段日本史并不一定与我国相同或相近，但就能源市场化，特别是电力市场化与油气市场化来看，这一过程及其法律制度演化与我国是相同或相近的，只因为此，藤原论文集研究的问题及其解决问题的制度规制与措施正是需要我们认真学习借鉴的。日本政府规制与我国政府规制的内涵有区别，但都是在处理市场化过程中政府与市场的法律边际，藤原直接参与并见证了日本能源市场过程，其论文将这一过程延续了近三十年，从基本理论到制度设计，从制度初始设计到制度演化，政府规制的本质，民营资本的功能，政府与企业或产业的博弈等跃然纸上，我们可从中领略到日本能源市场化过程和能源法律演化过程的矛盾点，以及在能源市场化不同阶段法律制度设计的不同侧面与作用，甚至政府规制与能源市场化未来趋势。藤原论文集不是完整的一部专著，甚至讨论与演绎的问题已经超出能源法域，但是不同时代的作品组合在一起，竟然能架构起让人读来感受到问题讨论在逻辑上递进，甚或深刻系统的，足见藤原知识魅力、理论功力及其讨论问题的持之以恒的科学毅力。

我国能源市场化改革正在进行时，适应能源市场化改革的能源法律制度设计也在进行时，相信藤原论文集在我国的出版将会让我们法律人真正体会到“他山之石，可以攻玉”的内涵！

2018 年 2 月

译者序

preface

日本庆应义塾大学名誉教授藤原淳一郎先生所著《能源法研究——以政府规制的法律与政策为中心》一书，收录了其本人自1977年开始研究能源法以来的一些主要研究成果。由于日本缺乏能源产业链上游的天然能源资源，因此研究主要围绕能源产业下游的电力和燃气两大行业展开。书中较为详细地介绍了这两个行业从政府强力规制到放松规制并逐步趋于市场化的过程，以及在此过程中相关法律政策的修订演变。由于作者多年来一直从事能源法研究，并且长期作为日本政府多个相关审议会、研究会的专业委员参与了这一过程，对相关规制法律及政策的修订过程、修订过程中的观点碰撞以及最终的决策过程都较为了解，论述亦较为具体，可使我们能够对日本电力和燃气两个行业的市场化过程有较为全面完整的认识。此外，作者还将考察的视野扩展至运输、电信信息等其他政府规制产业（公用事业），并通过与欧美等的比较研究，从一般意义上分析了政府规制产业法的基本思路、主要的手段方法及各自的利弊，并进一步探讨规制改革的方向及主要研究课题等一些理论问题。

当前中国正在积极推进市场化改革，尤其是作为政府规制产业的公用事业领域如何导入市场竞争机制，以促进企业效率提高、增进社会福利是进一步深化体制改革的重要课题。虽然日本的政治、经济、社会背景以及电力燃气行业的具体情况等与日本有较大差异，但其中一些有关政府规制的思维方法、基本观点、规制的决策过程乃至一些具体的措施等仍可供我们参考和借鉴。本书可供相关法律学者、经济学者以及从事公用事业管理的实务人员参考。

本书的翻译出版得到了日本株式会社日本评论社的大力支持，在此表示衷心感谢。

由于译者水平有限，译文中如有不妥之处敬请不吝赐教。

于杨曜

2017 年 10 月

前　言

foreword

1976年5月，笔者携家人（妻子及2个幼儿）在德国科隆生活，不料因盲肠炎入住市内的圣弗兰西斯科医院，并在那里接受了手术。因当时采用的是比较落后的斜面开腹手术，故入院时间超过了1个星期。受那段空隙时间在病床上做学问的“启示”，觉得似乎应该暂时放下行政法基础理论，去从事诸如能源、环境、人口、粮食等一些关乎全球性的、全人类的课题进行研究。翌年1977年，发表了论文“日本能源法学的现状”（《法学研究》第50卷12号），打出了能源法研究的旗号。当时即使在欧美也少有相关研究的样本，因此于笔者来说，进入这个领域与其说是果断地一跃而入，不如说是在战战兢兢地尝试。

最初阶段，只是就核能、能源设施选址、能源税制等与能源相关的一些课题进行一些粗浅、试错性的研究，受当时庆应义塾大学教授、现已故田正彬先生的启发，1981年，在经济法学会（现为日本经济法学会）上作了总会报告（参见本书第2篇3.1节），这成为一个转机，此后，“电力、燃气的规制和竞争”成为笔者研究的中心主题，并且将研究的视野进一步拓展至与此相关联的运输、信息通信等政府规制产业（公用事业领域）。

基于这样的研究过程，本书将以“政府规制与竞争”为核心主题，而除此以外的研究考察以及纯属外国法研究等的内容未作为本书的收录对象。

本书由已发表的论文（第2、3篇）和新增加的内容（第1、4篇）构成，并对已发表的论文添加了开题。已发表的论文多是任职于庆应义塾大学时完成的，第1篇和第4篇则是在转任明治学院大学研究生院法学科以后执笔的。当前，地球环境问题成为人们关注的焦点，而政府规制论（规制改革论）则往往处于休战状态，但笔者认为这个火种迟早还会重燃。让笔者感到欣慰的是，怀着使命感努力完成的已发表论文，即使在今天仍有非常重要的现实意义。但本书并非是笔者相关研究的终点站，只是暂告一段落，今后还将继续研究下去（参见笔者“最终讲义——行政法及能源法、政府规制产业法的课题”法学研究第82卷第7号，2009年）。

“能源法”“政府规制产业（公用事业）法”，不仅仅是法学，而是通过与其他学术领域及实务的不断对话所形成的综合性科学。在研究过程中，得到了国内外很多研究者、能源及信息通信领域从事实务的企业家的指导、建议及头脑风暴式的刺激。本书所收录的各篇论文，也是与能源及信息通信相关的审议会、学会、研究会、国内外规制当局及能源、信息通信企业的规划、调查、法务等各部门管理者交流的产物。因篇幅所限，无法将所有曾给予帮助的各位一一列举，这里只能列举几位：已故正田彬教授；1987年在通商产业省资源能源厅公用事业部（当时的）热电联供问题研究委员会共事的东京大学平田贤名誉教授；1991年燃气基本问题研究小委员会以后，在城市热能分会共事的东京大学植草益名誉教授；以及国外的明斯特大学已故Prof. Dr. Dr. Rudolf Lukes名誉教授，向他们表示诚挚的谢意！

本书的出版，曾获得明治学院大学学术振兴基金的出版资助。另外，还得到常年辛勤伏案的日本评论社法律编辑部田中早苗先生（曾是庆应义塾大学的法学部毕业生）的大力协助，在此特向田中先生表示感谢！

最后，向一直以来对笔者的日常研究和教学生涯给予支持的我的妻子——美和子表示衷心的谢意！

藤原淳一郎

2009年腊月　于横滨寓所

目　录

contents

第 1 篇　能源法的概念

第 1 章　能源法的概念／003

1.1　能源法研究的萌芽／003

1.2　能源的概念?／004

1.3　能源法的概念／006

1.4　能源法的主要研究对象／007

1.5　能源（行政）法的主要研究课题／011

1.5.1　能源政策的背景／011

1.5.2　能源（行政法）的主要研究课题／013

第 2 篇　电力业和燃气业的规制与竞争

第 2 章　日本电力业和燃气业规制的历史／023

2.1　电力业和燃气业规制的历史沿革／023

2.1.1　燃气业规制简史／024

2.1.2　电力业规制简史／029

2.2　公用事业的经营多元化与法律规制／040

2.2.1　序言／042

2.2.2　兼业和投资规制的历史／043

2.2.3 兼业和投资规制的现状——分类／053
2.2.4 法理上的探讨／056
2.3 公用事业的海外拓展／062
2.3.1 以往的海外拓展／063
2.3.2 今后的海外拓展／071
第3章 电力和燃气业规制改革论／080
3.1 能源市场自由化的前夜／080
3.1.1 序言／081
3.1.2 现行法律下的电力业和燃气业／081
3.1.3 电力和燃气业中的“竞争”／087
3.1.4 今后的展望／092
3.2 激发电力批发业的活力／093
3.2.1 序言／094
3.2.2 欧美电力市场的竞争导入／095
3.2.3 1995 年电力业法修订概要／097
3.2.4 对 1995 年“法修订版”的评价与展望／097
3.3 电力零售的部分自由化／102
3.3.1 序言／102
3.3.2 讨论的出发点／104
3.3.3 关于电力规制改革今后需研究的课题／109
3.3.4 小结／114
3.4 石油、电力、燃气市场自由化概览／114
3.4.1 序言——本节的考察对象／117
3.4.2 石油业／117
3.4.3 电力和燃气两行业／130

3.4.4 结束语——关于自由化今后需研究的课题／139
3.5 燃气市场的自由化／143
3.5.1 日本燃气市场的现状和特色／144
3.5.2 燃气市场自由化的过程／147
3.5.3 对日本燃气业自由化的评价／159
3.5.4 关于今后的自由化需研究的课题／162
3.5.5 留待研究的其他一些课题／168

第3篇 政府规制产业法

第4章 政府规制产业法论／175
4.1 日本的“政府规制产业法”论／179
4.1.1 以往的“公企业法”学说史／179
4.1.2 政府规制产业（公共企业）的概念／184
4.1.3 “政府规制产业（公共企业）法”论的含义／188
4.2 组织形态论（经营主体论）／196
4.2.1 公私分担论（行政守备范围论）／196
4.2.2 组织形态（企业主体）的类型／199
4.2.3 民营化／201
4.3 行业规制论／205
4.3.1 市场准入规制／205
4.3.2 价格规制／217
4.3.3 其他的行业规制／231
4.4 今后的展望／233
第5章 规制重构时代的政府规制产业法／238
5.1 序言／239

5.2 传统的政府规制产业法概要/244
5.3 政府规制产业法的新课题/245
5.3.1 市场准入规制的放松/247
5.3.2 服务提供义务及供给义务/257
5.3.3 公用事业特权/259
5.4 结束语/259

第4篇 展望——能源（行政）法的动向

第6章 能源（行政）法的动向/263
6.1 地球环境问题/263
6.1.1 地球环境问题的登场/263
6.1.2 能源政策的变迁与两难困境/263
6.1.3 解决地球环境问题的“王牌”/264
6.1.4 促进可再生能源普及的对策之一/264
6.1.5 促进可再生能源普及的对策之二/269
6.2 政府是否应实行强规制/270
6.2.1 温室效应气体排放规制/270
6.2.2 是否应进一步自由化/271

第 1 篇　能源法的概念

第1章　能源法的概念

在第1篇中，笔者拟对以往的研究轨迹作一回顾，同时就什么是能源 2
法、其研究对象是什么、其特征是什么等问题作一概述。

1.1　能源法研究的萌芽

“能源法”一词，在以前还是人们不太熟悉的词汇。笔者从1977年开始从事能源法研究[1]，当时，兼子仁博士最早在“特殊法”目录中提出了“矿业、能源法”的概念[2]。美国拥有非常丰富的能源资源，对石油及天然气法的教学和研究的历史非常悠久，有关原子能和平利用的原子能法也已出台。然而，有关下游部门的电力及燃气规制，仅在本书第3篇中考察的政府规制产业法（公用事业法）中有部分涉及。将包括石油危机对策在内的所有与能源相关的内容总括为“能源法”的研究几乎还是空白。在德国，将矿业法、原子能法、石油危机对策、有关电力及燃气规制等能源行业法综合为“能源法”的研究同样也很缺乏。1960年，载于波恩大学能源法研究所丛书第一卷、名为“1960年当前的能源法问题”的演讲稿恐怕是唯一保留下来的了。

在日本，除了煤炭，国产能源资源贫乏，因此对于上游部门的研究不活 3
跃也许是一个必然的结果。但与美、德两国不同，至1977年时，日本已通
过石油业法（昭和37年［1962年］法律第128号。后于平成13年［2001年］）依据法律第55

1　藤原淳一郎.《日本的能源法学的现状——能源法研究序说》. 法学研究，1977，50（12）：361.

2　兼子仁. 特殊法的概念与行政法.《杉村章三郎先生古稀纪念　行政法研究（上）》. 东京：有斐阁，1974：233，270.

号被废止)、电力业法(1962年法律第170号)、燃气业法(昭和29年［1954年］法律第51号)、供热业法(昭和47年［1972年］法律第88号)、核反应堆等规制法(昭和32年［1957年］法律第166号),分别对各领域实行了行业规制。以第一次石油危机为契机,为进行危机管理还制定了《石油供求适正化法》(昭和48年［1973年］法律第122号)。因此,可以说将政府对能源市场进行的干预综合起来,开展称之为“能源行政法”研究的素材已十分完备[3]。

第二次石油危机以后,又增设了《关于能源使用合理化的法律》(即所谓《节能法》,昭和54年［1979年］法律第49号)、《关于促进石油替代能源的开发及导入的法律》(即所谓《替代能源法》,昭和55年［1980年］法律第71号。平成21年［2009年］更名为《关于促进非化石能源的开发及导入的法律》)。通过这些立法,日本的能源法呈现出越来越系统化的趋势,21世纪初,日本又制定了《能源政策基本法》(平成14年［2002年］法律第71号)。作为研究的组织机构,1981年10月,以电力中央研究所内的研究会为基础发展而来的“日本能源法研究所”成立并启动(田中二郎和金泽良雄分别为第一任理事长和所长)。

4 在美国,以1978年卡特总统时代的国家能源法(5部法律)为契机,在20世纪80年代出版了《能源法》《资源能源法》等多部著作。然而,在德国依然未能出现系统化、综合性的能源法著作。笔者曾就其原因询问过著名的《能源法》一书作者 Büdenbender 教授,其回答是因为,“虽然电力与燃气具有共同点,即都具有受送配电线网、输气管网等硬件网络制约的特征,但它们与煤炭、石油之间没有共同点”。另外,国际律师协会(IBA)能源资源法分会的机关报、大会主题等,历来都是以石油、燃气法为中心的,可能是为了与英国的电力民营化步调一致,以1990年4月在荷兰召开的研讨会为开端,也开始涉及电力、燃气输送等两个行业领域了。

1.2 能源的概念?

“能源”一词,源于由表示“做功能力”的“ergon”派生出的“energeia”。在物理学上“能源”一词定义为“可做功的能力”,作为其具

3 余田幸雄. 日本的能源政策与法制度. Jurist月刊, 1977 (628): 128.

体形态，除了作为力学意义上的动能、势能以外，还有作为热能、反应能的化学能、核能、电能、磁能等[4]。在经济学中，也有观点认为“能源”是指经济活动“不可或缺之物”，且具有其特殊性（如禀赋不均性、开发生产所 5
需时间长期性、作为消费载体需有固有装备等）的物资[5]，但这些都难以用来作为法律上的概念。松井贤一教授认为，作为社会科学中的能源的定义，其含义是指“人们可将其作为声音、力、热、动力、电磁波等经济性利用的物质（能量源），或由该物质提取的能量”[6]。由于本书将尚未达到应用阶段的能源或能源利用技术的研究、开发也纳入考察的视野，因此，如果较为宽泛地来理解松井教授定义中的“经济性”的话，该解释是极为有用的。

此后，日本的实定法就能源的定义作出规定。《节能法》第 2 条将“能源”定义为：“燃料、热（指替代以燃料为热源的热而被使用的热，政令另有规定的除外）及电力（指以燃料为热源的热转换所得动力、再经转换后所得电力的替代物而被利用的电力，政令另有规定的除外）”（第 1 款）；“本法律中的所谓‘燃料’是指原油、挥发油、重油以及经济产业省令（译者注：日本的‘省’相当于日本的‘部’，省令相当于部级的行政法规，下同）规定的其他石油制品、可燃性天然气和煤炭、焦炭以及经济产业省令规定的其他煤炭产品，供燃烧以及经济产业省令规定的其他用途之物”。在此定义中，核能及不能转化为电力的可再生能源均被排除在外。

其次，在旧的《替代能源法》第 2 条里，将“石油替代能源”规定为：“替代石油［原油、挥发油、重油及通商产业省（现为经济产业省）令规定的其他石油制品］供燃烧用之物”（第 1 款）；“替代以石油为热源的热而被使用的热（前款所列之物燃烧所得之热及电力转换所得之热除外）”（第 2 款）；“替代以石油为热源的热转换所得动力而被使用的动力（由热或电力转换所得动力除外）”（第 3 款）；“替代与石油相关的动力转换所得电力而被使用的 6
电力（动力转换所得电力除外）”（第 4 款）。但 2009 年时，该法律由“石油替代能源”更名为“非化石能源”（2009 年法律第 70 号），在该法第 2 条中，将“非化石能源”规定为：“化石燃料［指原油、石油气、可燃性天然气及煤

4　室天泰弘.《能源（实用经济学系列丛书 3）》. 教育社，1984：21－22，46.
5　室天泰弘.《能源经济学》. 日本经济新闻社，1984：5－11.
6　松井贤一.《能源经济论》. 日本经济新闻社，1975：4.

炭，以及由这些物质生产制造的燃料（包括在生产制造过程中作为副产品所得供燃烧用之物），经济产业省令另有规定的除外〕以外的供燃烧用之物”（第1项）；“以化石燃料为热源的热以外的热（前款所列物质的燃烧所产生的热以及通过电力的转换所得之热除外）”（第2项）；“以化石燃料为热源的热转换所得动力以外的动力（通过热或电力的转换所得的除外）”（第3项）；“化石燃料相关的动力转换所得电力以外的电力（通过动力转换所得的除外）”（第4项）。而前面提及的《能源政策基本法》（2002年法律第71号）则未涉及关于“能源”定义的规定。

上述这些规定都是在促进节能、促进石油替代能源或非化石能源的开发和导入的立法目的和逻辑下作出的定义规定。特别值得注意的是，替代能源及非化石能源法是将能源规定为由燃烧、热、动力、电力等四要素构成。能源法中关于“能源”的定义也可以理解为是由这四要素为基础构成的。因此，本书也将“能源”定义为“作为燃烧、热、动力、电力而被使用的（能量之源）以及处于被使用状态之物”。

7

1.3 能源法的概念

远藤教授曾经指出：“我们只能踏踏实实地从各种零散的现实问题研究中迈出理论体系建设的第一步”[7]，山村律师认为，在“行政法学……对环境保护、消费者保护、能源、资源、海洋等领域的问题从立法政策性的观点提出新的法律理论，还相去甚远的状况”下，“为了建立能满足国民的期待和实务需要的、真正意义上的科学学问，今后的行政法学应该去摸索新的道路，哪怕看上去多少会有点灰头土脸”[8]，也表明了一种危机感。

笔者之所以在1977年时开始从事能源法研究，因为从当时的石油资源枯竭论的角度，这算是一个“末世论课题”，更是出于想要解答这一全人类课题的使命感。而从现今的观点看，与其说石油资源枯竭论，倒不如说地球环境问题正逐渐呈现出“末世论课题”的性质也许更为恰当。笔者之所以

---

7 远藤博野．行政法学的方法与对象——制度内在逻辑的局限．《田中二郎先生古稀纪念-公法的理论（下Ⅰ）》．东京：有斐阁，1977：1643.

8 山村恒年．对行政法学的期待．Jurist月刊，1978（655）：316.

将能源法设定为研究主题，是试图对“被以往的法学（如经济法、行政法、民法、商法等）纵向分割、局部地观察的能源企业‘法现象’及能源行政进行横向的考察”。因此，暂且将能源法定义为：“处理围绕能源企业的法现象，以及为稳定能源供给，行政对能源开发、供给等业务活动进行的干预有关的法现象，就是能源法”[9]。在该能源法定义的前半段虽然也强调了“围绕能源企业的法现象”，但笔者是研究行政法出身，因此，只能将研究的重点放在定义后半段的能源行政上，换言之，是放在“政府对能源市场的干预”上。虽然在国外研究期间曾给予笔者很多关照的美国的 Aman 教授（当时是在康奈尔大学）、Pierce 教授（当时是在哥伦比亚大学），基本上都属与我同辈的行政法学者，但德国的已故名誉教授 Lukes（明斯特大学）却 8
是民事诉讼法助手出身，后曾研究过合同法、经济法，最后成为研究包括 EC 法（欧共体法）在内的原子能法及能源业规制的第一人。此外，差不多与笔者同辈的、早在其担任 RWE（莱茵集团）法务时就相熟的 Büdenbender 教授，也结合其任企业法务的实务经验开设了民法、能源法、劳动法讲座等。综上可知，能源法绝非仅限于能源行政法（学）。

因此，笔者对能源法进行了高度概括，重新定义为“与能源有关的所有法律”。其目的就是试图综合应用经济学、工学等其他各学科的知识，打破法律各学科领域的壁垒，对往往只是分散在行政法、民法（合同法、不法行为法）、商法、经济法、劳动法、租税法、国际法、国际交易法、环境法等各门法律学科中，碎片化处理的“关于能源的法现象”进行横向地、总体地、综合地、系统地考察。

1.4　能源法的主要研究对象

用“关于能源的所有法律”来定义能源法，必然会淡化其研究对象的特定性，但以其与现有法律学各领域竞争共存为前提，尝试对能源的法现象进行总体性、综合性分析这一点可以说正是它的特色。

9　藤原淳一郎.《日本的能源法学的现状——能源法研究序说》. 法学研究，1977，50（12）：382－383.

在德国，当初设置于波恩大学的能源法研究所的 Ballerstedt 教授认为，9 能源法的素材，既不像票据法、支票法或保险法那样具有统一性，也不像民法、刑法、宪法那样具有核心领域，而是合同法、不法行为法、道路（占用）法、行政法、价格（规制）法、税法等的混合物。并且还指出，指望通过在技术上赋予“能源”以特定的定义来形成能源法的特殊领域是毫无益处的[10]。

美国的 Zillman 教授也认为，能源法的素材（来源）有 3 类：第 1 类，财产法、合同法、不法行为法、石油燃气矿业法、能源企业间的合同关系、能源企业与（作为采购者、技术开发的推动者、资源所有者的）政府（包括油污染、核事故等）对第三方的不法行为等；第 2 类，包括公共政策在内的政府规制产业法、垄断禁止法、劳动法、环境法、租税法等；第 3 类，1970 年代石油危机以后出现的，如石油替代、供需调节、国际合作等[11]。

对于能源法的研究对象，即“关于能源的所有法现象”，笔者曾认为应将重点放在能源行政法现象上，并具体列举了五个方面。① 为实现能源的稳定供给、公平分配，行政对能源的研究开发、能源资源开发、能源运输和流通、能源供给、能源废弃物及余热处理（处理处置及再利用）等经营活动的干预；② 行政对与能源供给和能源消费有关的国民生活及经营活动（产业用需求及商业用需求）的干预；③ 围绕企业的一切法现象（经营形态、资金筹集、海外投资、国际交易、国内交易、租税、劳动关系等）；④ 能源关联设施的选址问题；⑤ 与能源相关的国际协定［如条约、议定书、G8 峰会公报、国际能源机构（IEA）理事会的劝告等］对国内的效力等。如果将这些都作为能源法现象的主体或考察对象的话，能源法研究对象的范围就不仅仅局限于石油、电力、燃气、供热等能源企业，而应扩大至所有的经营活动从事者（产业用需求及商业用需求）、国民生活（一般家庭、公共部门）、国家及自治体，也不能仅仅局限于国内，还应将国际机构、外
10 国政府、外国企业等纳入考察视野。

再进一步从能源法现象的层次而言，如从上述①所知，是一个从能源研

10　Ballerstedt. Energierecht als wissenshftliche Aufgabe：in supra 5 at 5，6.

11　Zillman. Energy Law：Defining A Discipline 1 Journal of Energy Law and Policy，1980：8－11.

发、资源开发、运输流通、供给、消费、废弃物处置、回收、再利用等自上游至下游的过程，并且还应将这个过程的循环纳入视野。

井上教授的《能源法解说》[12] 由以下五章构成：第 1 章，关于能源的基本法律及条约；第 2 章，国内能源法；第 3 章，地球温暖化与能源法；第 4 章，与核能相关的国际法；第 5 章，与海底资源相关的法律。这是个非常简明扼要的归纳，由此可知，其第 2 章与能源行政法极为相近，第 3 章是近期的一些重要话题。此外，广岛大学地球资源论研究所的网站在“何谓能源法”栏目下，虽排除了原子能法，但建立了能源政策基本法、能源基本计划、能源宪章条约、电力业法、燃气业法、供热业法、关于促进新能源利用的特别措施法（新能源法）、关于电力企业新能源利用的特别措施法（RPS 法）、关于推进地球温暖化对策的法律、有关能源使用合理化的法律、其他法律（替代能源法）等相关法律的链接，非常便利。

另外，由 Theobbald 律师主编、德国贝克出版社新出版的法令系列丛书中的《能源法》一书[13]（虽然算不上很系统化），收录了以下内容：第 1 部分，作为狭义的能源法，收录有能源业法、联邦网络局（Bundesnetzagentur）（设置）法、联邦网络局手续费令、道路占用费令、电力 EU 指令、燃气 EU 指令、能源供给确保法等；第 2 部分，作为与竞争相关的法律，收录了限制竞争禁止法以及 EU 条约等；第 3 部分，作为关于网络接入的法律，收录了与送配电线网、燃气管线配送有关的电力配送令、燃气配送令、电力配送费令、燃气配送费令等；第 4 部分，作为消费者保护相关法律，收录了民法、电力供给令、燃气供给令等；第 5 部分，作为环境保护相关法律，收录了可 11
再生能源（电源）法（2000 年的法令及 2008 年的法令），冷暖水供给可再生能源法、热电联产法、生物能源令、电力税、能源税、节能法、节能令等。

按笔者给能源法下的定义，即“关于能源的所有法律”来看的话，上述三者（尤其是前两者）所覆盖的法现象，有些太过于偏向能源行政法。因此，笔者自身的理解是否准确暂且不论，为了更具象化地把握能源法的研究对象，先随机抽取一些实例。

12　井上秀典.《能源法解说》. 一桥出版，2006.

13　Nill-Theobald, Theobald. Energierecht, 6th ed Beck-Texte in dtv 2009.

（1）国产石油及天然气的采掘开发。历来日本都是在矿业法（昭和25年［1950年］法律第289号）的系列中来处理的，但作为实定法，还有石油及可燃性天然气资源开发法（昭和53年［1978年］法律第162号）、伴随日韩大陆架南部共同开发协定的实施制定的石油及可燃性天然气资源开发特别措施法（昭和
12 53年［1978年］法律第81号）等法律。日本将来还可能会进行甲烷水合物、地球深层天然气的开采。

（2）从一些资源国进口煤炭、石油、天然气、铀等资源时的合同关系。进口天然气时，为了降低巨额初期投资的投资风险，资源国往往会要求签订照付不议（译者注：即使未按约定的数量交易，也必须支付原定的价格）条款，虽说目前因供需关系的缓解，该条款的适用或在实际操作中有一定程度的放宽，但仍是一个重要的论点。在能源资源的交易方面，不仅有直接面向日本的交易，还包括经由第三方介入的易货交易。

（3）包括取得资源国的油气田权益在内的对能源资源开发的参与。不仅是以前的阿拉伯石油等石油开发公司，电力业者、燃气业者也越来越积极了。

就海外投资而言，有海外企业并购、共同出资、海外发电厂等设施的收购、对海外输电线网、发电厂等基础设施进行项目融资等各种形式。即使在日本国内市场上，项目融资对于市场新加入者参与发电厂等能源基础设施的建设运营来说也无疑是非常重要的。

（4）Zillman及Theobald认为，虽已包含在能源法的对象中，但围绕尚
13 未实现电力或燃气（零售）自由化的核心用户即家庭用户，除供给条件等民事法上的“协议论”外，还有对消费者的信息披露问题、消费者诉讼等争议点。

（5）随着能源市场自由化带来的竞争法（垄断禁止法）问题。

（6）能源产业从业者的劳动法问题。在《劳动关系调整法》（昭和21年［1946年］法律第25号）中，电力和燃气被定性为“公用事业”（第8条第1款第3项），发生的争议行为属紧急调节的对象（第37条以下）。由于《关于电力业及煤矿业争议行为方法的规制的法律》（昭和28年［1953年］法律第171号）的规定，在很大程度上制约了电力及煤矿业的争议行为发生。

综上所述可知，能源法是一种超越国内法、国际法、国际交易法框架的

存在；仅从国内法来看，也是横跨民事法、经济法（垄断禁止法）、劳动法、租税法（尤其是能源税制）、公害环境法等法律的；即使限定在能源行政法范围内，也是覆盖石油危机或震灾时的危机管理、平常时期的由各行业法进行的行业规制、能源设施（如发电厂、变电所、LNG 液化天然气基站、石油储备基站等）的选址程序以及包括渔业补偿在内的地域振兴政策等广泛领域的。

还有井上教授的解说中所论及的“能源宪章”，虽然在日本关注度较低，但不可忽视的是，在欧洲，围绕着要求对俄罗斯能源资源开发的投资自由化、继续维持经由原东欧圈对欧洲的燃气输送等问题与俄罗斯进行的谈判中，往往是作为一张“牌”来使用的。此外，在核能领域，作为战败国的
日本，曾经是凡涉及原子能（包括研究）就被完全禁止，但以 1953 年 12 月 14
时任美国总统艾森豪威尔所作的《原子能为和平服务》的演说为契机，打开了日本和平利用原子能之门，但无论是采用的技术还是燃料都是从依赖美国开始的，日美、日加、日澳等原子能双边协定自不待言，核损害赔偿、核物质防护、基于核不扩散观点的核查等相关各种条约都发挥着相当大的作用。

1.5　能源（行政）法的主要研究课题

如 1.4 节所述，能源法所涉及的范围非常广泛，仅凭个人之力要想对全部课题进行研究无论如何是不可能的。在此并不打算列举能源法领域的全部研究课题，只是就能源行政法范围内的研究课题作一概述。

1.5.1　能源政策的背景

笔者曾就能源问题与能源行政法学做过以下论述[14]。

20 世纪 80 年代，石油的稳定供给变得越来越困难，必须推进节能及石油替代能源的开发，这是毋庸置疑的事实。因此，不可否认行政权力不得不

14　藤原淳一郎. 能源问题与行政法学. 法律广场月刊，1980，23（12）：4.

对产业活动及国民生活进行某种介入或干预。在此意义上，对 1973 年石油危机的经验教训进行总结或者对现行的能源行政和法制进行认真梳理或重新考量，是与应对 80 年代的能源问题相关联的。

15 当然，法律（学）不具有解决能源问题的能力。法律（学）所能够做的仅限于构筑和完善解决或处理能源问题所需的制度或规则。基于这一点，赋予行政法学的能源问题，不是简单地通过对现行的实定行政法作一些文理诠释就能彻底解决的，必然要涉及法政策（学）或立法论（一直以来行政法学自觉或不自觉地都在进行这方面的研究）。

对于后面那段关于方法论的问题，本书并不打算作深入探讨，但正如前段中所揭示的，作为能源法对象的“法律”自身的制定、修订或废止（加上具体制度设计等）和运行，都要以国内外能源形势、国内外政治、经济、社会状况等为背景，是动态变化的有机体。

日本的能源政策，即使仅从笔者开始该领域研究的 1977 年以后的情况看，能源形势、国内外的政治、经济、社会状况等政策背景都已发生了相当大的变化。缺乏国产能源资源的日本，由于经历了 1973 年与 1978 年两次石油危机，所以在 20 世纪 70 年代，“能源安全保障”及“确保能源稳定供给”就成为最优先的课题。20 世纪 80 年代前半期，为了降低对进口石油的依存度，以核能为代表的石油替代能源的导入及节能成为重点政策[15]。而从 20 世纪 80 年代后半期至 90 年代，能源价格渐趋稳定，以石油为代表、电力及燃气的市场自由化则成为政策重点。虽然从中曾根内阁时代就开始推进所谓民营化、放松管制、行政改革，并已渐成潮流，但在能源政策方面，市场自由化潮流真正得到加速发展是在 20 世纪 90 年代中期以后[16]。最先受影响的是石油炼制业，经石油业法多次放松规制，到 2001 年，石油业法本身也被废止了。此外，就电力和燃气业而言，通过多次分阶段的法律修订，进行
16 了规制改革，目前，除家庭用户外，零售业也基本实现了自由化。其结果是，对于电力、燃气市场，有待研究的课题逐渐转移到包含家庭用用户在内的“完全自由化的是与非”这一议题上了。但也许是因为受到美国加州发

15　通商产业省资源能源厅编.《能源政策的进程与展望》. 通商产业调查会，1993：96－98. 松井贤一.《能源战后 50 年的验证》. 电力新报社，1955：22－28.

16　松井贤一. 能源战后 50 年的验证. 电力新报社，1955：28－30.

生的电力危机、2008 年的金融危机、近期能源价格的大幅波动对市场新进入者的打击等因素的影响，自由化的话题也不像以前那么热闹了。

另一方面，无须引用什么公害诉讼案例即可知，不可否认，对于能源企业、能源设施的选址来说，硫氧化物、氧化氮等大气污染防治、环境影响评估、与环境的协调等问题曾经是非常重要的课题。但从 1993 年的防止气候变化框架协议开始的温室效应气体排放削减，即所谓地球环境问题，自缔结京都议定书以后，也逐渐成为能源政策的课题逐步浮出水面。可以感受到，与 2009 年美国总统奥巴马、日本以民主党为核心的鸠山内阁起步后的步调相一致，日本的能源政策正逐渐朝着地球环境或者说朝着促进“非化石燃料”的利用和普及的方向转换。

1.5.2　能源（行政法）的主要研究课题

1. 紧急状态或危机时国家干预的界限

即使在 1973 年第一次石油危机如此紧急的情况下，仍有观点认为石油消费规制或石油产品价格规制等经济管制是危险的，主张原则上还应当维持市场原理[17]。但也有观点认为，“就短期调节而言，还是应当像昭和 48 年（1973 年）石油危机时那样，有必要诉诸如价格冻结或直接管制等紧急手段”[18]，“由于市场机制有其局限性，为了克服其局限性，就产生了实行计划机制的必要性”[19]，肯定了对市场的干预。笔者认为以下这种观点比较稳妥： 17
“在紧急状态下，国内的各种对策不能与平常时期一样以市场原理为前提”，“如果所发生的事态非常严峻，即使是暂时的或局部的，中止实行市场原理，转向由政府实行经济管制，这在能源危机管理上来说可能是不可避免的”[20]。

有学者指出，经济管制也存在一定的负面效应，如为阻止黑市横行而导

17　正田彬等. 法律在物价控制中发挥的作用. 法律广场月刊，1974，27（2）：10. 根岸哲. 经济管制法的结构与问题. Jurist 月刊，1974，（555）：39－40.

18　中村贡. 能源问题中的价格、机制的作用. 东洋经济临时增刊“近代经济学系列 43 能源制约与日本经济”，1978：39－40.

19　内田中夫. 应如何应对能源危机. 经济学周刊，1979－06－12：16.

20　宫下英雄. 对危机管理体制的建议. 经济学周刊临时增刊“石油贫乏时代——探寻日本的活路”，1979－06－12：16.

致行使强有力的行政权力成为必要、预期的产业结构转换难以进行而不得不维持现状的危险性等[21]。因此，有三条可供选择的道路：第一，以管制可能会带来上述弊端为由不实行管制；第二，设法缓解因管制可能产生的弊端，尽可能实行柔性管制；第三，将管制可能带来的这些弊端理解为是必要之“恶”，断然实行管制。在进行选择时，法技术论也许能发挥一定的作用，但同时也是一种高超的政策决断[22]。

过去的第一次石油危机时，在已存在石油业法（昭和 37 年［1962 年］法律第 128 号）的基础上又制定了《石油供需适正化法》（以下简称《石油适化法》，昭和 48 年［1973 年］法律第 122 号）及《国民生活安定紧急措置法》（昭和 48 年［1973 年］法律第 121 号），即所谓的“石油二法”。那么，具体采取了哪些市场介入措施呢?

首先，在能源消费方面，1973 年 11 月，通过行政指导要求大宗用户节约使用石油及电力，此后对此措施进行了调整，于次年的 1974 年 1 月，通过《电力业法》限制电力的使用（第 27 条），同年 2 月，通过《石油适化法》限制大宗用户的使用（第 7 条）以及要求一般用户节约使用，同年 6 月以后再
18 次回归行政指导。将产业用户作为消费规制的主要对象是日本的特征。此后 1978 年第二次石油危机时，虽然当时在野党要求启动《石油适化法》的呼声很高，但还是通过行政指导实行了 5%～7% 的“石油消费节减对策”。1990 年海湾危机时期，也未曾依靠《石油适化法》，而是在提倡节能的同时，通过放宽当时的《石油储备法》（昭和 50 年［1975 年］法律第 96 号）规定的储备义务、石油现货采购自律等措施而顺利度过了。

其次，在能源价格方面，对于与国民生活密切相关的煤油、液化天然气的零售价格，由于波茨坦公告延续下来的物价管制令具有太浓厚的管制色彩，因此，通过行政指导，将煤油价格控制在每 18 升 380 日元，后来在 1974 年 1 月时，依据《国民生活安定紧急措置法》，将该价格确定为基准价格。

综上所述，即使在过去的危机时期，消费规制也未达到启动配额配给制

21　根岸哲．经济管制法的结构与问题；柳田邦男．《狼到来之日》．文艺春秋社，1979：103.

22　藤原淳一郎．能源问题与行政法学．法律广场月刊，1980，23（12）：5.

度（《石油适化法》第 12 条）的程度，在价格管制方面，也未真正实施过（《国民生活安定紧急措置法》第 8 条、第 11 条）规定的可对违反者征收罚金的特定基准价格制度。

以前的石油危机，主要是由于石油资源集中在中东这一地缘因素所致，
而且在相对比较短的时期内就结束了。但今后的能源危机则可能会是多元因 19
素，也不排除纯粹国内原因所致的可能性。在此意义上，不能“好了伤疤忘了疼”，要求今后须对可能导致危机爆发的因素、各种要素发生的概率、频度、重要性、严重性以及时间上的持续性等进行分析，还需在此基础上，对现行法律能否有效应对进行验证，以制定完备的预案。

2. 平常时期国家干预的界限

1）国家干预的论点

将政府对能源企业的干预问题区分为紧急状态或危机时期与平常时期，分别进行讨论，是过去在讨论放松石油业法管制过程中采用的一种解析方法。1987 年 6 月 8 日，石油审议会（当时的）石油分会石油产业基本问题研究委员会的报告《关于面向 1990 年代的石油产业、石油政策》一文指出，关于石油政策中国家的作用，应将重点转向石油储备的扩充、紧急状态应对体制的完善等安全确保对策方面。另外，还提出了对于过去在《石油业法》（目前已废止）及《挥发油销售业法》（昭和 51 年［1976 年］法律第 88 号，现为《关于挥发油等质量确保的法律》）背景下实施的对平常时期石油生产、石油销售活动的各种行政指导，将在今后 5 年内按一定的时间表逐渐放松的规划（具体包括：对设备许可制实行操作弹性化、最迟至 1988 年末，将不再实施针对不同油种不同企业生产计划的行政指导、约在 5 年内将不再实施对原油处理量生产计划的行政指导、为确保煤油需求期前的一定量库存而实施的指导将逐步重新审定、最迟在 1989 年将逐步取消对加油站过户规则及对加油站建设的指导）[23]。

平常时期的干预措施方面，首先是上述作为危机应对及危机防止对策的“石油储备”。当初的石油储备是在当时实行《石油业法》规定的炼制设备许可制（该法第 7 条）背景下，在行政指导层面附加给石油炼制企业的一种

23　资源能源厅石油部.《石油产业的现状（第 5 次修订版）》. 石油通讯社，1988：184.

20 事实上的义务，但石油危机后为了增强石油储备，则由《石油储备法》（昭和50年［1975年］法律第96号。现为《关于确保石油储备的法律》以下简称《储备确保法》）规定，石油炼制业者必须承担储备义务，同时另行实行国家储备。但OECD、国际能源署（IEA）设想的危机情况下的相互融通机制（即所谓“紧急融通体系”）主张，石油储备不应由民间企业来承担，国家储备才应是主要途径，为了与此相一致，在提高国家储备水平的同时，还须努力朝减轻石油炼制业者储备义务的方向转变[24]。

在日本尚未有因上述民间石油炼制业者的石油储备义务而引发诉讼事件的实例。但从法律逻辑上假设，站在民间炼制业者的立场，可能会主张“超过民间炼制业者商业经营所需量即所谓周转库存所需量的储备，本应是国家的职责，而以法律形式将此义务强加给民间炼油业者，是侵害宪法所认可的‘经营自由’的”。该主张的核心在于国家任务论和侵犯经营自由论。

作为平常时期的国家干预，除石油储备外，对于电力、供热等行业，最典型的就是包括依据各行业法规定的经营许可制在内的行业规制（参见本书第
21 4章4.3节）。这里还包括现有的分散型能源与现有体系之间的协调共存这一既老又新的问题。为促进市场自由化和竞争，行业规制的变革也成为重要的课题。此外还有因近期的环境问题、确保社会安全意识的增强等带来的跨行业环境规制、安全保障规制等，无论是在实务上还是理论上都是很重要的课题。

下面就国家任务论及经营自由论做些探讨。

2）国家任务论

“石油储备是国家的任务还是民间企业的任务?”的问题，形而上学地来看，国家任务论也就是“行政守护范围论”，假定属于某种公共性质的任务的话，就转化为围绕着实现方法、实现手段的“制度论”（参见本书第4章4.2节）。

首先来回顾一下德国相关法律中的梳理方法，据Peters的解释，作为上位概念的“公共性任务”是指该任务的履行涉及公共利益。这种公共性任务直接由国家机关来实施，或者国家将应由自身承担的任务委托给某个依存

24　参见本书第2篇第3章3．4节。

于国家的法律主体（公共法人、公法上的团体以及接受公法授权的团体等）来实施的，就是“国家的任务”[25]。

如果说民间企业只需保持经营所需的合适的石油库存量（周转库存），将超过周转库存所需量的“石油储备”（以下均在此意义上使用“石油储备”概念）视为是国家为保障能源安全而进行的“国家储备”的话，“石油储备是国家的任务”这一命题是恰当的。但如果像以前的西德和日本那样，将石油储备作为一种义务赋予民间石油进口企业、石油炼制企业时，就会出 22
现石油储备是否原本属于国家任务的争论。

关于 1965 年西德时代的石油储备法，Ipsen 氏将其定位为：在石油储备是国家的任务这一前提下，试图“通过法律赋予私人储备义务的方式”来实现该任务[26]。它不属于前面 Peters 氏所说的“运用公权力授权”意义上的“授权”，但储备构成国家运用非公权力的“委托”，可以理解为是“公共性任务→国家任务→委托石油进口企业及石油炼制企业”。相对于此，还有一种较有影响力的观点是将石油储备定位为通过私人来实现公共性任务，而由公法赋予企业的一种“经营义务”。

假定石油储备构成“国家任务”的话，很自然地会理解为是由国家亲自来实施，或者是让公法人或国家设立的私法人来实施的（并非对私人的“授权”）。但 Ipsen 氏将本属于国家任务的石油储备让民间企业来实施理解为是“委托”。只要去掉“原本就是国家任务”这一前提，某种意义上也可以说“委托说”与“经营义务说”这两种观点可能很接近。

石油储备是不是国家任务与任务实施主体是谁，两者之间并没有逻辑上的必然联系。如果说民间企业进行石油储备是接受国家任务“委托”的话，则较之于“义务说”，更容易推导出国家应当对于有关任务的实施、维护以及各种税费等“费用负担”给予资助的结论，或者说更有说服力，感觉似 23
乎是在讨论有无实际利益。

---

[25] 德国 Hans Peters Öffentliche und staatkiche Aufgaben, in Bd 2 Festschrift für Nipperdey zem 70. Gebrutstag. 1965：878－880；藤原淳一郎. 有关西德石油储备法（1965 年）的考察. 法学研究，1990，63（12）：93，109－110.

[26] Hans P Ipsen, Gesetzliche Bevorratungsverpflichtung Privater, 90 Archiv des öffentkichen Rechts 393，1965.

上面是以石油储备为例探讨国家任务论能否成立及其意义。下面，如将考察的对象扩展至全部能源，来考虑对于所有产业活动及国民生活都必不可少的、如同粮食中的“大米”一样重要的“能源”的安全保障、能源稳定供给确保问题的话，毫无疑问，能源可谓是可与“传统上属于国家任务的立法司法活动以及国防警察等的作用”相提并论的重要领域，确确实实是属于“公共任务”的。从“公私守护范围论”而言，将保障能源安全、确保能源稳定供给视为“国家的任务”，应该不会有什么异议。

下面的说法也许有悖于严密的法律理论，如以确保石油、煤炭、天然气、铀等能源资源进口为例，虽然这些资源的确保对于一个国家的立国来说确实很重要，但是否都必须要由国家（包括作为国家“延伸之手”的独立行政法人等）亲自来安排才能确保这些资源呢？事实上，在资源产出国开展的资源开发（包括相关基础设施的建设等）、资源的采购、运输等，都是由商社、电力、燃气、石油、原子能、海运等民间企业来进行的，在融资方面还有金融机构等的参与。如果仅靠这些民间企业的经营活动就能实现廉价且稳定的能源资源进口的话，当然很好，但与资源产出国保持良好的外交关系、在融资方面取得公营金融机构的债务担保等方面，国家作为后盾的作用也非常重要。也就是说，即使假定说是“国家的任务”，但国家也只是作为最终协调者或最后堡垒的一种存在，仅有那么一点细微差别。换言之，保障能源安全确是国家层面的课题，至于国家应在何种程度上具体干预，作为官民分工论在实践中的具体落实形式，从地方自治体开始到国家行政层面，采用的是层层“业务分工”的方法，因而，问题的探讨也逐渐转变为国家要
24 不要干预，如果要干预的话，就要探讨其干预的程度、内容、形态、财政规模等问题。

再从国内电力和燃气的下游部门即配电、供气环节与自治体的关系来看，日本的公营电力只从事发电和电力批发，不拥有最终用户；但供气部门的公营燃气公司目前有30家左右（参见本书第3章3.5节）。而在德国，由市镇村等地方自治体经营的情况也很常见（大多采用股份公司的形式）。德国的公营企业数量，在电力部门约有900家以上，在燃气部门约有700家以上（包括混合经营），但市场自由化以后，数量有一定程度的减少。在德国，公营企业活动之所以得以生存，可能是受残留的社会主义思想的影响，而在理论

上其正当性的依据则是行政应当“关心重视生活”[27]。

以上就能源的定位，即将能源定位为不仅是“公共性任务”，而且还是“国家任务”是否恰当的问题进行了论述。虽然这种设问本身是形而上学的，但作为本段的小结，从极为实用主义，或从功能论角度考虑，可以认为即使是“国家任务”，也存在多种选择，如在实施主体上，是不是不要局限于国家或官方部门，而允许包括民间部门在内的多种选择（“委托”）？在费用负担上，是否可以不要全部由国库负担，而允许采用补贴、债务担保、租税特别措施等替代性的国家扶持手段及其组合等多种选择，等等。这取决于对于作为“国家任务”的“效果”和“内容”的判断。

3）经营自由论

作为国家对能源市场的干预，与其说由国家（或独立行政法人）自己来从事某种业务，不如说是以行政通过对民间经济活动的规制为中心的。在此情况下就会产生是否与宪法第 22 条（职业选择的自由）及第 29 条（财产 25
权的保障）推导出的经济自由权即“经营自由”相抵触的问题。

在日本讨论经营自由时，无论是理论学说还是法院的判例，关注的焦点通常都聚焦在对新的市场进入者（市场准入）规制的合宪性上，而像石油储备义务这类对企业设立后的经营活动规制的合宪性问题，可能是因为缺乏争讼案例，因此几乎很少被讨论。

但是，也有观点指出，例如下面列举的这些规制：① 危机管理时实行的严厉的经营规制或经营管制；② 以地球环境问题为由对生产等经济活动进行的规制或统制，是否因事关“公共福祉”其合宪性就都可以正当化；③ 再就包括能源等在内典型的政府规制产业法领域而言，作为经营活动阶段规制的典型，随着规制改革，对现有企业实行的非对称规制，即现有企业必须承担向竞争者开放网络的（所谓网络开放）义务；④ 为确保网络开放的实效性，网络部门与网络使用部门和网络经营部门必须实行会计分离、管理分离、信息隔离等，即所谓分拆；⑤ 在全面自由化或部分自由化下，对既存企业（是否为暂时性）继续保留“供给义务”；⑥ 为履行供给区域垄断下的“供给义务”而购置的设备，在自由化下就会出现部分设施闲置，

27　盐野宏.《Otto Mayer 的行政法学的结构》. 东京：有斐阁，1962：333.

导致这部分投资费用无法收回，成为“搁置成本”等[28]，是否都可以“公共福祉”的名义而使其合宪性正当化[29]？不断出现这样的疑问。在这些课题群中有些课题可能是将来才出现的。对于已实行的或已启动的规制，虽然被规制产业在审议会上作为委员或旁听者提出异议，或在企业听证会、公众意见征询中也有提出不同意见的，但尚未出现对已形成的制度提起诉讼的先例。因此，虽然有经济法学者从竞争法（垄断禁止法）的角度对此进行了分析，但几乎没有从事宪法、行政法的研究者从行业规制应有状态的视角进行分析。在此，笔者只是作为今后需研究的课题而提出。

28　藤原淳一郎．经济的自由权．公法研究，1997（59）：276，280.

29　藤原淳一郎．最后的演讲：行政法及能源法・政府规制产业法的课题．法学研究，2009，82：70－72，79－80.

第 2 篇　电力业和燃气业的规制与竞争

第 2 章　日本电力业和燃气业规制的历史 28

2.1　电力业和燃气业规制的历史沿革

开题

原出处："电力业和燃气业规制的沿革"林敏彦编《公用事业与放松管制》（东洋经济新报社，1990）。

本节主要从地域垄断形成的视角回溯 19 世纪末电力业和燃气业初创期开始至 20 世纪 80 年代行业规制的历史沿革。

行业规制的变迁过程，概括地说，初期阶段主要是以补偿合同及国家或自治体层面的安全规制为中心。随着行业的发展，出台了作为国法的电力业法及燃气业法，开始实行较为宽松的经济规制。不久便脱离了以“三电竞争”为标志的竞争时代，出现了“寡头垄断”化倾向，而行业法经过修订其经济规制的色彩也更浓了。第二次世界大战期间，国家对电力行业进行了整合，不论公营还是民营（神奈川县营水利那样的则属例外），重组为日本发送电股份有限公司和 9 家配电公司。战后，电力业经过再次重组，9 电力体制（冲绳回归后则为 10 电力体制）得以确立，电力公司的地域垄断性并未动摇。如果说战后的电力业法实际上是对 9 电力体制的一种追认也并不为过。而燃气公司在行业重组到一半时迎来了战争结束，故没有经历过像电力 29
行业那样戏剧性的行业重组。

战后，在制定燃气事法及电力业法时，认识到行业规制应当比战前的行业法更为精简化。虽然与此后的中曾根内阁的放松规制或规制改革是不同的思路，但值得关注。1987 年，对电力特定供给第 5 种类型的公认，可视为

20世纪90年代放松规制或规制改革的萌芽。

20世纪90年代以后的法律修订内容本节未予收录，相关内容请参见本章2.2节的开题及第3章内容。

本节最后，从放松规制的反面即从“地球环境问题对策”的视角暗示“进一步强化积极性规制的可能性”。

松永长男所著《新电力事业法制史——电力重组50年的验证》(能源论坛2001年)，不仅是他的辛劳之作，而且还在资料篇里收录了递信省（译者注：当时主管邮政与通信的中央管理部门）训令以后发布的电力业法全文，是非常珍贵的文献。遗憾的是本节执笔时未能有缘参考。

对电力业和燃气业规制的历史作一简要归纳的话，主要有以下几点内容。① 从规制的内容看，首先是从社会性规制（确保安全性）开始，然后增加了经济性规制，即在保障垄断或寡头垄断地位的同时，为防止市场地位的滥用而对价格、服务等实行的公用事业规制。② 从规制主体看，初期阶段主要是地方自治体，逐渐转由国家来进行。③ 从规制依据的法律形式来看，最初因无相应的国家法令可依，主要是依据地方公共团体的条例或地方公共团体与企业的“补偿合同”，后（循着国家吸收地方公共团体规制权限的思路）逐渐制定并完善了国家法令。地方公共团体以道路使用“许可”为媒介进行事实上的行业规制这一做法在欧美也属常见的现象，其中有些很值得深思[30]。

30 下面将主要从(公用事业规制中的)市场准入规制，即着眼于是否存在“供给区域垄断”保障，对明治以后两行业的规制史作一概要考察。

2.1.1 燃气业规制简史

1. 旧燃气业法制定前

日本的燃气业发端于1872年日本横滨煤气灯会社，1874年，兵库燃气

---

30 藤原淳一郎. 电力行业中的垄断与竞争——对热电供给自家发电的日德比较. 公用事业研究，1986，38（1）：93－96；同上，十九世纪美国的电力行业规制的展开. 庆应义塾大学法学研究会，1989：13－16.

商会在神户的外国人聚居地、东京会议所在京桥、金杉桥间建设了煤气灯。1876 年，东京的燃气业被东京府市营化以后，1885 年时出售给了民间，设立了东京燃气会社。此后，各地纷纷设立燃气企业，如 1901 年神户燃气、1903 年长崎燃气、1905 年大阪燃气的设立等。

就行业而言，燃气业早于电力业，但国家对燃气业的规制比电力业要晚，除各府县出于安全保障上的考虑实行的规制外，通过签署“补偿合同”来行使市镇村的监督权也是一种重要方式。1903 年大阪燃气会社与大阪府签署的“补偿合同”是最早的“补偿合同”，此后被逐渐推广，1907 年名古屋燃气与名古屋市、1911 年东京燃气与东京市也都签署了类似的合同。纳入“补偿合同”的主要内容一般包括：允许燃气公司使用道路、河道等公共物品保障其在行政辖区内的供给垄断等；作为回报，燃气公司需支付补偿金、变更收费或经营时需得到市镇村的认可以及有关购并的条款等。以东京燃气与东京市签署的“补偿合同”为例，关于该自治体保障燃气公司在辖区内的业务垄断地位，合同规定：“在合同期间，市（政府）自身不经营燃气业务，并且对新设立的燃气企业不给予第 1 条规定的许可。但如发生公司滥用垄断权，不正当地损害市的公共利益的情况则不在此限”（1911 年 11 月 25 日签署，1936 年 11 月 25 日修订）。不过也存在像熊本、冈山那样，未将承认企业在该行政辖区内垄断 31
权的条款纳入合同的情况。

但因 1919 年制定了道路法，道路脱离了自治体的管理，市长村长只是作为国家行政机构管理国家修建的道路，因此，自治体（市长）曾经在补偿合同中承诺的使用权是否还能保持其完整性？此外，当燃气公司的经营地域范围扩张至数个市町村的时候，市（政府）可否行使收购权，等等，原来隐含在“补偿合同”中的一些问题逐渐表面化了。例如，东京燃气公司就曾以补偿合同属私人合同，由于（实行道路占用许可制的）道路法实施使得补偿合同失效为由，将东京都作为被告提起了诉讼，主张判定明治 44 年（1911 年）11 月 25 日当事者之间签署的合同中约定的当事者之间的权利义务依然有效。一审东京地方法院、二审上诉法院均驳回了其诉求，但被大审院（译者注：明治初期至昭和初期的日本最高法院）发回重审，由于在发回重审过程中，东京燃气公司于 1926 年 5 月 28 日撤回了诉求，因此关于补偿合同的法律性质问题在司法上并没有一个明确的说法。

2. 旧燃气业法（1923年）

为在全国范围内对燃气业进行规制，1923年制定了《燃气业法》（大
32 正12年法律第46号），最能体现该法特征的是以下一些规定。① 对于“为满足一般需求，通过管道供给燃气的业务”（第1条），“必须按照法令规定取得主管大臣的许可”（第3条）；所谓“一般需求”是指“供给区域内的非特定多数人的需求”。法律并没有直接使用“供给区域”这样的表述，但根据燃气业法实施细则，在申请许可的时候要求明确注明供给区域（细则第2条）。该法未就供给区域垄断作出任何规定，但从大臣在议会上的答辩来看，“事实上，允许在一个町村设立两家企业的例子实属罕见……但同时也没有任何规定限定在一个村里只允许有一家垄断性的企业”，可见，在行政运作中地域垄断事实上是被采用的。② 规定了供给义务。“若无正当理由不得拒绝燃气的供给”（第14条）。在议会答辩中还列举了一个实例来说明何谓的“正当理由”：“即使企业有供应燃气的意愿，但在经济上无力所为即属此种情况”。另外，在解说书中还列举了一些实例，如燃气企业无供给余力的或该供给对燃气企业来说是不经济的，或需求者违反供给规则或不缴费的等，均属有正当理由的情形。这基本上与现行法律中关于合同缔结义务的法律解释相吻合。③ 对收费标准等供给规程实行认可制（第12条第1款），考虑到有补偿合同的存在，因此规定“主管大臣应征求市町村的意见”（第2款），并规定企业按有关业务经营规定向市町村申请认可时，“若协商不成的由主管大臣裁定”。电力业则如后所述，对于收费标准等供给规则只是实行简单的“备案制”，而新的燃气业法则采用“许可制”。④ 其他的主要内容，还包括道路、河道等公共物品的使用（第6条，但必须得到各相关管理者的许可），业务转让或购并许可制（第16条），有关燃气设施的保安及卫生等的规则（第4、5、13条），有关燃气成分、压力、热量等的规则（第13
33 条）等。⑤ 燃气业法实施后，根据敕令（译者注：所谓敕令，是在明治宪法下，由天皇制定的命令的总称，法令形式之一，下同）设立了“燃气业委员会”。该委员会属商工大臣主管，主要是根据各相关大臣的质询就燃气相关的重要事项开展调查审议，虽然只是咨询机构，但“它的答询相当受尊重”，该制度的设立获得积极评价：“为使法律得以顺畅运行，并充分考虑民间的愿望，设立燃气业委员会这样一种行政制度，可谓是燃气业法的出色

副产物”[31]。

3. 旧燃气业法的修订（1931年）

1931年，燃气业法作了部分修订（昭和6年法律第2号），增设了一些强化监督权的规定，如规定除“以燃气业以外的业务为主业”（第12条之4）者外，要加强对增资、作业设施、业务、财产状况等的检查和监管（第18条），实行供给区域变更命令（第20条2款）等。通过这次修订，过去国家对燃气公司财务状况的监管权限缺乏充分的法律依据的状况得到改善；另外，过去那种由各自治体通过补偿合同分散地行使监管权（包括财务监管）、当补偿合同当事者之间协商不成时由主管大臣裁定的监管体系也发生了改变。由此可见，此次修订的目的是将权限集中于国家。该次修订还就因补偿合同产生的争议由主管大臣裁定的规定作了新的规定：市町村与燃气业者间对有关经营规定的要求有争议、当事者之间协商不成时，至少要有任意一方提出申请，主管大臣才可根据申请作出裁定（但本属由大臣许可或认可的事项除外）（第17条第2款）。

4. 旧公用事业令（1950年） 34

1950年，依据波茨坦公告发布的“公用事业令”（昭和25年政令第343号），废除了第二次世界大战前的燃气业法及电力业法（附则第2款），在将电力业与燃气业统称为“公用事业”（第2条第3款）的基础上，采用了美国式的规制体制，即由作为独立行政委员会的“公用事业委员会”来实行规制（第3及第5条）。该委员会于1952年依据《通商产业省设置法》（昭和27年法律第275号）被撤销，其权限移交通商产业大臣。

该令中将从事“根据一般需要，通过管道提供燃气的业务，或在此基础上以燃气供给为主要目的的业务”（第2条第2款），即批发业务也作为了规制对象。关于一般燃气供给业务的许可标准，规定“以同一地域为供给区域的，不得给予两家以上的公用事业许可”（第28条第3款），明确禁止重复许可，这是该令的一个特征。此外，还存在兼业许可制（第34条）、供给规定及收费标准的认可制（第39及第40条）、供给义务（第53条）、资本金额变更及资

31　远藤后一.《电力业法及燃气业法（现代法学全集14）》. 日本评论社，1929：352－353.

金借入认可制（第47、48条）等规制。

5. 燃气业法（1954年）

因公用事业令属波茨坦政令，当然也随着和平条约的生效而同时失效。（经两个月的法律真空期后）依据《关于电力及燃气临时措置的法律》（昭和27［1952］年法律第24号），在过渡期仍按“原公用事业令……的规定”执行的基础上，制定了新的燃气业法。1954年的《燃气业法》（昭和29年法律第51号）具有如下特点：① 批发业务从规制对象中剔除，仅将“一般燃气业务”作为规制对象（第2条第1款）。如后面将论述的，1970年时，简易燃气业务也被
35 纳入规制对象（同条第3款）。② 按笔者对规制概念的分类，由公用事业令中的“法定垄断性”向“供求调节型的市场准入规制”转变。即只在一般燃气业务的许可要件中设置“一般燃气企业的燃气设施能力足以满足供给区域……内对燃气的需求”“燃气设施未明显过剩”等供求调节条款（第5条第2款、第3款），没有明确规定供给区域垄断。并就设置该规定的理由作了如下说明：“很难断言，在任何时候任何情况下，2家以上燃气企业并存必然会损害公共利益……统一规定一地区只允许一家企业存在的制度，有可能会抑制宪法所保护的基本人权之一的职业选择自由。因而……仅在有可能会导致重复投资或过剩投资的情况下才不给予重复许可”[32]。特别值得指出的是，对此条规定也存在反对意见，尤其是在实务界，认为“在实定法上反映公用事业所具有的自然垄断性质，作为地域垄断的法律保障，不仅不违反宪法，而且还能保证服务收费的低廉”[33]。不过，通商产业省能源厅表示：“至今为止……在行政运作上，一直贯彻着一地区一企业原则。今后，在一般燃气企业相互之间……操作上仍将严格遵守（此原则）”[34]。另外，还规定对于供给区域内的企业一直都未开始供气的休眠区域，大臣可运用职权缩减其供给区域（第15条第2款）。其他的行业规制大都是在继承公用事业令的基础上作了些修改，如废除了资本金额变更许可制、简化了一些认可或许可的手续等。

1970年的修订（昭和45年法律第134号）是该法实施后所作的最大修订，将

32 通商产业省资源能源厅公用事业部、燃气保安科监修.《燃气业法解释例规集》，1989：308.

33 山田幸男.《公企业法（法律学全集13）》. 东京：有斐阁，1957：172.

34 资源能源厅.《燃气业法解释例规集》，1989：308－309.

“简易燃气业务”（LPG）也纳入规制对象（第 2 条第 3 及第 4 款）。所谓“简易 36
燃气业务”是指使用液化石油气通过导管输送提供小规模燃气供给、在一个园区内的供给点达 70 户以上的燃气业务。从事简易燃气业务，须分别按各“供给点群”取得通商产业局长的许可（第 37 条之 2）。许可基准是依据“防止过剩投资”条款（第 37 条第 4 款第 4 项）的规定，属“供求调节型的市场准入规制型”，但如拟供给地点已属一般燃气企业的供给区域时，特别是当“一般燃气供给企业已制定了合适的且切实可行的燃气供给计划时，不得因简易燃气业务的开展使该地域的燃气使用者的……利益受到损害”被作为许可要件，以取得与一般燃气企业的协调（第 37 条第 4 款第 3 项）。另外，也存在一般燃气企业在主管道延展工程完成前，作为临时性的过渡措施从事简易燃气业务的情况（第 5 条第 6 款将此“视为一般燃气业务”）。由此可见，燃气业法的结构已发生了变化，预先考虑到了一般燃气业务与简易燃气业务间的竞争及其调节。由于关注到了一般燃气企业的经营地域内存在着“休眠区域”的问题，因此决定当虽新增设了燃气供给计划备案制（25 条第 2 款第 1 项）、采取了行政劝告等措施，但仍难以实现燃气供给的普及时，将沿用过去的措施，运用职权缩减其供给区域（第 15 条第 2 款）。另外，作为对简易燃气企业的业务规制，还参照执行供给规程认可制等用户保护规定，但兼业许可制等部分业务规制未被适用（第 37 条之 7）。

2.1.2　电力业规制简史 37

1. 旧电力业法（1911 年）制定前

日本的电力业发端于 1882 年的“东京电灯（有限责任公司）”（即后来的东京电灯股份有限公司）。次年，东京府知事的设立许可中规定“但是，公司章程第七条中的电灯建设用地涉及公有土地时，须事先向本厅提出申请，取得许可后方可开工建设”。之后各地都开始发展电力业，但均因安全保障及景观上的理由而受到各地方上的规制[35]。由于不久就由初期的低压直流送电改为了采用高压交流送电，还发生过漏电触电事故，1891 年 7 月，

35　电力政策研究会.《电力业法制史》. 电力新报社，1965：81，87.

日本调整了递信省行政体制（明治25年敕令第95号），设立了电务局，“掌管电力业监督事务”（第7条），在该省训令中，对警视厅、北海道厅、府县作出规定：“如有企业拟从事电力业的，应制定监管办法，得到本大臣的认可后方可给予许可；如目前已有企业在经营该事业的，应立即制定切实有效的具体监管办法，于本年度10月1日前向本大臣报告”（明治24年递信省训令第7号）。也就是说，该自治体的监管标准须经国家认可，但个案的许可仍和以前一样由地方办理。1893年10月，（明治26年递信省训令第3号）规定：“有申请者提出申请时，应取得本大臣的认可后方可给予许可”，即改为个案的许可也须经大臣的认可[36]。

1896年时，制定了全国统一的电力业管理规则（明治29年递信省令第5号）。该规则将“电力业”规定为“是指电灯、电气化铁道及其他电力业务，但私营铁道条例中规定的电气化铁道除外”（第1条），拟从事电力业务经营的，“无论是经营用还是自用”均须取得递信大臣的许可（第7条）。电灯或电力业务许可申请中须注明“供给区域”（第23条），但关于供给义务的规定，只是要求须确保日常供给义务，并未强制性要求缔结合约（第65条），从这些规定来看，并非是排除重复许可的供给区域垄断。次年，修订后的该规则（明治30年［1897］递信省令第14号）还规定，自家发电时应注明与供给区域相对应
38 的“使用区域”。该规则经全面修订（明治35［1902］年省令第36号）后，首次采用了一般电力业务概念，即“根据一般需求，以经营为目的，架设线网，供给电力”。关于规则的规制对象，规定适用于“轨道条例”的电气化铁道为第2级电力业务、自发电为第3级电力业务，自发电时不得向他人供电（第70条）。适用私营铁道条例的电气化铁道、电信电话、10伏安以下的电力使用等（第2条）则不属于该规制适用对象。由于当时对于电力是允许重复许可的，考虑到电灯与电力的竞争关系，曾在附带命令书（随同许可交付的附加条款）中规定，禁止电力对电灯用户的供给。附带命令书的内容超越了安全保障规制的框架，还包括了“兼业许可”条款、章程变更许可条款、供给义务条款、备用发电设备条款、关于收费及其他有关电力供给规定的地方长官许可条款、关于一定区域内的架空线路改为地下线路的“电线命令”条

36 电力政策研究会.《电力业法制史》. 电力新报社，1965：15－25.

款等。另外关于［与 1、(1) 中的燃气业相同的］补偿合同，“乍一看似乎是将道路使用或道路占用许可与补偿金置于一种对价关系，但另一方面也是因为对于该行业，行业法尚有不完善之处或特许命令中亦未涉及，作为地方团体欲通过补偿合同对这些相关问题加以规范，这也是很重要的一个方面”[37]。

2. 旧电力业法（1911 年）

1911 年的电力业法（明治 44 年法律第 55 号）将电力业分为“针对一般需求 39
提供电力的业务”（第 1 条第 1 款）和“供一般运输用的铁道或轨道（交通）的动力而使用电力的业务”（第 1 条第 2 款）两种，这两种业务均须取得主管大臣的许可（第 3 条）；上述业务以外的（针对特定需求的业务、批发业务及自家发电等）也须“依照敕令的规定，适用本法的规定”（第 17 条），具体来说，“对于为重要产业或应作为公共利益的事业提供或使用电力的业务，并获得递信大臣认定的，除电力业法第 3 条（业务许可）、第 5 条（业务启动义务）、第 6 条（关于收费等供给条件的公益命令）的规定外，参照适用本法”（明治 44 年敕令第 237 条，认定的具体手续，见明治 44 年递信省令第 30 号），如取得认定的，可享受法律规定的公用负担特权，但相应的也应部分参照适用关于共用事业需承担义务的规定[38]。

申请一般电力业务经营许可（第 3 条）时提交的创业招股说明书里，要求包括“目的（区分是电灯还是电力）”“供给区域平面图（除特殊情况外，应根据市町村的行政区划来设定）”等（明治 44 年递信省令第 25 号《电力业法实施规则》第 1 条）。但这并非是保护供给区域垄断。由于各地都出现了同一供给区域有 2 家企业申请电力供给的情况，故将电灯业务与电力业务分开，对于前者即电灯业务不允许重复许可，而对于后者即电力业务，在认定其尚有供给余力的情况下，对第 2 家申请者，以每一用户用电须在 2 千瓦以上作为附加条件给予许可。但这样统一处理的结果，出现了企业在申请电灯业务供给许可时预先申请较广的供给区域，但在取得许可后只对其中的部分区域提供供给的情况，因此不得不改变方针，对于虽属现有电灯企业的供给区域，但其

37　东京市政调查会.《我国主要城市的电力企业补偿合同（市政调查资料第 17 号）》. 东京市政调查会，1928：702.

38　电力政策研究会.《电力业法制史》. 电力新报社，1965：81，87.

供给明显未普及的区域，如有第2家电灯企业申请时也可给予许可。到明治末期时，对同一区域内的第2家申请企业给予许可时附加了各种限制条件，如其经营目的只能限定在电力服务，且每一用户的使用量须在50马力或100马力以上等。到昭和初期时，电力的重复许可也只是作为例外才能取得。

40 作为电力业的竞争，最著名的就是东京市的所谓“三电竞争”。即东京电灯、东京市电（1911年设立、次年开业）和日本电灯等三家企业的竞争尤为显著，1918年7月，因“三电协定”的签署而宣告结束（协定缔结后，日本电灯被东京电灯合并，三电协定实际上成了两电协定，1927年协定到期后又延长了10年）。

在行业规制方面，政府的原方案中拟实行收费认可制，但因在议会遭反对而被删除，只规定了“主管大臣认为从公共利益上考虑有必要时，可以就收费限制及其他电力供给条件对电力企业发布必要的命令”（法律第6条），但在实施规则中则规定一般电灯业及小型电力业须承担供给规程的制定和提交备案义务（第55条）。对此，实务界有人作了如下解读：“日本的电力业作为公共企业，本就不属于所谓经营自由的范围，国家常态化地对其业务实施、财务及财产进行干预，促使其通过经营积极增进公共利益，这是与其本来的性质相符的。因此，倒不如将行业法第6条的规定理解为只是最小限度规定了国家行政监管的义务，是符合法律精神的。因而，国家不仅可以在事后就电价及供给条件等发布变更命令，而且也不妨碍其从公共利益角度考虑，从一开始就通过许可命令书，就电价及供给条件等发布必要的命令”[39]。但如果暂且撇开当时盛行的“特殊权利关系论”的话，该观点作为一种解释论还是有值得商榷的余地的。当时还存在降价竞争，事实上也未曾有过就电价等事项行使行政命令权的实例。此外，关于供给义务，过去最多只是将其纳入附带命令书（通常也只是要求长期持续稳定供给义务），但在该法中则规定：“电力供给企业无正当理由不得拒绝对企业的电力供给”（实施规则第50条），明文规定了必须与供给区域内的新增用户缔结合约的义务[40]。

---

39 远藤后一.《电力业法及燃气业法（现代法学全集14）》. 日本评论社，1929：312.

40 远藤后一.《电力业法及燃气业法（现代法学全集14）》. 日本评论社，1929：367－370.

3. 旧电力业法（1931 年） 41

1931 年（昭和 6 年）的电力业法将电力业分为“针对一般用户提供电力”的一般电力业（第 1 条第 1 款）、电气化铁道（第 2 款）、电力批发业（第 1 条第 3 款）等三类。对于除此以外的自发电业务，也可按敕令实行安全性规制（第 30 条第 1 项），与旧法第 17 条相同，规定：“为重要产业或应作为公共利益的业务提供或使用电力的”，也可作为参照适用的对象（第 2 款）。

一般电力业的供给区域垄断问题，在制定过程中就曾有过争论，但未成为法律条文。1929 年，“临时电力业调查会”在关于供给区域垄断问题的咨文中认为，“电力供给区域应实行垄断”，但在 7 月，内阁更迭后的再次咨询中改为“电力供给区域原则上应实行垄断”，对此，该调查会在答询中表示，“电力供给区域应允许重复设定，若为调节供求可给予特定供给许可”，在其答询理由中表示，“供给区域原则上应实行一区域一企业，但为了调节供求，可以给予特定供给许可，特定供给的范围则由电力委员会决定较为合适”。作为事务当局的递信省对此作了如下阐述：“供给区域绝对垄断制，在理论上确实应该那么做，但从日本电力业界的现状来看，建立这样的体制感觉为时尚早，无论是从电力业本身履行其本来的使命、提供完善的供给来
考虑，还是从为产业发展做贡献角度考虑，都是不合适的，目前时点上有必 42
要制定过渡性方针”[41]。在帝国议会，议员们也对供给区域垄断本身提出了各种质疑，供给区域垄断究竟能给用户带来多大利益？不是说垄断时代已经过去，进入自由竞争时代了吗？此外，也有议员提出应将供给区域垄断法律条文化，等等。但大臣在答辩中表示，将按电力业调查会的答询意见来运作，即将供给区域垄断作为原则，为了调节供求的需要，可作为例外实行特定供给许可，因出于法律技术上的考虑而没有将其纳入法律条文。此外，电力局长也在答辩中表示，目前的状况是处于距垄断只一步之遥的阶段，是选择垄断还是选择竞争，应根据电力业界的实际状况来决定未来的走向，同时，虽然是以地域垄断为原则，但在绝对垄断的情况下，尚难以期待供求的均衡，还存在着障碍，所以希望通过特定供给来缓解。此外，目前即便是大宗用户也不给予重复许可。此后，递信省电力厅长官在文献中论述道：“今

41　田村谦治郎.《战时经济与电力国策》. 东亚政经社，1941：179，183，185－187.

后，将不会再像过去那样设定重复供给区域，将主要通过运用特定供给制度来调节电力供求，……，‘特定供给’这一制度，其价值仅仅在于它的过渡性而被认可，换言之，只有在像目前这样配电业务由众多经营者分别经营的现状下才是有价值的，不久的将来，当配电管制问题得到解决，在全国范围内实现了需求与供给的有机均衡时，该制度也就失去了其存在的意义。还有一个与‘特定供给’相关联的问题，即试图根据自然发生的需求来调节供给能力的态度也是需要再思考的”[42]。

关于作为供给区域垄断的例外来讨论的特定供给，1933 年 1 月，经电
43 力委员会讨论，制定了“特定供给许可基准”。该基准将特定供给分为两类，即对电力企业的特定供给和对电力用户的特定供给，特别是对于后者，又进一步区分为“因供给者方面的理由”与“因用户方面的理由”两种情况。作为因供给者方面的理由而实行特定供给的事例：① 因土地状况等因素，由该地域的电力供给者来提供供给明显不经济时；② 该地域的电力供给者确无余力，且因设备等方面的因素，由该电力供给者提供供给不具有经济性时。作为因用户方面的理由而实行特定供给的事例：① 企业因工程或附带业务的需要而使用自有电力时。但用于电灯的，若无特殊情况则不予允许。② 长期以来形成的利用关系需要特殊尊重时。③ 对于某些经济活动来说，可靠或廉价的电力尤为重要，而由该地域的供给者提供供给不合适时。特别是对于最后的第 3 种情况，强调在做决定时应充分权衡“地域垄断的必要性与产业振兴的要求”。

修订后的电力业法的主要条款包括：规定了供给义务（第 15 条）、收费认可制（第 17 条）、兼业规制（第 21 条）、会计规则（第 22 条）等。其中，关于收费认可制，于 1933 年 7 月经电力委员会讨论，制定了“收费认可基准”，规定收费价格的计算采用含公平报酬在内的总成本方式。原有收费标准的有效期暂定为 5 年，因此到 1937 年时，全都必须办理收费认可[43]。

4. 旧公用事业令（1950 年）

第二次世界大战期间，日本的电力业被整合为日本发送电株式会社与 9

---

42 田村谦治郎.《战时经济与电力国策》. 东亚政经社，1941：198.
43 田村谦治郎.《战时经济与电力国策》. 东亚政经社，1941：198－202.

家配电公司。第二次世界大战后，围绕电力公司的经营形态进行了各种讨论，44
1949 年 4 月，政府提出的电力业重组法案、公用事业法案在国会进行了审议但未果。1950 年 11 月，电力业重组法案、公用事业法案的内容作为电力业重组令及公用事业令公布，1951 年 5 月，形成了所谓的九电力体制[44]。

公用事业令将“针对一般需求供给电力的业务”与“以电力供给为主要目的的业务”归为“公用事业”，与本章中所述燃气业一同作为公用事业委员会的规制对象，一般电力业的重复许可被禁止（第 28 条第 3 款）。

在围绕作为公用事业令母体的公用事业法案进行审议的国会上，对一地域一企业制度（第 28 条）提出了批评，认为（该法案）没有就业务转让或供给区域变更命令作出规定，电力开发或电力稳定供给等与服务改善相关义务的规定较少，会导致企业安于垄断地位，开发欲望低下、服务水平难以得到提高。但也有持肯定意见的，认为这样可以避免设备重复投入、重复投资，是有利于消费者利益的。公用事业法案在国会审议未果后，作为内阁会议通告，对法定供给区域垄断进行了修改，规定：“由地方公共团体从事电力业时”“提供 500 kW 以上的电力供给时”“在无电灯区域提供电力供给时”，
如确认其对于增进公共利益是必要的话，可以给予电业业务许可，但该修改 45
未被公用事业令采纳[45]。

对电力业的行业规制主要包括：与燃气业同样实行兼业规制（第 344 条）、供给规定认可制（第 39 条）、收费认可制（第 40 条）、禁止以供给规定以外的供给条件提供供给（第 42 条第 1 项正文）、资本金额变动或公司债募集或利润处分认可制（第 47 条）、资金借入认可制（第 48 条）、资产价格的核查（第 50 条）、供给义务（第 53 条）、电力融通合同认可制（第 54 条）、电力融通命令（第 55 条）等。此外，电力使用限制的规定（第 56 条）也被纳入其中。

5. 电力业法（1964 年）

公用事业令因和平条约的签署而失效后，开始实施《关于电力及燃气临时措置法》（昭和 27 年［1952］法律第 341 号），（依据该法进行了部分修订的《通

44　通商产业省资源能源厅公用事业部监修、电力年报委员会编.《电力业的现状及 30 年的历程》. 日本电力协会，1982：5 - 13.

45　电力及燃气相关法令修订审议会电力业分会“第一次电力业分会讨论记录”，1953：4 - 7.

商产业省设置法》）设立了“电力及燃气相关法令修订审议会”，同时，作
46 为暂时性过渡措施，旧公用事业令仍继续适用。在国会就上述《关于电力及燃气临时措置法》进行的讨论中，对于措置法实施后新的立法中的规制作了如下答辩：“在进行新的立法时，将尽可能取消不必要的监管”；关于供给区域垄断，在答辩中表示：“虽然对于垄断允许有例外，但例外过多的话，则会形成重复供给”，“垄断供给目前已成为问题，设置垄断供给的例外，……,这对于公营企业来说是非常希望的”。电力业法实际生效是在1964年，电力重组后的次年即1952年，依据《电源开发促进法》（昭和27年法律第283号），设立了电源开发株式会社。

自1953年2月，电力及燃气相关法令修订审议会分别设立了电力业分会、电力设施分会、燃气业分会等三个分会，对公用事业令颁布之后的行业法进行了审议。就当时的电力业状况来看，一般电力供给企业共有9家公司。当然，从逻辑上来说，通过受让9家公司的部分供给区域来进入电力业是可能的，但实际上真正通过听证会等手续成为一般供给企业的，只有香川县伊吹村及（受让北海道电力的供给区域的）利尻群町电力组合两家。电力批发企业有黑部川电力、住友共同电力、美马电力、县营等13家。关于旧公用事业令第28条规定的供给区域垄断与所谓特定供给的关系，首先，在关于“许可申请”的第27条第2款及关于“执照”的第29条中关于“供给区域或供给关系”的规定中，特定供给属于“供给关系”，电力批发企业“拟向其他的电力企业供给时”，或“虽不拥有供给区域但拟从事电力供给时”，可以将其解读为是以“定点供给”的方式向最终用户进行“特定供给”，这是被允许的（例如，住友共同电力除在枯水期向四国电力供给火力发电外，还向新居浜地区的13家工厂进行特定供给）。如前所述，当时公
47 营企业对特定供给的愿望尤为强烈，还有的是出于产业振兴、吸引工厂投资的观点，也希望允许特定供给，通商产业省也渐渐确立了在一定条件下允许特定供给的方针。与此相关联的是，依据《农村电力导入促进法》的规定，作为实现电气化的手段，如果采用协同组合方式（自发电自消费）则是被允许的，但如果是由公营企业来进行的话，就必须要从9家公司那里受让供给区域（或让其废止部分供给区域）。此外，关于自发电形式的特定供给，在东京电力的管区内，例如旭电化拟向其他公司提供电力时，就必须采用先

由东京电力向旭电化购买电力，然后再由东京电力向其他公司销售的形式（在法律上，如旭电化取得特定供给认可的话，也可以直接向他公司供给）。

再来看一下电力业分会有关供给区域垄断问题的讨论情况。通商产业省事务局认为，如果是自然垄断的话则任其自然即可，没有必要特地以法定的形式来保障其垄断地位，并认为实际上应该让他们开展竞争以促进服务水平的提高，因此提出了是否应当“废止供给区域的法定垄断”的问题。若为了避免设备重复投资，可以考虑以“公用事业命令”形式，采用如允许托送（使用其他公司的送配电网络送电），或命其改良设备等手段。因此，作为立法上的备选方案提出了以下四个选项。（1）废除第 28 条第 3 款规定的法定地域垄断（A 案），如果选择该方案，则需考虑是让他们自由竞争，还是选择通过附加许可要件，事实上是限制对立企业的存在。（2）与现行法律相同，允许地域垄断（B 案），如选择该方案则须考虑是否要将特定供给作为例外予以肯定。（3）扩大特定供给许可或者设定地域垄断的例外情况（C 案）。这里应注意的是，在第 28 条第 3 款的但书中有如下补充规定：“但属下列情况之一，通商产业大臣认为其对于增进公共利益尤为必要的，则不在此限，包括① 地方公共团体拟经营电力业务时；② 仅限于向 500 kW 以上的用户提供电力者；③ 仅限于对当前现有的（针对一般需求提供电力）的供 48
给企业尚未提供电力的地域供电的”。（4）修订（第 37 条）有关撤销许可的规定，设置供给区域取消权（D 案）。即不仅在违反法令的情况下可取消其部分业务许可，如一般电力业者开始对供给区域内的部分区域提供电力后，长期不对剩余地域提供电力时，亦可取消其部分业务许可。还有人认为，对大宗用电不允许垄断，而对家庭用户及一般小规模电力用户的供给则允许垄断，优先满足家庭用电及小规模用电需求。对大宗用户，如无多余供给能力或不符合供求条件时，可以让其自行发电或者允许其接受其他企业的供电。此外，对特定供给与供给垄断的关系问题也进行了讨论，事务局做了如下回答，“一般供给”是面向不特定多数的用户，应将面向其他特定用户的供给从地域垄断中分离出来（即允许特定供给，按 28 条第 3 款的规定并不违法），至于面向供给区域内极小一部分地域的供给是否可作为“特定供给”给予允许或不允许，则是看如何解释的问题了，但如果要把这部分也纳入“特定供给”，是否有点走过头了。从常识来看，大宗用户就那么几家，将视其对该地域一般供给的影响及供求关系（用户数、性质、用电量）等来决定是否给予许可。可见，特定供给说到底只是对“点”的供给，而不是对“面”的供给。对此观点，也有人提出批评，认为旧电力业法当时的基本思路就是打算允许特定供给的（就算是作为例外），所以没有明确注明“供给区域垄断”，但在公用事业令里的解释不是也改变了吗？一方面明确规定了“供给区域垄断”，但同时又解释说特定供给只是对“点”的供给，与“供给区域垄断”并不矛盾（不过，旧电力业法当时也存在“供给区域”
49 与“供给关系”的区别）。此外，还有观点主张，在对哪些情形属于可允许特定供给进行梳理时，作为梳理方法，应与“一般需求”相区别，如向自己的工厂供电时那样，属存在“特殊需求关系”；再如向不特定工厂供给时，是出于自治体因公共目的进行招商引资的需要或是向电源所在地的设施供电等，必须要关注能够区别于一般需求的“需求性质”。特别是通商产业省关于公营电厂在发电电力的30%～50%范围内，向500 kW以上大宗用户的供给也可作为‘特定供给’给予许可的构想，遭到了电力企业的批评，认为这不等同于是对供给区域给予特别许可吗？特定供给归根到底只能是“例外”，只有在技术上经济上都具有合理性时才可允许。

同年8月的审议会电力业分会答询的主要内容包括：① 确定作为电力业法规制对象的业务范围为“针对一般需求提供电力供给的业务”及以电力供给为主要目的的业务（批发业务），并规定了参照适用的业务。② 供给区域要以“其供给区域不与现有企业的供给区域相重叠”为许可要件。另一方面，为消除垄断的弊端，将实行严厉的收费规制等，同时，在尚未通电的群落等地区从事电力业务的，可取消现有企业该地区的许可。批发业务的特定供给，只限于在不损害一般需求者利益、其技术上经济上的合理性得到确认的情况下才给予许可。③ 关于供给义务，列举了可作为有“正当理由”的范围，明确了是否在任何情况下都应承担供给责任的问题。④ 关于收费的计算方法，承袭了总成本法及收费认可制。⑤ 继续沿用兼业许可制，对投资实行备案制，可以规定政府的指导权，等等。由此，推进了电力业法案的制定，但尚未提上国会的议事日程。

1962年，设置了电力业审议会，该审议会下设电力业专门委员会和电力设备专门委员会，开始启动有关制定电力业法的讨论。咨询事项主要有：

① 关于地域垄断与供给义务，是否应该在法律上规定地域垄断，以及对批 50
发业、特定供给、托送供给、大宗产业用电等的规制等问题；② 电源的开发和企业形态；③ 电源开发资金的筹集；④ 电费及服务；⑤ 安全保障；⑥ 其他等。审议的结果，于次年 1963 年 10 月作出了答询。答询意见主要有以下内容：关于地域垄断和供给义务，认为即使容忍地域垄断，在供给区域边界附近也应当留有一定的余地以供采取灵活措施较为合适，因此用法定的形式来保障地域垄断这样的做法是否妥当的问题，还需从立法技术角度进行研究。对于批发企业，希望根据需要与一般电力企业区别对待。批发企业和自发电所进行的特定供给，应在充分考虑不扰乱一般电力企业供给秩序的前提下通过许可制予以批准。至于行业规制，对业务的创设、变更、废除等规制，按现行规定执行即可，但许可或认可事项，应尽可能排除一些细小的事项，控制在必要的最小限度。在与地域垄断的关系方面，即使对于大宗用户也要承担供给义务。在此答询意见的基础上，拟定了电力业法案，于次年 1964 年 3 月，提交国会进行了审议。对于国会审议过程中主要议论的一些问题，政府在答辩中表示，关于地域垄断，“法定垄断这一形式暂时取消，……,但作为现实问题，将把不发生设备重复设置作为许可的基准”，对于批发业务及自发电，“过去也曾有过管理过严的情况，今后将充分考虑与经济发展状况相适应……多少会在一定程度上放宽许可”；关于特定供给，也会在“不扰乱……秩序的范围内”予以许可[46]。而参考人木川田则表示，关于特定供给，“当然，从运用的尺度来看……应当容许……只是秩序问题也是一个问题点”[47]。此外，对于兼业及投资规制，尤其是关于投资规制的是非问题有较多议论，但政府委员在答辩中表示，“未曾发生过因投资而危及公用事业基础的情况，由政府官员来判断投资的是非实际上是非常困难的问题，可以通过监察等，运用行政指导来进行管制”。

电力业法（昭和 39 年［1964］法律第 170 号）的特征在于：① 关于广域运营
（译者注：指跨一般电力企业经营地域的运营）的规定；② 有关对用户服务 51
的规定（电压、周波数、改善命令、投诉）等；③ 电力设备安全保障规制

46　第 46 届国会众议院商工委员会会议录，1964，(53)：8－9.
47　第 46 届国会众议院商工委员会会议录，1964，(54)：17.

的建立和完善（许可或认可基准的明确化、主任技术员制度的健全、通过安全保障规定的完善来确立自主安全保障体制）；④行业规制的简化、合理化[48]。

对于地域垄断，与燃气业一样，仅实行“供求调节性的市场准入规制型”（第5条第2款至第3款）。但也可能是因为该法实施时已经形成了九电力体制，所以在该法实施后事实上并不存在作为一般电力企业的新进入者。但不可避免地将面临与产业用或商业用自发电自消费的竞争以及与其他能源的竞争，对此，该法中预设了关于电力批发企业（第2条第3款）及一般电力企业以外者（批发或自发电）从事“特定供给”（第17条）的规定，因此可视为在法律上已考虑到与上述这些企业间的竞争的存在。（1990年时）电力业法虽没有进行涉及行业规制根基的、值得大改特改的修订，但在通告层面，与民生用热电联产普及问题相关的一般电力企业以外者从事“特定供给”许可类型的扩大（1987年）受到关注，就是源于这一思路。

今后，随着电力制造、运输、仓储领域的技术革新，电力的地域垄断将瓦解，为促进电力市场的竞争，已经开始讨论有关实行较为宽松的行业规制的可能性问题。但另一方面，作为解决地球环境问题的对策，恐怕也不能完全排除超越纯粹的社会性规制（即使只是部分性的，如对燃料使用、发电总量等环节等）实行更具管制性质的规制的可能性。

52 2.2 公用事业的经营多元化与法律规制

开题

原出处：“公用事业的经营多元化与法律规制”佐佐木编著《公用事业的多元化战略》（白桃书房，1988）。

本节将就行业规制中的兼业及投资规制的类型、兼业及投资规制的理论

---

48 资源能源厅公用事业部监修、电力年报委员会编.《电力业的现状及30年的历程》，日本电力协会，1982：33－34.

依据、规制的理想状态等展开分析。除电力和燃气外，还将铁道、电信业等纳入了研究对象，当初还曾犹豫不决，是不是应该将它们放在第 3 部里来分析，但考虑到在与其他行业的比较中来分析电力、燃气业可能更好，最终还是决定放在第 2 部里。

翻开历史可知，投资规制其影已渐远，曾存在于地方铁道法中的兼业许可制也随着 1929 年该法的修订而被废止，现行的铁道业法里已不存在兼业和投资规制，仅对已实行民营化的原国铁 6 家旅客铁道股份公司（JR），按旅客铁道股份公司法的规定保留了关于兼业认可的规定。从同是民营化的角度而言，由原日本电信电话公社民营化而来的日本电信电话股份公司（以下简称 NTT），依据日本电信电话股份公司法，附带业务已无须办理认可，而对于实现其他目的的业务则仍须取得认可。除了这样一些当初是由公共机构设立的公社、公团等，（当初或民营化以后）不是按照商法而是依据个别法设立的特殊公司外，兼业及投资规制渐趋取消。本书执笔时，相对而言，燃气业这方面的规制稍有放松，但燃气业法、电力业法里还都存在兼业规制。因此，在探讨兼业及投资规制的理论依据的同时，还将从当时盛行的经营多元化的视角，就是否有方法能让用户也享受到多元化经营带来的好处提一些建议。

本稿执笔后，文中所说的特殊公司中，日本航空实行了民营化，国际电 53
信电话股份公司（KDD）也民营化了（平成 10 年［1998］法律第 58 号），众所周知，后者与 DDI 合并成为 KDDI 了。此外，经日本电信电话股份公司法的部分修订（平成 9 年［1997］法律第 98 号），NTT 转制为控股公司。按（该法第 3 条）规定，NTT 控股公司及其子公司东日本电信电话股份公司（NTT 东）和西日本电信电话股份公司（NTT 西）必须承担提供普遍服务职责（译者注：指任何人在任何地方都能以均一价格享受电信业服务），NTT 控股公司及其东、西两家子公司，如拟从事电信附带业务无须经认可，但如从事实现其他目的的业务则须取得认可，这跟过去一样（第 2 条第 1 至第 4 款）。NTT 东、西两家子公司的本业为县内通信，因此这两家公司若利用所拥有的设备、技术和人员从事县内通信以外的业务就必须取得大臣的认可。但同时还规定，“如确认不存在地域性公司因经营该项业务……，会对其本业的顺利进行及确保电信行业的公平竞争带来阻碍的可能性时，应予认可”（同条第 5 项）。关于

NTT 的控股公司化，将在下文展开分析。

在电信业法中，按是否设置有电信线路设备将企业区分为第一类、第二类两种（旧第 6 条。电信法制研究会《逐条解说电气通信事业法》第 28 页［第一法规出版社 1987 年］），后因法律修订（平成 15 年［2003］法律第 125 条），取消了企业区分，放宽了对一定规模以上的电信线路设备设置者的登记（第 9 条。多贺谷一照、冈崎俊一著《修订后的电气通信事业法逐条解说》第 1 及第 13 页，［电气通信振兴会 2005 年］）。虽然是这次修订以前的事，东京电力及东部电力曾希望以其本体作为第一类电信企业进入该市场时，被附加了不得进行电力与通信的捆绑服务等条件（虽然能够取得总务省的认可，但其后东京电力退出了通信业务）。这是考虑到在电力市场竞争尚未取得进展的情况下，通信与电力的捆绑销售，对于电力公司以外的企业来说很难做到，导致通信市场上的竞争条件不对等，所以才附加了上述条件。不过从欧美实行的“多元公用事业”（即将电力、燃气、通信、供水、保安等捆绑在一起提供一体化服务）来看还相距甚远。

54 1999 年，电力业法、燃气业法中的重要规制——兼业规制均被废除（平成 11 年法律第 50 号）。此外，经 1997 年的垄断禁止法修订，控股公司也获解禁（平成 9 年［1997］法律第 87 号），但有关“经营多元化”的争论并没有因此就完全平息。因此，可以说至今仍有现实意义。本节执笔后，舟田正之编著的《公用事业的多元化经营与法律规制》一书（第一法规出版社 1995 年）出版了，该书的研究主题与本节类似。

除了注释，法律及文献均保留了本节执笔时的原貌。

2.2.1 序言

所谓“公用事业”，虽然不同的业务其“公用”色彩的浓淡会有差异，但都必须服从国家依据各项行业法实行的行业规制。本书中将探讨的多元化经营，也存在着依据行业法实行的兼业规制、出资投资或持有他公司股份的规制等。

本节将首先对日本公用事业中的主要行业的经营多元化规制（兼业规制、投资规制）的历史作一简要回顾；其次，对规制的现状作一分类和梳理；最后，拟就经营多元化实行法律规制的理论依据、对经营多元化实行法律规制中存在的问题等作一些探讨。

2.2.2 兼业和投资规制的历史

对“公用事业”的兼业和投资规制，会因行业的历史发展阶段、行业的性质不同而异。因此在本节中，将根据行业、兼业和投资规制的有无及规制内容、规制强度等，按时间序列进行概要的考察。由于受资料搜集的制约，对各个时代“实际的规制状况”的描述未必都很准确，敬请谅解。

1. 电力业

日本的电力业，起始于 1882 年东京电灯股份有限公司的设立。在国家层面对电力业的规制法律，经 1891 年和 1893 年的递信省训令、1896 年的 55
“电力事业监管规则”及 1902 年该规则的修订基本成形。关于兼业规制，从业务经营许可命令书的附带命令书中的“公司拟经营电力以外的业务时，需经递信大臣的许可”等条款中已初显其貌。1911 年，制定了电力业法（明治 44 年法律第 55 号），但其中并没有规定兼业规制，只是在电力业务许可附随的附带命令书中规定了兼业规制。

1931 年，日本对电力业法进行了大幅修订（昭和 6 年法律第 61 条），在第 21 条中设置了“未取得主管大臣的认可不得从事其他业务”的规定，设置该规定的宗旨在于要“防止出现妨碍供给企业正常履行电力业务的情况”。当时的电力业法将电气化铁道业也作为“电力业”（第 1 条），但明文规定将电气化铁道企业的兼业从电力业法第 21 条的规制对象中排除，按地方铁道法及轨道法的规定执行。此外，也有学者从实务角度将该规定解读为：（电气化铁道企业除外的）电力企业附带性地从事“电力器械或器具的制造、销 56
售、借贷”“公司债券、股票及其他有价证券的取得或转让”时，不作为兼业，无须取得许可[49]。对投资规制则未作规定。

第二次世界大战后，在 1950 年时制定了作为波茨坦政令的公用事业令（昭和 25 年政令第 343 号）。依据该法令，电力业法与燃气业法被废除（附则第 2 款），两项业务均服从依据该政令设置的公用事业规制委员会的规制。该政

49　电力协会.《电力业法规解说》. 电力协会，1933：314.

令第34条规定：“未取得委员会的许可，不得从事公用事业以外的业务，但委员会规则另有规定的则不在此限”（第1款），“委员会在收到前款规定的许可申请时，如不能确认该公用事业企业经营公用事业以外的业务，不存在给公用事业的正常履行造成障碍的可能性时，不得给予该项许可”（第2款）。其中，无须经委员会规则规定的认可即可兼营的业务是与燃气业相关的业务［参见2（2）］。与旧电力业法不同，第2款的规定虽然有些抽象，但将许可基准明文化了，现行的电力业法基本上承袭了该项规定。

1964年制定的电力业法（昭和39年法律第170号）第12条设置了关于一般电力企业兼业许可的规定。首次从兼业规制对象中排除了批发电力企业，因为“就本条的宗旨（保护电力使用者的利益）而言，电力批发企业的地位是属于间接的”[50]。兼业许可的要件为“确认不存在给一般电力业务的正常履行造成障碍的可能性时”（第2款）。

在现行法的制定过程中，曾讨论过“投资规制”。主张对投资进行规制
57 的论据是因为对兼业进行了规制，而对投资放任自流的话就会失去平衡。因此，提出对超过一定限度以上的对其他行业的投资，应创设备案制等[51]，但该主张因未被纳入政府草案而告终。在众议院商工委员会，面对在野党议员有关“投资”规制的质询时，政府委员在答辩中表示，由于尚未发现有投资危及本业的情况、规制当局也未必有足够的判断能力、可以通过财务审计等进行核查、对于抑制中小企业的投资将采取行政指导进行控制等理由，所以未就“投资”规制作明文规定[52]。

2. 燃气业

日本的燃气业始于1872年的日本横滨燃气公司。为了在国家层面对燃气业进行规制，1923年时制定了燃气业法（大正12年法律第46号）。该法虽未设置有关兼业规制的规定，但要求在申请经营许可时，“拟兼营燃气业务以外的业务的，须注明拟兼营业务的概要”。

1931年在对燃气业法作部分修订时，增设了增资许可（第12条第2款）、兼业或投资（持有他公司股份）许可（第12条第3款）等。增资或兼业投资规

---

50 资源能源厅公用事业部.《电力业法解说》. 通商产业调查会，1984：86.

51 电力政策研究会.《电力业法制史》. 电力新报社，1965：471，476.

52 第46届国会众议院商工委员会会议记录第55号，1964：19，24.

制对“以燃气以外的业务作为主要业务的”企业适用除外（第 12 条第 4 款）。 58
并就该修订的主要目的作了说明，是因为以往的燃气业法里没有相应的条文作为对燃气公司财务状况实施充分监督权的依据[53]。从反面的角度也可理解为具有削弱自治体与燃气公司的补偿合同中自治体的权限（也涉及财务事项）的动向。

1950 年制定的公用事业令［在 2（1）已作论述］第 34 条中规定的无须申请兼业许可即可经营的业务具体包括：“燃气制造过程中产生的焦炭、焦油及其他副产品等的销售业务，或利用与自己的生产制造有关的焦油从事附表 3 所列焦油产品的生产制造或销售的业务”，以及“与燃气业相关的 1 种或 2 种以上的业务、其所需资金的总额未达到经营燃气业务所需资金额十分之一的业务”等（昭和 26 年公用事业委员会规则第 6 条）。

1954 年，日本制定了燃气业法（昭和 29 年法律第 51 号）。该法将燃气批发企业排除在行业规制对象外，1970 年该法修订（昭和 45 年法律第 18 号）时，将简易燃气企业纳入规制对象（第 2 条第 4 款）。第 12 条规定的兼业规制不适用于简易燃气企业，只适用于一般燃气企业，该条款规定：“一般燃气企业如未取得通商产业大臣的许可不得经营一般燃气业务以外的业务，但通商产业省令规定的业务则不在此限”（第 1 款）、“如不能确定其不存在对一般燃气业务的正常履行带来障碍的可能性时，不得给予前款规定的许可”（第 2 款）。关于无须事先取得 59
通商产业大臣许可即可经营的业务（第 12 条第 1 款但书），在燃气业法实施规则（昭和 29 年［1954］通商产业省令第 51 号）第 5 条第 2 款中作了规定，但在其后的实施规则修订中（昭和 45 年［1970］通商产业省令第 97 号），以对原规则第 5 条第 2 款补充增加 LNG（液化天然气）相关业务的形式，规定从事下列业务：“① 燃气生产制造过程中产生的焦炭、焦油及其他副产品或冷热液化天然气的销售等相关业务；② 利用自己生产的燃气，或从该生产过程中产生的废水中回收的产品，或以从该废水中回收的氨为原料生产的硫酸铵等产品的销售等相关业务；③ 与自己的生产制造相关的焦油产品或液体氩、液体氮或液体氧（仅限于利用燃气制造过程中的液化天然气的冷热转换的场合）的销售相关业务；

53　第 59 届帝国议会众议院委员会议录第 5 类第 18 号第 2 次（1931 年 3 月 2 日）第 1 页的俵孙一商工大臣的说明.

④ 与自己采掘有关的天然气销售业务（简易燃气业务除外）；⑤ 燃气表具的修理、燃气器具的修理或销售，或随燃气器具销售的排管工程等业务”等，无须取得通产大臣的许可（实施规则第 13 条第 2 款）。之所以允许这样一些“无须取得许可的兼业”（法律第 12 条第 1 款但书），是因为考虑到燃气生产过程中的副产品（焦炭、焦油、LNG 冷热等）本就属于附带业务，从一开始就不可能禁止，而且要求每一项业务都要分别取得许可也没必要；再者，燃气器具的销售可认为是燃气业的一种服务。但如将燃气器具的销售与燃气安装等捆绑销售的话，则可能会成为其他规制（垄断禁止法）的对象。

公司对外投资规制曾被纳入有关电力及燃气相关法令修订的审议会答询，但由于该类规制是以资金管制为前提的，有可能会涉嫌干预企业内部经营，何况通过收费规制等就能达到同样的目的，因此，从政府草案中剔除了。从而即使全额出资设立子公司，既不属于兼业规制的对象，也不直接受
60 投资规制（与财务会计监管的关系，将在 2.2.4 节中论及）。另外，在众议院的附带决议第 4 项中，附有“为使燃气业务的资金状况准确透明，对于燃气企业从事燃气业以外的业务，应对其内容进行监督检查，加强监管，确保其不偏离作为公用事业的本质”等规定。

3. 铁道业

（1）民营（私营）铁道

日本的铁道业始于 1872 年的新桥横滨间的官办铁道，私营铁道则起始于 1880 年的东京马车铁道（轨道交通）及次年日本铁道公司的设立，日本铁道线开业于 1883 年[54]。

1887 年，日本制定了《私营铁道条例》（明治 20 年敕令第 12 号），1890 年，制定了《轨道条例》（明治 23 年法律第 71 号）。1892 年的《铁路铺设法》（明治 25 年法律第 4 号）批准政府收购主要干线的可能性，依据 1906 年的《铁道国有法》（明治 39 年法律第 17 号）第 2 条的规定，当时主要的 17 家私铁公司被收购。该法规定“供一般运输用的铁道均为国家所有，但以某一地方交通为目的的则不在此限”（第 1 条），将私铁限定于地方交通的角色[55]。

---

54 村松一郎.《陆运（现代日本产业发达史 XⅫ）》. 交询社出版局，1965：42－48.

55 日本国有铁道.《日本国有铁道百年史》，1970，2：402－414.

在此之前，日本在 1900 年时就废除了以前的《私营铁道条例》，制定了《私营铁道法》（明治 33 年法律第 64 号）。制定私营铁道法的宗旨，除了与上一年的商法修订有关外，目的在于“目前已有 50 多家公司，对于如此复杂的行业应制定相应的规程”[56]。该法第 24 条规定了兼业规制，“公司未取得主管 61
大臣的许可不得经营其他业务”；第 25 条规定了其他公司股份持有规制，即“公司未取得主管大臣的许可不得取得其他公司的股份、也不得以质押权为目的取得其他公司的股份”。

1910 年时，日本制定了《轻便铁道法》（明治 43 年法律第 57 号），较之私营铁道法，轻便铁道法的规制则更简化了。结果已建成的私营铁道纷纷要求指定变更为轻便铁道，至 1917 年时，私营铁道只剩下 2 家，这 2 家均于 1918 年被国有化了[57]。

1919 年时，《私营铁道法》与《轻便铁道法》均被废除，制定了《地方铁道法》（大正 8 年法律第 52 号），1921 年时，《轨道条例》被废除，制定了《轨道法》（大正 10 年法律第 76 号）。《地方铁道法》与《轨道法》这两部对民营铁道实行规制的法律，战后仍被承袭。从兼业规制的相关规定看，《地方铁道法》第 9 条规定“如未取得监管机关的认可，不得经营其他的业务”，另一方面，《轨道法》也援用了《地方铁道法》的若干有关监管的规定，但未援用有关兼业规制的第 9 条（轨道法第 26 条），因此出现了在《地方铁道法》中有兼业规制，而在《轨道法》中却没有兼业规制的状况。但在 1929 年时，通过地方铁道法中修订的法律（昭和 4 年法律第 62 号），地方铁道法第 9 条被删除了。政府提案的理由是因为对公司债的发行、铁道附属物件（车辆等）的出借转让、列车的发车到达时刻等的规制被放宽了，同时也是出于事务精简化的考虑，兼业规制也被取消了。

作为 1986 年国铁改革相关法律之一，日本制定了《铁道业法》（昭和 61 年法律第 92 号），《地方铁道法》被废除（该法附则第 2 条），在《铁道业法》里， 62
未设置兼业规制、投资规制等。

（2）国铁

1906 年，《铁道国有法》（明治 39 年法律第 17 号）通过后，立即提交议会并

---

56 第 14 届帝国议会众议院议事速记录第 20 号第 378 页（1900 年 2 月 6 日）.

57 日本国有铁道.《日本国有铁道百年史》，1972，6：458－461.

通过了《帝国铁道会计法》（明治43年法律第37号），依据《帝国铁道会计法》，国有铁道作为特别会计适用该会计法。战后，经历了《国有铁道业特别会计法》（昭和22年［1947］法律第40号），1948年《日本国有铁道法》（昭和23年法律第256号）颁布，以前的特别会计上的资产额作为资本金，国铁作为政府全额出资的公法上的法人诞生了（法律第1、2、5条，附则第2款）。法定的国铁业务（第3条第1项）包括："① 铁道业务及附带业务的经营；② 铁道业务相关的轮渡业务及其附带业务的经营；③ 与铁道业相关的汽车运输业务及附带业务的经营；④ 从事前3项所列业务所需的采煤、发送电及电信业务；⑤ 前述各项所列业务之外，为实现第1条规定的目的所必需的业务"等。按此规定，只能经营其本来的业务及其附带业务。允许作为附带业务经营的包括：客运相关服务业（商店、列车食堂、车站大楼等）、广告发布、货运相关服务业（仓库、货物堆场等）、用地的出借等[58]。

63 另一方面，依据联合国军司令部（GHQ）排除经济力集中的方针，投资条款在提交国会前从政府原方案中被剔除了。1953年在日本国有铁道法的部分法修订版案中，曾设有允许国铁对"与其业务有直接关联且业务运营所必需的业务"进行投资的条款，但被认为为时尚早而被删除了[59]。此后的1959年，依据国有铁道法部分修订的法律（昭和34年法律第107号），该法第6条作为投资条款，规定：国铁"其他法律另有规定的除外，其业务运营有必要并取得主管大臣的认可时，可按照预算的规定，对从事日本国有铁道及其他运输企业均可使用的运输设施的运营业务进行投资"。1962年日本国有铁道法部分修订（昭和37年法律第86号）时，该条款补充添加了"从事（国铁的）运输业务及从事直接运输的运输业务以及可视为上述业务的与日本国有铁道的运输业务密切相关的有关运输的业务"，并据此规定"依据前款的规定，日本国有铁道可以投资的业务范围由政令规定"。依据此规定，《日本国有铁道法实施令》（昭和24年政令第113号）里增设了有关"投资对象"的规定（依据昭和37年政令第154号对实施令的部分修订）。其次，依据1965年日本国有铁道法的部分修订（昭和40年法律第61号），该条第2款（政令指定条

58 石原进. 国铁的关联业务. 国铁线，1982-08：5.
59 石原进. 国铁的关联业务. 国铁线，1982-08：6.

款）下移至第 4 款，插入了新增的第 2 款“仅限在业务运营有特殊需要时， 64
可作为依据前款规定的投资，以实物出资”、第 3 款“除依前款（实物出资）的规定外，投资还须按预算的规定来进行”。也就是说，投资对象业务按政令（第 4 款）的规定、投资方法除按出资（第 2 款）的规定以实物出资外，还须按预算（第 3 款）的规定。其后，该实施令还经历过多次修订，但从实务层面来说，特别重要的是 1971 年的修订（昭和 46 年政令第 2 号），增设了“⑥ 旅客车站（包括与车站一体的店铺、办公场所等）的建设及管理业务；⑦ 为确保日本国有铁道的旅客的便利所必需的饮食设施、住宿设施及其他设施的运营业务；⑧ 为便于日本国有铁道与其他交通工具相衔接而设立的、与铁道旅客车站相连接的公交换乘中心、停车场及其他设施的运营业务；⑨ 受日本国有铁道的委托从事下列业务：车票的发售，车站上的乘客及货物等相关事务的办理及车站设施的维护，列车的编组”等。特别值得指出的是，据此规定，也可以从事对车站建筑物的投资了。

在 1977 年的法律修订（昭和 52 年法律第 87 号）时，第 6 条又进一步被修改为“其他法律另有规定的除外，因业务运营上的需要，或因财务上的需要，在取得运输大臣的认可后，可对受日本国有铁道的委托从事其部分业务的业务、与该运输业务密切相关的运输业务、有助于其所拥有的设施或土地高效利用的业务，或有利于促进其营运线路有效利用的业务进行投
资”。此次修订是出于“作为改善经营的措施之一，扩大国铁的投资对象 65
范围、在新的思路下推进相关业务的充实和资产的有效利用”的目的，实现了投资对象业务范围的扩大、投资条件的放宽[60]。因法律进行了修订，故次年实施令也作了相应修订（昭和 53 年政令 239 号），将更多的业务纳入可投资对象业务范围：“受日本国有铁道的委托，其业务中……供业务使用的设施或设备的维护或清扫，及利用计算机来进行信息处理的业务”，“⑨ 在（归国铁所有的）设施内从事广告物发布业务；⑩ 在（归国铁所有的）设施内或土地上设置的店铺、办公场所、住宅、停车场、住宿设施及其他设施的运营业务，且被确认能比通常的利用效率更高效地利用该归

60　辻通明．国有铁道法及日本国有铁道法部分修订的法律．法令解说资料总览第 2 号，1978：50－51．

日本国有铁道所有的设施或土地的；⑪ 从事滑雪场、游乐园及其他娱乐设施或动物园、植物园及其他素养培育设施的运营业务，且被确认该设施的消费者中有相当数量是日本国有铁道运营线路的使用者”等。该次修订的结果，开发出了诸如泳池、宾馆、广告媒体管理、车站租车等新业务。

依据 1986 年的《日本铁道改革法》（昭和 61 年法律第 87 号），国铁被分拆、民营化，日本国有铁道法被废止（该法附则第 2 项）。进而，战前在铁道国有主义思潮盛行的背景下制定的《铁道国有法》及《铁道铺设法》亦依据《日本铁道改革法等实施法》（昭和 61 年法律第 93 号）的规定被废止了（该法第 110 条第 1、2 项）。国铁的铁道业务被全国 6 家旅客铁道股份有限公司和日本货物铁道
66 股份有限公司继承（《日本国有铁道改革法》第 6、8 条），两者均受《关于旅客铁道股份有限公司及日本货物铁道股份有限公司的法律》（昭和 61 年法律第 88 号）的规范。依据该法，6 家旅客铁道股份有限公司是“以经营旅客铁道业务及该业务的附带业务为目的的股份有限公司”（法律第 1 条第 1、2 款）。关于兼业，（该法第 1 条第 3 款）规定：“取得运输大臣的认可，可从事汽车运输业务及其他业务。在这种情况下，运输大臣如能确认，公司经营该业务不存在妨碍第 1 款或前款规定的主业正常且健康运营的可能性时，须予以认可”（同条第 3 款），并在说明中表示：“为了培育能经受今后激烈竞争的经营体制，应通过开发铁道以外的业务、开展多元化经营来强化经营基础，激发经营活力……无论与其本来的业务即铁道业务有无关联，只要能广泛拓展业务范围的，对其的认定也将……大幅放宽约束”[61]。不过，也设置了照顾中小企业条款（第 10 条）。另外，旅客铁道股份有限公司及日本货物股份有限公司，作为特殊公司除了要受特殊规制外，还与（过去曾是地方铁道法的规制对象的）民铁一样，属于《铁道业法》（昭和 61 年［1987］法律第 92 号）上的铁道企业（《日本国有铁道改革法等实施法》第 3 条第 1 款、第 12 条第 1 款）。

4. 电信业

（1）国内电信业

1869 年创办电信，1890 年创办电话后，在第二次世界大战前一直是作

61　羽尾一郎. 关于旅客铁道株式会社及日本货物株式会社的法律. 法律解说资料总览第 61 号，1987：25.

为官方经营的业务，第二次世界大战后，在 1952 年时由日本电信电话公社 67
（以下简称电电公社）实行一体化经营。按《日本电信电话公社法》（昭和 27 年［1952］法律第 250 号）中的表述：设立电电公社是以“通过建立合理且高效的公众电信业经营体制，促进公众电信设备的配备及扩充，并确保电信给国民带来便利，以增进公共福利为目的”（第 1 条）。次年 1953 年的《公众电气通信法》（昭和 28 年法律第 97 号）中表述为：“公社……通过普遍且公平地提供收费合理的、快速且可靠的公众电信服务，以增进公共福利为目的”（第 1 条）。

在该条第 2 款中规定电电公社的业务范围为：“公众电信业务及其附带业务以及为实现第 1 条规定的目的所需的其他业务”（《日本电信电话会社法》第 3 条第 1 项）以及“在不影响前款规定的业务正常运营的范围内，可根据委托从事下列业务：① 电信设备的设置及保存；② 电信用机械、器具及其他物品的采购、保管、修理、加工及检查；③ 与电信技术相关的应用研究及基础研究；④ 电信业务从业者的培训”。也就是说，它的业务被分为公众电信业务、附带业务、实现目的的业务、委托业务等四大块，且均不属于需经大臣认可的事项。另一方面，关于投资条款，最初的公社法中并未设置相关规
定。但在第 3 条第 2 款中，允许持有国际电信电话股份有限公司的股份（但 68
不超过已发行股份的五分之一），进而在 1964 年的日本电信电话公社法的部分修订（昭和 39 年法律第 108 号）中，新增设了第 3 条第 3 款，规定了以下投资条款：“公社，如其业务运营上有需要时，经邮政大臣的认可，可按预算规定，对受公社委托以从事公众电信的部分业务为主要目的的业务以及以从事与公社的公众电信业务运营有密切关联的业务为主要目的的业务进行投资”（第 1 款）；“依据前款的规定，公社可投资的业务范围由政令规定”（第 2 款）。据此，《日本电信电话公社法实施令》设置了有关投资的规定。在其后的法律修订（昭和 44 年法律第 50 号宇宙开发事业团附则第 16 条）中规定“如其业务运营上有需要时，经邮政大臣的认可，可按预算规定，对宇宙开发事业团出资”，同时，以前的第 3 条第 3 款（投资条款）下移至第 3 条第 4 款。

1984 年的电电改革，废止了公众电气通信法（电气通信事业法附则第 3 69
条），电电公社依据《日本电信电话株式会社法》转制为股份公司（以下简称 NTT），实行了民营化。NTT 作为特殊公司除了受 NTT 法的规制外，还

属于《电信业法》（昭和59年［1984］法律第86号）规定的第一类电信企业（该法附则第4条第1款）。（NTT法第1条第1款）规定NTT“以经营国内电信业务为目的”，（该条第2款）还规定“除前款规定的业务外，还可从事其附带业务以及经邮政大臣认可的对于实现公司目的所必要的其他业务。在经营此类业务时，可作为该款规定业务的附带业务的必要条件，由邮政省厅规定”。政府的原方案中附带业务及为实现公司目的的业务均属须经大臣认可的事项，但经众议院的修订，附带业务无须办理认可了。之所以作此修改是因为，“附带业务，就其性质而言，属于可自行决定其范围的事项，因此，只要收支相抵等要件得到保证，即使让公司按自己的判断来作决定也不会产生什么特别大的问题。据此修订宗旨，省令关于附带业务规定：① 附带业务实行收支相抵原则；② 须向邮政大臣提交有关业务的概要”。《日本电信电话株式会社法实施规则》（昭和60年［1985］邮政省令第23号）规定，无论是附带业务还是为实现公司目的的业务，都应将“① 业务内容；② 业务开始日期；③ 业务收支预算；④ 经营该项业务的理由”等提交大臣。前者（附带业务）要求收支相抵，而后者（为实现公司目的的业务）要求须取得认可（第1、2条）。另外，对于NTT，没有投资规制。“临时行政调查会的答询中指出，从特殊公司的宗旨及合理化发展的观点来看，应当让其开展灵活的投资活动。遵循该答询的精神，所以决定对其投资活动不实行特殊规制”[62]。

（2）国际电信业务

日本的国际电信业务曾长期被掌握在外国通信公司的手中（因海底电缆
70 的原因），但随着无线通信事业的发展，通信自主权得以回归。1925年，依据《日本无线电信株式会社法》（大正14年法律第30号），设立了作为国际无线电信设备提供商的日本无线电股份有限公司，1932年为了开通国际电话，由民间出资设立了国际电话股份有限公司。1938年时，两家公司被合并为“国际电信股份有限公司”（参见昭和13年敕令第114、115号）。然而，还没到两家公司的合并合同生效，以前的《日本无线电信株式会社法》就改名为《国际电气通信株式会社法》了（昭和12年法律第44号）。

62　栗田纯一，吉村孝雄. 关于完善日本电信电话株式会社法、电气通信事业法、与日本电信电话株式会社法及电信业法的实施相关法律的法律. 政令解说资料总览第45号，1985：15.

第二次世界大战后在联合国军最高司令部（GHQ）的指令下，该公司被解体，移交递信省管理，但 1952 年时，《国际电信电话株式会社法》（昭和 27 年法律第 301 号）生效，次年，随电电公社的实物出资（该法附则第 3 项），设立了“国际电信电话股份有限公司”（以下简称 KDD）。依据该法，KDD“除经营国际公众电信业务外，经邮政大臣的认可，还可经营其附带业务以及为实现前条规定的目的所必要的其他业务”（第 2 条，该公司章程第 2 条第 2 款亦作了同样规定）。其中，附带业务是指国际电信通信业务附带的业务，即业务上有密切关联且不属于本来业务的业务（如办理国内的西文电报业务、对 NHK 的国际广播用无线设备专用业务及国际广播实况转播用无线电话设备专用业务、接收外国广播用的无线电话设备专用业务等）；为实现公司目的的业务是指与本来的业务经营未必有密切的关系，但可认为与公司目的的实现存在相关关系的业务（如为形成外国电话线路网络，派遣调查团、国际电信技术咨询等国际合作业务）。

此外，依据《日本电信电话株式会社法》以及《关于完善与电信业法的实施相关法律的法律》（昭和 59 年第 87 号），增加了“关于该条规定业务的附带业务的认定要件由邮政省规定”（第 2 条后段）。据此，《国际电信电话株式会社法实施规则》（昭和 60 年邮政省令第 24 号）第 1 条里设置了相应的规定。如前所述， 71
对 NTT 只有为实现公司目的的业务属认可事项，而对 KDD 则附带业务及为实现公司目的的业务均属认可事项，有失均衡，故通过法律修订与 NTT 同等对待了。

关于 KDD 的“投资”，“一般理解为，作为‘股份公司’理所当然是允许的”，但法律第 12 条规定的业务计划认可，如果将其解读为作为业务计划内容的一部分的“资金计划”的话，不可否认还是存在须经大臣审查的可能性[63]。

2.2.3　兼业和投资规制的现状——分类

公用事业的兼业和投资规制，可按不同的观点进行分类。

63　园部敏，植村荣治.《交通法通信法（新版）》. 东京：有斐阁，1984：302.

1. 组织法上的分类

当公用事业的经营者为公社、公团、事业团、特殊公司等时，关于该企业的组织规范中，设有该法人设立的“目的”“业务”等规定。这些“特殊法人”开展多元化经营，原则上是被否定的，只能从事关于“业务”规定中规定的本来业务（及有特殊规定时的附带业务和为实现公司目的的业务）。对于投资，公社、公团、事业团等，只有在明文规定了“投资条款”的情况下才能进行投资（创设规定）。而相对于此，特殊公司（如旅客铁道、NTT、KDD、JAL 等）则是依据特殊法设立的，是股份公司，从这个角度来说，只要没有特殊规定（投资限制规定）就应该可以像一般公司一样实行投资自由。

72 相对于从事公用事业的私营企业，为什么特殊法人的业务领域要被限制？可以理解为是因为以下一些背景：① 这是由政府出资来进行的事业（但日本放送协会的情况不一样）；② 其本身就是为实现特定社会经济政策这一特定的经营目的而按特别法设立的法人；③ 防止其将垄断力扩张至其他业务领域[64]。但是，笔者认为，仅仅从组织法上的这些特殊性（按其设立是依据商法还是依据个别法）未必能从逻辑上解释清楚限制其开展多元化经营的必然性。像原国铁、电电公社等，都逐渐放宽了投资规制，由此来看，随着业务主体的变化或该业务主体所处经营环境的变化，也存在着放松这些限制的可能性。

2. 按行业的“垄断性”分类

虽然笼统地都称为“公用事业”，但行业的垄断性（或者反过来说，同行业之间或者不同行业之间的竞争状态）还是存在差异的。假设“行业垄断性越强，就越要实行兼业和投资规制”这样一个命题成立，下面就来验证一下该命题的真伪。

（1）从被认为垄断性正在动摇的运输业来看，对航空运输业（《航空法》第100条以下）、大客车、卡车、出租车等汽车运输业（《道路运输法》）、铁道业（《铁道业法》）等均不存在兼业和投资规制，但正如前面已分析过的，对作为特殊公司的“旅客铁道”及“日本货物”却实行兼业认可制。然而，同是

64 根岸哲.《规制产业的经济法研究第Ⅱ卷》. 成文堂，1986：269.

特殊公司的日本航空，在《日本航空股份有限公司法》（昭和 28 年法律第 154 号）第 1 条里，只规定了："以经营国际航线及国内干线定期航空运输业务以及与此相关的附带业务为目的的"，但并没有直接规定兼业投资规制。 73

历史上，地方铁道法里也曾有过关于兼业规制的规定，但如前所述，后来也被删除了。

（2）较之运输业，电信领域更具成本沉没性。从电信领域的情况来看，电信业法未对电信企业实行兼业和投资规制。但对作为特殊公司的 KDD 和 NTT 的为实现公司目的的业务却规定须取得大臣的认可。

（3）对于自然垄断性保留最多的电力及燃气业，虽然有兼业规制（电力业法第 12 条、燃气业法第 12 条），但不存在投资规制。历史上旧《燃气事业法》里曾有过投资（股份持有）规制，在 2.2.2 节里已有阐述。

如暂且撇开针对特殊公司的组织法上的规制不论，从以上考察可以看到，业务领域的垄断性与兼业和投资规制的强度处于一种对应关系，垄断性相对较强的行业，对其业务规制也更严，投资规制则有被废止的趋势。

不过，兼业规制并不仅仅只与业务的垄断性相关，其他的立法政策也会涉及对特定业务的兼业规制。金融机构就是最典型的例子（有观点以存在主管大臣对企业经营拥有终极监督的规定为论据，认为可以将银行理解为是与行政法学上的"特许企业"或"公用事业"相对应的[65]，但对此观点一般是否定的[66]）。旧《银行法》（昭和 2 年法律第 21 号）第 5 条、《银行法》（昭和 56 年法律第 59 号）原第 12 条、旧《长期信用银行法》第 6 条第 6 款，旧《外汇银行法》第 8 条、《信托业法》原第 5 条第 1 项、《保险业法》原第 5 条、 74
旧《无尽业法》（译者注：无尽业是指互助信贷储蓄业务）第 6 条、旧《证券交易法》第 43 条等法律条款里都存在禁止银行混业兼营的规定。之所以设置禁止兼营他业的规定，被认为是出于以下一些考虑："对于公共利益来说，期望（银行）能专心致力于专业化的金融业务，另一方面，如兼业失败的话还会累及本业"，即"银行在经营其他业务时，难免会将大量的资金注入其他业务，其结果，有可能会出现银行的命运被其他业务的兴衰所左右

65　山田幸男.《公企业法》. 东京：有斐阁，1957：152.

66　今村成和. 公企业及公企业的特许；田中二郎.《行政法讲座　第 6 卷》. 东京：有斐阁，1966：184.

的情况，甚至有可能会危及存款人的安全”，“以其强大的金融能力为背景进入其他业务领域，有可能会导致社会摩擦”[67]。

3. 按规制的强度分类

按规制的强度，可将兼业和投资规制作如下分类。

（1）“禁止型”，通常是针对公社、公团、事业团等主体，其“业务”范围不得经营法定业务以外的业务。如规定除附带业务外亦可经营为实现公司目的的业务时，根据对所谓“为实现公司目的的业务”的解释不同，也许还留有一定的业务扩张空间。

（2）“法令明文规定型”，是与“禁止型”相反的一种形式，针对公社、公团、事业团等，在法令中允许其兼营或投资所限定的特定业务。

（3）“许可型”，诸如电力、燃气、旅客铁道、日本货物的兼业、NTT、KDD 的为实现公司目的的业务就属此类。

（4）“自由型”，除公社、公团、事业团外，投资由企业自由决定。

75 2.2.4 法理上的探讨

1. 兼业和投资规制的依据

实行兼业投资规制的依据是什么？按照以往的说明，① 企业应专心致力于“本来的”业务，如果无谓地从事其他业务可能会导致经营的恶化……,不能确保“消费者”的利益[68]；②“防止在某个业务领域里处于垄断地位的公企业将其垄断力扩展到其他业务领域[69]”；③“假定允许兼业，该业务也可能会被作为‘本业的延伸’，被当作本业而取得许可（防止本该再投资于本业的资金流向其他领域）”。这些分析，如同在前面 2.2.3 节中分析禁止银行混业兼营的目的时所指出的，是为了保护存款者利益及禁止压制其他行业，基本上属于同样的目的。但笔者认为，与其说因为是公用事业所以要有兼业或投资规制，不如说规制的依据在于它比其他行业拥有更强大的资本力（公用事业通常具有固定费用大的特点，故通常需要巨额资本投

---

67 金融法令研究会.《新金融法精义》. 大藏财务协会，1983：150.

68 资源能源厅公用事业部.《电力业法的解说》. 通商产业调查会，1984：86.

69 根岸哲.《规制产业的经济法研究第Ⅱ卷》. 成文堂，1986：269.

入；加之还具有地域垄断或寡头垄断的特点）以及消费者对其的依存度比较高（服务的必须性以及对生活的影响更直接）。关于前述论据②，即对其他行业的压制这一点，笔者认为，应结合个别具体情况，对照《垄断禁止法》（昭和 52 年法律第 54 号）、《中小企业领域调整法》（昭和 52 年法律第 74 号）、《大规模零售商铺法》（昭和 48 年法律第 109 号）、《商调法》（昭和 34 年法律第 155 号）等法律来判断，如果脱离具体情况，只是一般抽象地说“因为会造成对其他行业的 76
压制所以不该兼业”，该逻辑恐怕很难成立。假定说以防止压制其他行业作为兼业规制的论据，那么从立法论的角度看，主管大臣在作出兼业许可的决定时，就必须事前与公正交易委员会、领域调整法等相关主管大臣、与小调法相关主管大臣或知事、与大店法相关的通产大臣或知事等进行协调的想法应该也能成立（不过领域调整法或商调法等都没有规定过纷争发生前的行政事前介入）。关于这一点，颇有意思的是《关于旅客铁道股份有限公司及日本货物股份有限公司的法律》（昭和 61 年法律第 88 号）第 10 条关于照顾中小企业的条款。不过该条款本身并未内含特殊的利害调节机制，因此具体执行时恐怕还不得不借助于领域调整法等法律。是否可以该条款为依据而拒绝兼业许可申请？从条文结构上看，是不是可以最直观的解读为：按兼业许可规定，只要满足法律第 1 条第 3 款规定的要件就必须予以许可，但出于领域调整的观点，从结果来看，取得许可的兼业活动仍然可能是受制约的。

其次，关于前述论据①，即所谓消费者保护，不由得会产生一些疑问：如果是未实行兼业和投资规制的私营铁道，会是怎样的情况？从前面2.2.2节的分析已知，依据 1929 年的地方铁道法的部分修订（昭和 4 年法［1929］律第 62 号），兼业规制被废止（原本就没有投资规制）了，在那以后也一直未实行兼业和投资规制，不是也没有任何证据可以证明消费者保护因此受到影响了吗？当然，如果仅从私铁多元化经营的情况来看，也许是因为铁道业和他们的兼业之间（尤其是兼营不动产业）处于互补关系这样一种特殊性在起作用。

暂且撇开私铁，就一般而言的话，并不是说经营多元化绝对不会给消费 77
者带来任何不利的影响。正如人们早就指出的那样，这种可能性还是存在的。① 对于本业以外的业务给予内部补贴；② 由于其他业务部门的亏损，很容易导致本业部门的风险增大而不利于资金筹集，或让本业的消费者来承担其兼业的损失；③ 不对本业进行必要的投资，存在资金流向其他业务部门的可能性等。但另一方面，也存在多元化经营的结果给消费者带来利益的可能性。比如说，由于开展多元化经营，使得该企业的资源（包括人、土地、物质、资金等）得到充分有效利用，利润增加（即使是间接的）后返利给消费者的情况也是可能的。由此可以认为，关键的问题是本业部门与兼业部门之间如何实行会计账务分开，或者说如何促进对本业部门的投资来促进本业部门服务水平的提高。

再把话题转回到私铁，对于前者即如何实行会计账务分开这一点，为了区分铁道业和兼业，1975 年地方铁道业会计规则作了修订。依据《铁道业法》第 20 条第 1 款制定的《铁道业会计规则》（昭和 62 年［1987］运输省令第 7 号）规定，铁道业务与兼业业务在账户科目表上应为不同的科目，在资产负债表上，固定资产应按业务种类分别填写；在损益计算表上也应按每项业务的营业损益分别填写（第 5 条、第 14 条、第 20 条）。对于后者即如何促进对本业的投资这一点，依据《促进特定都市铁道建设特别措置法》（昭和 61 年［1986］运输省令第 42 号）的规定，开始启动为复线建设工程等建立特别公积金制度、
78 运输省的大都市 24 小时交通网络（通宵运营）构想等就是其例。

2. 多元化经营的法律形式

多元化经营的方式，可以分为以下几类：① 通过“兼业”来实现的内部多元化方式（特殊法人的所谓“附带业务”和“为实现公司目的的业务”等）；②“另设公司”方式，即设立子公司的方式；③“控股公司”方式。但方式③即通过控股公司方式来开展经营多元化，由于日本的垄断禁止法第 9 条不允许控股公司模式，所以难以存在。

按控股公司组织的公用事业企业，与其他的一般公司一样，要依照商法及证券交易法（如属公众公司的话）的规定，制作财务报表。但是，根据《关于股份公司资产负债表损益计算表、营业报告书及附件明细表有关规则的特例的省令》（昭和 57 年［1982］法务省令第 42 号）的规定，燃气、电力、第 1 类电信业公司，原则上应分别依照各项业务的会计规则来制作，基本上不适用商法关于报表样式的规定（第 2 条、第 5 条、第 7 条）。此外，作为有关证券交易上的样式规定的《关于财务报表等的用语、样式及制作方法的规则》（昭和 38 年［1963］大藏省令第 59 号）第 2 条规定：民营铁道业、民营旅客汽车运输业、

道路货物运输业、快递业、第 1 类电信业、电力业、燃气业等，原则上应依照各项业务的会计规则（关于附件明细表，参照第 119 条）执行。这些业务的会计规则均要求区分本业和兼营业务（或附带业务）分别填写（电信业还要求制作“按服务类别的损益明细表”，参见电信业会计准则第 5 条第 13 款，该规则附则第 2 项）。另外， 79
对于申请收费认可时的成本形成，明确规定要将本业业务与兼业业务分开计算。可以这么说，即便是兼业方式，本业与兼业也是分开的。

但是，兼业与本业的会计分离，会遇到一个共同费用的摊派问题。此外，虽说是本业与兼业的会计分离了，但并非是完全独立、毫不相关的会计账务，不如说只是在制作财务报表时分别填写而已。如果要求填写附带业务损益明细表（《电信业会计规则样式》第 24 条）的话，会计分开会比较彻底，但在导入部门会计制度上也会有问题。其中一个较为基本的问题就是，难以回答对于主业部门可能会对（不是在法律形式上，而是实质性地在经济意义上）兼业部门给予内部补贴的批评。

为了消除上述关于兼业方式的不透明问题，上述第 2 种另设公司（设立子公司）的方式可视为是一种较好的方式。这种出资方式无论是组织上还是财务上都从母公司分离出来了，只需对仅承担有限责任的个别出资或投资行为逐个审查就足够了。舟田教授认为，另设的子公司中，“如果完全只是形式上的法人格的分离……应当通过‘法人格否认’，将其作为实质上与母公 80
司为一体的公司来对待”[70]。对此，“完全只是形式上的法人格分离”的判断标准是什么暂且不论，在适用垄断禁止法或税法时，对照各自的法律目的（如竞争秩序的维持或税收收入的确保），作为对具体个案的判断，否认其法人格是完全可以想象得到的，但在行业法上的“否认法人格”究竟意味着什么？（如果子公司本身从事的就是作为行业法对象的本来业务的话则另当别论）

舟田教授对向实质性的独立子公司出资或投资也是持批评态度的，他指出这种方式可能会产生以下一些问题：① 存在“用来自本体的资金源填补亏损”的可能性；② 本该用于改善本业财务状况或降低服务收费的资金源

70　舟田正之. 电信业与《经营的多角化》——关于 NTT 经营多角化的法律探讨. 信息通信学会杂志，1987，5（1）：18.

被挪用于“投资”；③（出资或投资的）资金源有可能来自申请收费认可时的价格中所含报酬与实际报酬的偏离[71]。其中的第 3 点，就如同原油价格下跌或汇兑损益产生的“额外收益”的处理问题，不是同一层面的问题。对于第 1 个问题，由于在组织上是分开的，通过逐笔检查每一笔（追加的）出资或投资的方法就可以应对。至于第 2、第 3 个问题，笔者认为可以归结为由于企业的努力（或得到“一笔横财”）而超过当初预期的“合理利润”的那部分利润（或叫额外利润）的归属问题。笔者认为对此可以有以下 5 种选择：① 将其作为经营者或员工的报酬；② 作为股东的分红；③ 降低对消费者的收费；④ 作为公司的内部积累；⑤ 作为公司开展多元化经营的出资或投资。其中，应采用怎样的组合来进行这部分利润的分配？商法也好、行业法也好，都没有明确的规则，主张消费者利益最优先，也仅仅只是其中的 1 个选项。在进行选择时，给予经营者以激励的分配方法也是需要以某种形式加以考虑的。对于舟田教授提出的问题，将在下文中作进一步分析。

81 最后，将兼业方式与独立子公司方式的利弊得失作一总结的话，“兼业”方式存在会计分开不彻底的难点，但在信誉、资金成本方面是有利的，且人和物还可以在企业内部相互调剂；而“另设子公司”方式在会计分开、风险锁定方面是有优势的，但也存在资本实力不足的难点。

3. 与本业的关联性

有观点认为，公用事业企业开展多元化经营时，如兼业业务是与本业相关联的就应当肯定，而如果是其他的则应持消极态度。但是，在与本业相关的多元化中，也不能不考虑其在本业（或者母公司是公用事业公司）市场上的垄断地位，在新进入的目标市场上得到利用，有可能会动摇竞争秩序（舟田教授所指出的 NTT 对终端器械市场的进入、电力公司对供热业务的进入就是相关案例）。但如果将公用事业企业对关联市场的进入拒之门外的话，该关联市场就会僵化，无法促进该市场的竞争，一些划时代的技术革新就很难渗透。从而，防止“多元化经营限制→壁垒・领域的固化→市场的僵化→无竞争→消费者利益受损”这样一种情况的出现也是非常重要的。出于这样

71 舟田正之. 电信业与《经营的多角化》——关于 NTT 经营多角化的法律探讨. 信息通信学会杂志，1987，5（1）：22－23.

的考虑，本业关联性的有无与是否允许多元化经营在逻辑上未必有必然联系。

4. 行政指导的作用空间

有观点指出，对于未设置出资投资规制条款的“电力和燃气业，在电力公司或燃气公司拟设立相关公司时，实行了事前的行政指导。此外，还通过会计准则（《电力会计准则》第 3 条第 1 款第 11 项、《燃气会计准则》第 2 条第 3 款第 2 项）规 82
定了关联公司的投资及债权明细表的报告义务，进行着各种监督检查等，行政指导还是有其发挥作用的空间的”[72]。首先，在作出每项出资或投资决定时，是否进行了事前的行政指导，实际情况不得而知，但至少对于出资金额较小，特别是在相关市场上不会产生问题的情况下，进行事前指导恐怕是一种过度的介入。与法定的“兼业许可”不同，出资或投资只是一个出资额的问题，由经营者自主经营判断即可，原则上不进行行政介入（就像电力业法第 13 条规定的设备转让、权利设定要取得许可一样，伴随实物出资或设备出借的则另当别论），这样的想法难道有什么不妥吗？另一方面，（《电信业会计准则》第 5 条第 2 项、《电力业会计准则》第 3 条第 1 款第 7、8、11 项、《燃气业会计准则》第 2 条第 3 款第 2 项）均要求在“附属明细表”里填写“相关公司投资及相关公司债权明细表”等，有观点认为，这是一种事后指导，试图以此来寻求行政指导的依据，但该观点恰恰忽视了最重要的一点，即如果是股份公开公司（如上市公司）的话，“有关出资事项”是向大藏大臣备案时提交的附属明细表的填写事项（《证券交易法》第 5 条，《关于财务报表等的用语、样式及制作方法的规则》第 118 条第 1 款第 4 项及第 6 项），绝不是公用事业会计准则特有的规定（当然，《证券交易法》的主要目的在于保护投资者（第 1 条），公用事业规制的主要目的在于保护消费者，这点是没有疑问的）。问题在于政府的公用事业规制机关在看了提交的附属明细表中的“关联公司”科目后会进行怎样的（事后的）行政指导。当然，如果设想某种极端情况（例如，对存在巨额赤字的子公司仍在不断地继续出资）的话，应当承认确有行政指导的空间。但是只要没有（像《关于旅客铁道股份有限公司及日本货物铁道股份有限公司的法律》第 13 条、《日本电信电话股份有限公司法》第 11 条、15 条等那样的）特别监督条款，一般来说，公用事业企业申请收费修订认可手续时，在对该企业进行财务状况（包括出资、投资）

72　岩田耕一. 电信市场的多样化. 公用企业研究会《电信新时代与公用事业》. 八千代出版社，1987：31.

进行审查的过程中，对于出资或投资情况只是进行事后的核查。

83 5. 今后需研究的课题

对如何防止公用事业企业开展多元化经营可能产生的负面效应开展讨论确实很重要，但笔者想提议的是，更应该就如何构建能将经营多元化带来的利益反映在收费价格上的机制开展积极的讨论。正如前文也曾分析过的那样，现实中，即使通过兼业或设立子公司方式利润增加了，但并未在收费价格上反映出来，而且关于公用事业企业的利润分配也没有明确的规则。因此，是否可以有两种方案让公用事业企业选择：（选项 A）将因开展多角化经营所产生利润的一部分作为任意准备金留存在公司内部，以维持收费价格的长期稳定；（选项 B）在（下次）确定收费价格时，将开展多角化经营产生的利润的一部分从其成本中扣除，通过这样的方式来返利收费价格。上述选项并非当前立即作为制度强制实行，而是由企业任意选择，通过不断试错的过程形成较为完善的制度。而且这也有利于营造支持经营多元化的舆论环境。在现行法律制度下，提取任意准备金是完全可行的，如果可能的话，对任意准备金不征税则是最理想的。另外，还想补充一点，为预防万一，为了不使多角化经营失败导致的损失对本业造成影响，可以考虑仍像现在一样实行会计分开，上述措施仅在有盈利的情况下再考虑实行。

2.3 公用事业的海外拓展

开题

原出处：“公用事业的海外展开与亚洲基础设施”藤原淳一郎编《亚洲的基础设施——21 世纪的展望（庆应义塾大学地域研究中心丛书）》（庆应义塾大学出版社，1999 年）。

本节是由笔者主持的产学合作研究会“庆应义塾大学亚洲基础设施研究会”的研究成果的一部分。研究会是在“亚洲热”最火的时候起步的，但成果发表时正逢亚洲金融危机后对亚洲直接投资退烧的时候。此后，经历了北京奥运会、雷曼兄弟事件，可以说又迎来了一波“亚洲热”。在 2009 年 12 月当前时点上，笔者真正感受到了其惊人的恢复能力。

从上述背景描述可知，本节考察的重点，将聚焦于日本的电力、燃气、信息通信企业为投资亚洲基础设施建设纷纷进入海外市场这一现象。因此，本节可谓是 2.2 节“经营多元化”的延伸。

当初研究会举办时，有关各行业进入海外的实际案例，已作为分论委托相关的企业委员执笔，本节作为总论，重点围绕经营战略及法制方面存在的问题进行分析。在展开分析时，日本与积极开展海外投资的欧美公用事业之间的差异及其产生原因也将是分析的主要内容。

除附注外，法令及文献都是本节执笔当时的原貌。另外，正如附注中注明的那样，本节正文执笔后，国际电信电话股份有限公司（KDD）及电源开发股份有限公司（EODC）均实现了民营化（平成 10 年法律第 58 号）。

公用事业规制是电力、燃气、电信业等行业海外拓展的前提，本节将就与这些企业海外拓展相关的公用事业规制问题展开分析。

2.3.1　以往的海外拓展 85

总的来说，相对于欧美企业，日本公用事业企业的海外拓展总体上给人以比较消极的印象。因此，首先想探寻的问题是为什么欧美企业与日本企业之间会产生这样的差异。

1. 欧美的公用事业为什么积极进行海外拓展

（1）行业的竞争环境

各发达国家的放松规制或者说市场自由化，可以说是按下面的顺序来推进的。首先是从受硬件网络制约较小的运输行业（卡车运输、航空、铁路等）开始。而在须通过输电线网或输气管网才能与消费者或需求者的终端相连接的行业，即受硬件网络制约性较大的行业中，最早实行放松规制的，是已开始与替代网络竞争的电信业，而电力、燃气、水道等行业的放松规制是直到最终阶段总算才开始[73]。

“电信”市场的自由化，由于受光纤、卫星通信或移动无线通信等技术革新的影响较大，竞争也不再局限于一国的国内通信业务，还涉及国际通信

73　参见本书第 3 篇第 4 章.

业务。因此，对于通信企业来说，如何在全世界范围内构筑具有竞争力的服务网络，成为重要的企业战略。在此情况下，不仅要利用自建的通信网络，还面临着与海外事业者共同投资建设网络、服务上的业务合作，甚至还包括购并等多种选择。

此外，参与网络尚未健全的发展中国家的电信网络建设以及发展中国家国内通信业务的机会也在增大。稍夸张一点说，对于电信业而言，如何在国内的激烈竞争中取胜，与如何在世界市场上取胜几乎是同义语。在此情况
86 下，积极进行海外拓展当然也就在其经营战略中占有了重要地位。

其次，从“燃气”市场的情况来看，在美国或德国的高压燃气、输气管道等行业，输气管道企业之间不能说完全没有竞争，而在配气环节通常是由一家公司垄断。但是在美国，生产环节价格自由化的影响并不传递至终端用户，因此，首先从州际的输送自由化着手，将州际输气管道企业的燃气输送功能从燃气销售中分离出去了。另一方面，在配气环节也受到州际燃气输送自由化的间接影响。具体来说，就是大宗用户直接与燃气生产者签订采购合同，让州际输气管道企业输送至城市门户气站，然后绕过当地分销公司（以下简称 LDC）的输气管道，由自己铺设的输气管道送至自家工厂，出现了所谓“LDC 支线”现象。为了应对这种现象，LDC 也采用了州际管道企业同样的战略，将燃气输送与燃气销售分离。由此美国的燃气国内市场逐渐步入燃气输送与燃气销售分离、面向全体用户的销售供气自由化道路。在这种情况下，除了在已经成熟的国内市场上进行“馅饼”争夺战外，积极拓展预期收益较好的海外市场在经营战略上就占有了重要地位。

再来看“电力”市场，在目前时点上，走在放松规制最前端的是英国，依据 1989 年的电力法，1990 年，英国（英格兰与威尔士）实行了电力“民营化”。由于战后的国有化，发电及送电基本上由中央发电局（Central Electricity Generating Board，CEGB）承担，配电则由 12 家地方局承担。（依据 1989 年的电力法）在将原 CEGB 拆分为发电公司与送电公司的同时，还进行了从公社向股份公司转制的脱国有化过程，将竞争导入发电领域。另一
87 方面，12 个地方局也实现了脱国有化改革，成为 12 家区域供电企业，在此基础上，再将垄断性的配电网络服务与供电业务（零售）分开，对于供电业务，分阶段地导入竞争机制，相继在 1990 年时 1 000 千瓦以上的用户、

1994 年时 100 千瓦以上的用户、1998 年时 1 千瓦的用户（也就是所有的用户）可以自由选择供电商与其签订合同，通过这种方法，分阶段地逐渐消除地域性的供应商垄断。其结果，不仅在英国市场上，企业发展及收益倍感压力的原 CEGB 的 2 家发电公司（国家电力公司与电能公司），拥有并管理送电线路的国家电网公司也表现出积极开拓包括亚洲在内的海外市场的姿态。

在美国，卡特政府出于摆脱对中东石油进口依赖及节能的考虑，在 1978 年制定了《公用事业规制政策法》210 条，规定电力企业必须承担以（电力企业发电的）可避免成本（avoided cost）的价格收购热电联供及使用可再生能源发电的电力的义务。以此为契机，各州以售电为目的的经认定的合格设备（qualified facility）剧增，20 世纪 80 年代后期，各州针对新设电源引进了竞标制度（无论是否属于经认定合格的设备）。因此，兴起了一股非电力企业（或称独立电力企业，independent power producer，IPP）发电热潮。为了加速推进发电业的竞争，1992 年，依据能源政策法，对联邦电力法进行了修订，联邦能源规制委员会（以下简称 FERC）可以更加容易地向电力企业发布批发电力过网（托送）指令了。以此为导火索，依据 FERC 令第 888 号，电力企业的输电线路开放（open access）进一步加速，在此潮流下，历来对英国的电力零售环节自由化持批评态度的各州，在不知不觉中受 88
激进的“UK（英国）模式”的感染，以电价比其他州都高的加州及新英格兰地区各州为中心，也开始了包括零售电力自由化的改革。其结果，对于企业来说，只靠国内市场已很难获得足够满意的收益，拓展海外市场成为一项经营战略也就成为极其自然的趋势。

美国市场的这种动向，对于独立发电企业来说，在初期是个好消息，因为可以得到更多的商业机会，但随着竞争的加剧，无疑也逐渐成为让发电失去吸引力的一个重要因素。有评论（笔者）指出：“竞争性的招投标手续、电力可避免成本的下降、（为降低电价）要求重签合同的威胁等，其结果，将来，来自美国市场上的项目的现金流及收益都将被压缩。与全球性的市场自由化相关的上述倾向，助推了开发者投资海外项目的趋势。实际上，到 2000 年，大多数的美系开发者至少在项目及现金流方面是产生于海外投资的。于是，这些开发者争取项目的手段逐渐从传统的 IPP 项目向收购（发电）设备企业及配电供电企业转变，潜在的风险预期也随之增大”[74]。

需要注意的是，① 在日本的历史上基本上未曾有过企业同时经营电力与燃气的情况，从战前开始，相关行业法就是按电力业法、燃气业法等分开制定的（不过在占领时期实施的公用事业令里，这两个事业都是规制对象）。但在美国，例如旧金山的 PG&E 公司就是同时经营这两项业务的（PG&E 公司成为控股公司后，分别按业务部门，将发电、线路网络、销售等业务转制为其控股子公司了）。德国最大的电力公司 RWE 公司是一
89 家不仅在能源领域，还涉及多个经营领域的康采恩（RWE 公司转制为控股公司后，将能源供给部门交由其控股子公司“RWE 能源”承担，但本书校订时，其各部门均已转制为子公司化），该国的配电、送电部门大多由地方公营企业横向跨行业进行的，除电力、燃气外，还包括水务、供热等。可见，企业的业务组合及经营形态往往会因不同国家而异。② 随着欧美国家电力、燃气市场导入竞争和市场自由化，正在进行着跨国购并（M&A）式的市场重组。③ 与上述特征相关的是，不单是供给企业，还诞生了包含介于用户和供应商之间的中介公司、综合信息系统服务的经纪企业在内的、以所谓“一门式销售”，横向性提供电力、燃气、电信、水务等综合性服务企业。

（2）海外拓展与行业规制的关系

欧美的企业之所以积极拓展海外业务的原因，被想象为会不会是因为国家的规制方法。当然，对海外拓展规制的强弱会因国家或因业务领域的不同而异，但这里想提出两个稍显大胆的假设。

第 1 个假设，规制仅限于“只要不因拓展海外市场给国内小用户的服务提供产生不利影响，或者在计算小用户的定价成本时在会计上与海外业务明确分开即可”。如英国发电行业的海外市场拓展，对已实现完全竞争市场化的发电行业，连直接的电价规制也没有，因此很容易联想到，较之地域性的供给企业（REC），海外拓展相对来说可能更容易获准。

第 2 个假设，第二次世界大战后，直至 1997 年法律修订（平成 9 年法

74 Kuffler and Leung, Rating Criteria for Global Project and Infrastructure Developers, 4 The Journal of Project Finance, 1998: 55, 65-66.

律第 87 号)，日本一贯是禁止纯粹的控股公司的（垄断禁止法第 9 条)。与日本不同，在美国、德国的公用事业领域存在诸多的控股公司。由于控股公司无论在组织上还是会计上都是与业务子公司分开的，由此可以得出与第 1 个假设相关联的第 2 个假设，即“通过控股公司方式拓展海外市场不易受到规制”。

作为对上述两个假设进行验证的前提，有必要首先考察一下美国的“控 90
股公司”。美国电力、燃气市场上的控股公司的历史可以上溯到 1920 年代。由于纯粹的控股公司自身并不参与公用事业的经营，不属于“公用事业”，因此不属于州的规制对象，州政府只能对州内的控股子公司（业务公司）进行规制。为了对当时控股公司横行的现象开刀，以达到保护州内用户的目的，1930 年，首先从纽约州与马萨诸塞州开始，好几个州的法律都作出规定，州公用事业委员会可以对控股公司与其在州内的关联公司的交易账簿进行检查，开始对控股公司进行某种规制，但对利用控股子公司开展跨州经营活动的纯粹控股公司本身进行规制，还有待 1935 年《联邦公用事业控股公司法》(以下简称 PUHCA）的制定。虽说是“控股公司”，但对于州内的控股公司或业务控股公司是由州政府进行规制的，因此可以不适用 PUHCA 的规定（第 3 条)，而且在美国国内，控股公司（包括子公司在内）只要不从事公用事业、没有来自公用事业的实质性收入的也可以不适用 PUHCA 的规定（以下简称“适用除外控股公司”)。符合法定条件的控股公司则有义务向联邦证券交易委员会（SEC）办理登记，对其业务展开等进行规制（以下简称“登记控股公司”)。

随着控股公司本身及其业务所处环境的变化，1980 年代，甚至连 SEC（美国证券交易委员会）都要求废除 PUHCA。其后，在 1992 年，根据作为
综合性能源立法的《能源政策法》的规定，对 PUHCA 作了两点修订：首 91
先，为了增强电力批发市场的活力，依据该法第 711 条制定的 PUHCA 第 32 条，提出了“适用除外批发发电企业”（以下简称 EWG）这一新概念，无论是登记控股公司还是适用除外控股公司，对 EWG 的投资均不适用本法，据此，控股公司可以持有 EWG 的股份了。其次，依据《能源政策法》第 715 条制定的 PUHCA 第 33 条（该条规定对控股公司从事海外投资尤为重要）规定，在美国国内未从事公用事业，且没有来自公用事业的实质性收入

的控股公司或其子公司（投资）“海外公用事业”时，PUHCA 适用除外。即“适用除外控股公司”可以无条件、无限制地投资海外公用事业［该条（B）］，而且“登记控股公司”进行海外投资时亦无须事前取得 SEC 的认可，不过，仍保留了以下规制：① 为了保护控股公司（及子公司）的用户以及保证“登记控股公司”财务上的诚实度，SEC 将公布相应规则［同条（c）（1）］；② 为公用事业投资的证券发行及为从事海外公用事业的子公司发行证券提供担保，或与海外从事公用事业的子公司签署服务、销售、建设合同等，需遵守 SEC 的规制［同条（c）（2）］；③ 州公用事业委员会可以就其管辖下的“登记控股公司”的子公司与海外公用事业的关系对 SEC 提出劝告［同条（c）（2）］。此外还规定，对于属州公用事业委员会管辖的公用事业企业，既然禁止海外投资［同条（f）（1）］，就不受其他控股公司的支配，专门从事电力、燃气零售业务的控股公司，在取得委员会许可的情况下，可以在不超过该企业总资本 5%的范围内进行海外投资［同条（f）（2）（A）］。作为上述①中所述 SEC 的关于“登记控股公司”规则而提出的规则第 55 条，与关于第 32 条中的适用除外设备的规则第 53 条极为相似。

表 2－1　SEC 规定的对登记公用事业控股公司海外投资的规制

对象企业	11 家电力企业、3 家燃气企业
规制内容	（1）对海外公用事业（FUCO）的投资总额不得超过“登记控股公司”合并留存利润的 50%； （2）必须保存用于确认海外公用事业（FUCO）投资及来自投资收益的账本、记录等； （3）从事海外公用事业（FUCO）的员工不得超过“登记控股公司”国内公用事业公司员工的 2%； （4）应向负责零售价格修订的州公用事业委员会提交 SEC 报告书

注：出自《关于电力燃气海外事业的恳谈会报告书》。

92 如表 2－1 所示 SEC 规则，除非是非常极端的情况，一般来说在投资金额、人员配置等方面都不会有什么问题，在此意义上，给人的印象是一种较为宽松的基准。在某种意义上可以解读为体现了联邦与州之间在规制上的温度差，或者说是体现了联邦只作补充性干预的姿态。可以粗略地概括为：由于拥有对州内零售市场规制权的州公用事业委员会是处在与用户直接相关的立场，因此为防止开拓海外市场的企业将风险转嫁给州内的用户，会表现出严加监管的姿态，而如果这种监督功能得以保证的话，联邦政府对于在海外发展不会提出异议。

对州层面上的规制还需关注的是州公用事业委员会权限的扩大。随着电力市场日趋竞争性，电力、燃气业者纷纷进行组织重组转制为控股公司并设立子公司，为了应对这一动向，州公用事业委员会被赋予对企业重组进行事前批准的权限，或对企业与非规制对象的关联企业间的交易账簿及记录等进行调查等权限。如加州公用事业法就是其例。1985 年，加州公用事业法修改了对公用事业企业账簿调查的规定，将检查范围扩大至控股公司及其关联公司，1987 年的修订又进一步规定，企业为子公司或为关联公司的债券、资产设定担保或提供信用额度，均需事先经委员会的批 93
准。之所以设置该项规定，据说明是为了防止出现企业为支援从事竞争性多元化经营的子公司或关联公司而为他们的负债提供担保或信用额度等行为，以避免给用户或股东带来较大风险。在 1989 年修订时还规定，控股公司及其关联公司在取得公用事业企业的股份或与公用事业企业合并时，须经公用事业委员会的认可。

包括美国在内的主要国家对海外投资规制大致归纳如表 2－2 所示。

表 2－2　欧美各国有关海外投资规制的现状

	美　国	英国 （英格兰、威尔士）	法　国
海外投资规制	① 属各州公用事业委员会管辖（属“登记控股公司”时须经 SEC 认可） ② 部分州以会计分开为条件但不干预，也有些州则设定准则 ③“适用除外控股公司”投资海外公用事业时，以州公用事业委员会向 SEC 提交认证证书为条件，可以投资	与本体事业的会计分开为条件	① 通过合同在大的框架下进行控制 ② 须逐个按项目取得认可 ③ 燃气企业必须以子公司方式另行设立公司
投资形态	控股公司方式 子公司方式	子公司方式	子公司方式

续 表

	美　　国	英国（英格兰、威尔士）	法　　国
用户保护对策	对“适用除外控股公司”，州公用事业委员会在向 SEC 提交认证证书时（“登记控股公司”则由 SEC 认可）须审查；调整收费时须审查与关联公司的交易。子公司的话则须实行会计分离并实行价格规制	竞争部门：保障多样化选项的竞争政策 垄断部门：会计分开及价格规制	须按项目逐个取得认可 海外投资须另设公司

注：出自《关于电力和燃气企业海外业务恳谈会报告书》第 52、53 页（1996 年）。

94 在这些国家，规制的具体执行情况又是怎样的呢？首先是审查对象问题，即对于（包括在海外设立控股公司）通过子公司在海外开展活动，规制当局是对每个项目逐个进行风险评估（包括国家风险）再决定是否给予许可？还是就海外活动总体上进行一揽子审查？其次是尺度把握的宽严问题，即在进行审查的时候，对海外投资的审查是较为宽松还是严格控制。这些都是极为重要的课题，但至今尚未能收集到相关资料。仅从美国的情况来看，尽管还需要对它的规制内容和执行情况进行其具体的、详细的对照研究，但基本上可以证明上述两个假设是可以成立的命题。

2. 阻碍日本公用事业海外拓展的主要因素

（1）行业环境

就日本的电力、燃气等能源行业而言，概略地说，主要是带有浓厚的国际协作色彩的对外技术合作或技术研修等形式，而对于隐含着较大风险的海外投资，始终未能迈出这一步，其原因是什么？据笔者的推断，可能主要有以下一些原因。① 无论是电力业还是燃气业，第二次世界大战后，需求的增长一直都很顺畅，为了满足国内需求，能源资源的采购、发电机送配电设备的投资、燃气生产设备以及 LNG 石油天然气基站设备的投资、管线的铺设等对资金的需求都非常大，难以抽调资金用于海外投资；② 对于亚洲市场，主要是着眼于能源资源开发或能源资源采购的定位，而基本上没有将这些国家的能源基础设施建设作为一种商机来把握；③ 企业在国内事实上的地域垄断地位能够得到保障，将满足国内用户需求、履行“供给义务”视为至高无上的命令，加之对风险的考虑较多，头脑中自然不会优先考虑海外投资。

（2）法律制度上的制约 95

作为电力批发商的电源开发股份有限公司，是于 1952 年依据《电源开发促进法》设立的特殊公司，该公司的“为实现公司目的”的业务被限定在该法第 23 条所规定的指定业务范围，其海外拓展的依据是经 1960 年修订后的追加条款，按该条款的规定，其在海外只能从事“受委托在国外开展电源开发以及与此相关的大规模土木工程的调查、设计、工程监理以及其他技术合作业务”（该法第 23 条第 2 款）。

国际电信电话股份有限公司（KDD）与原日本电信电话公社经民营化改革而成的日本电信电话股份有限公司（NTT），两者均为“特殊公司”，其业务活动范围受法定制约。NTT 从事国内通信业务、KDD 从事国际通信业务，有明确的界限划分，因此拓展海外业务（尤其是 NTT）受到很大的制约。

2.3.2　今后的海外拓展

1. 经营战略

电信领域的市场竞争性自不待言，电力、燃气两领域，不仅存在不同能源之间的竞争，其本体业务（即使只是部分性的）也正在逐渐向竞争性市场转变。1994 年，通过燃气业法的部分修订，实现了大宗燃气供给的自由化（修订后的第 2 条第 5 款、6、7、23 款、第 25 条第 2 款、第 37 条第 8 及第 37 条第 10 款）；次年的 1995 年，电力业法也作了部分修订，该次修订的主要内容包括：创设特定电力业务（修订后的第 2 条第 5 款及第 6 款、第 3 条第 2 款、第 24 条）、新增了有关预定实行招投标制的批发供电企业的规定（修订后的第 2 条第 9 款及第 10 款、第 22 条第 1 款）以及与批发托送相关的代替托送条件备案制（修订后的第 24 条第 3 款）等，同时还规定上述法律修订后实行的新建电源招标制只限于短期火力发电，但计划从 1999 年度开始，长期火力发电也将改行竞标制（电力企业自身也可参与投标）。此外，电力事业审议会基本政策分会还在 1998 年 5 月 7 日提出了电力零售环节 96

的部分自由化方针，具体的细目将在年内决定。由此，日本的电力和燃气两行业也渐渐融入自由化潮流。

作为经营战略，从技术、人才等经营资源的有效利用以及参与国际竞争，积累经验用于国内竞争的观点出发，拓展海外市场将成为一项重要的经营“多元化”战略。1996 年，通商产业省公用事业部长也在一次民间恳谈会——“关于电力及燃气业海外业务恳谈会”的报告中指出，“从企业经营的观点及海外所获利益返利国内用户的观点来看，其意义体现在”：①“随着（石油天然气等）一次能源进口竞合国家的出现及增加，促进亚洲发展中国家能源利用的效率提高以及强化与这些原料供给国的友好关系，从确保国内电力燃气稳定供给的观点来看尤为重要”，“通过确保国内电力燃气的稳定供给，期待能将其利益返利给国内用户”；②“通过对亚洲发展中国家竞争性市场的参与，收集有利于降低成本的各种信息，通过有市场竞争经验的人才获得专有技术等并反馈于国内业务，对于实现采购技术的多样化、彻底的省力化、努力降低成本来说都很重要”，“由此实现国内电力、燃气业供给效率的进一步提高，期待能将其利益返利给国内用户”；③“从确保企业经营选择权的观点来看，海外业务的重要性不断提高，从现在开始就要积累在亚洲地区等发展中国家开展业务相关的知识和经验，这点非常重要。同时，与机械制造商一体化的技术优势的维持和发挥也同样重要”，“通过这些手段使经营资源得到有效利用也是与实现国内高效率的能源供给紧密相关的，期待能将其利益返利给国内用户[75]”。

97 在上述报告书之后，日本的电力、燃气企业就没有取得过什么特别值得一提的新投资项目，特别是在亚洲金融危机以后，让人感受到“亚洲基础设施建设寒冬时代”的到来，但特别引人瞩目的是，1998 年 4 月，关西电力发布公告，将参与菲律宾水电项目建设，包括日本进出口银行在内的银团将以项目融资方式为该项目融资 4 亿 8 954 万美元。据报道，该项目是由美国 Sithe Energies 公司与日本丸红商社向与菲律宾电力公社（NPC）签署电力采购合同的菲律宾发电公司——圣罗克电力公司（资本金约 1.6 亿美元）出资

---

75 通商产业省通商政策局经济合作课编.《新时代的亚洲合作》. 通商产业调查会, 1996：311－312.

40%，关西电力公司通过子公司出资 7.5% 的一个水电项目，关西电力还向该公司一并提供水力发电站的建设及维护相关专有技术[76]。

2. 制度层面的变革

（1）资源能源厅公用事业部的新指南

1995 年，综合能源调查会的《亚洲能源展望》，就激发民间活力相关的基础设施建设中电力企业和燃气企业应发挥的作用，指出“从一般用户那里收回成本是由制度来确保的，这是作为公用事业企业的性质，相关者在进行讨论时必须充分考虑到这一点，并与该性质相一致”[77]。受此观点影响，上节提到的公用事业部长的民间恳谈会《关于电力和燃气业的海外业务恳谈会》的会议报告指出，“必须注意到，海外业务既有其特殊风险，但另一方面也是电力、燃气企业可以充分发挥其在国内经营中积累起来的固有技术和知识的业务，此外，还可以将其利益反哺国内业务”，同时也 98
对可能存在的问题进行了梳理：“对于海外业务，特别是今后拟以出资方式参与的能源基础设施建设项目，会面临经济上的、政治上的特有的风险，……要求确保与其作为公用事业企业的性质相一致……要防止因从事海外业务给国内业务带来负面影响，这是最基本的要求”，并就具体方针作了如下阐述。

①“对于所需的成本，要与总成本相区分，不得计入国内电力、燃气业务计算收费价格时的成本中。此外，在会计上要进行适当的梳理，以做到始终都能准确把握国内电力业务、燃气业务的现状”。

②“为使海外业务的实施不影响国内的电力业务、燃气业务（包括收费水平、服务水平），应采取以下策略力求万无一失。在进行项目选择、合作伙伴的选择、出资比例、出资规模等决策时，要全面考虑东道国政府对项目支持所作的准备，努力规避债务担保等，尽最大可能将风险最小化”；通过上述出资比例、出资规模等决策时的全面综合考虑，尽力规避债务担保及灵活合理运用贸易保险等方法，采取相应对策，万一海外业务不能顺利进展时也能将损失降到最小。

76　1998 年 4 月 22 日日本经济新闻晚刊第一版，同月 23 日该刊第 13 版.

77　通商产业省资源能源厅编.《亚洲能源展望》第 92、98 页（通商产业调查会）.

③“为取得国内用户对企业投身海外业务的充分理解，以及股东等利益相关者间达成共识，应尽量公开拟参与的海外业务的基本方针、具体项目、业务概况、风险对策等[78]”。

（2）对资源能源厅公用事业部新指南的探讨

过去对公用事业企业多元化经营的批评，归纳起来主要有以下一些：
99 ① 应该专心致力于被赋予的本来业务，经营其他业务可能会导致经营恶化，损害消费者的利益；② 须防止在某个行业领域处于垄断地位的企业将其垄断力扩张至其他业务领域；③ 即使允许多元化经营，该多元化业务也会被视为“本业的延伸”而当作本业取得认可（导致本应再投资于本业的资金会流向其他领域）。对于这些批评，多元化经营肯定论者则进行了反驳，对于第 1 点，通过将本业部门与兼业部门的会计分开即可应对，更何况如果是（以子公司方式）出资的话，其风险只是以该出资额为限；对于第 2 点，应当由《垄断禁止法》与《中小企业领域调整法》来进行个案判断；对于第 3 点，凭与本业关联性的亲疏远近来作判断不具有合理性等。笔者还想再补充一条，即有关开展多元化经营取得的利益如何在股东、管理者及员工、用户、公司内部积累等之间进行分配的规则尚未设定，因此，可增加一个选项，即可将部分利润返利给用户。特别需要指出的是，在进行这些讨论时都未将海外经营纳入视野。

资源能源厅公用事业部的“新指南”提出，“要区分‘海外经营业务’成本，不能将该成本计入国内电力业、燃气业在确定收费价格时的成本”。这一点早在过去有关公用事业经营多元化的讨论中就已解决了，即在按总成本方式确定公用事业收费计价时，只有本业服务所必需的成本才能成为其对象，兼业或投资不构成成本，在各行业的会计准则里，也都规定了无论是资产负债表还是损益计算表，本业和附带业务都得分开填写。而且，事实上（无论会计上怎样分开都会给本业带来影响）企业以“兼业”方式拓展海外业务的情况几乎没有，作为拓展海外业务的方式（图 2-1），即使公用事业企
100 业本体的纯粹控股公司化这一选项暂且不论，也可以想象企业一般还是会选

78　通商产业省通商政策局经济合作课编．《新时代的亚洲合作》．通商产业调查会，1996：319-320.

择包括设立海外控股公司这样的出资方式。因此，我们将讨论的重点转移到“新指南”的第 2 个问题，即对出资等是否合理的审查上。

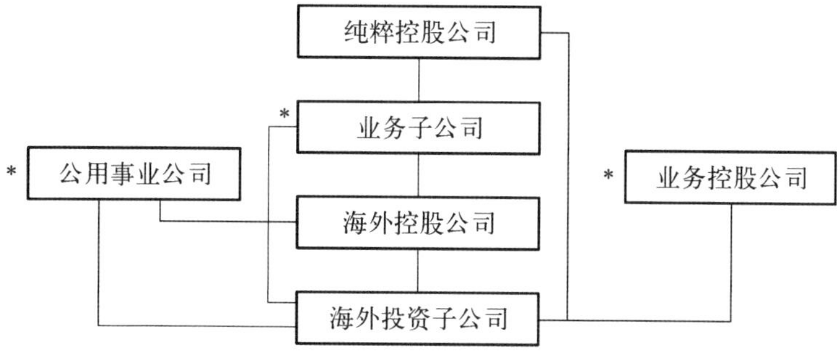

说明：表示上位组织对下位组织的出资选择及流向。
*号是指公用事业规制的对象。

图 2-1　海外投资的组织形态 101

关于企业出资的信息，可以从证券交易法（现为金融商品交易法）规定的有价证券报告书及按行业会计准则制作的会计报表中获得：① 可以从资产负债表资产栏目中的“投资等”科目下的“长期投资”、“关联公司长期投资”细目中了解到总体情况；② 可以通过损益计算表中的“业务财务收益”（电力业）、在燃气业则为“营业外收益”科目下的“取得红利”细目，了解有关股份或出资分红的总体情况；③ 通过“附属明细表”中的“关联公司长期投资及关联公司短期债权明细”科目，可了解各关联公司的具体情况。因此，这无疑是为监管机构或股东进行事后审查（包括进行中的项目）开辟了有效途径。问题在于对出资的事前审查。在手续层面，对公用事业企业的出资规制基本上已从行业法的规定中消失了，在此意义上，可以把问题归结为规制当局的“行政指导”对出资是否能有效发挥作用的问题。从实际状况来看，在电力、燃气业两行业中，事前说明似乎已成为一种惯例。如果确属如此，那么作为事前说明的延续，规制当局对企业出资计划的事前审查（包括对风险的审查）也就是通过“行政指导” 102
方式来进行的。

假定进行事前审查的话，该如何评估个案的出资风险呢？对于国家风险、项目收益预测、日本进出口银行或世界银行或亚洲开发银行等金融政策的预测、贸易保险保障的有无、东道国政府的担保等公共机构的参与程度、共同出资者状况预测等审查项目清单，应该要综合考虑企业自身判断的准确性、向企业提供融资的金融机构的审查状况等。

如新指南②中指出的那样，不提供债务担保，将最终承担的风险锁定在出资额范围内，无疑是实现风险最小化、避免对国内用户造成不利影响的必要对策。

最后，关于新指南③中提出的对股东、用户的信息公开，就经营而言，为了提高透明度、履行对用户说明的责任，信息公开的重要性是毋庸置疑的。但在海外经营的情况下如何来实际操作呢？感觉不太容易。如图 2－2 所示，人们在权衡拓展海外业务的利弊得失时，这里所说的“利”是要用看得见的形式给予股东或用户直接返利，这是需要相当长的时间的；（即使共同出资者或东道国政府的债券“评级”可以作为参考）如何保证风险评估的公平性？在项目的哪个阶段可以公开？应在多大程度上公开？还有非常多的问题有待研究。

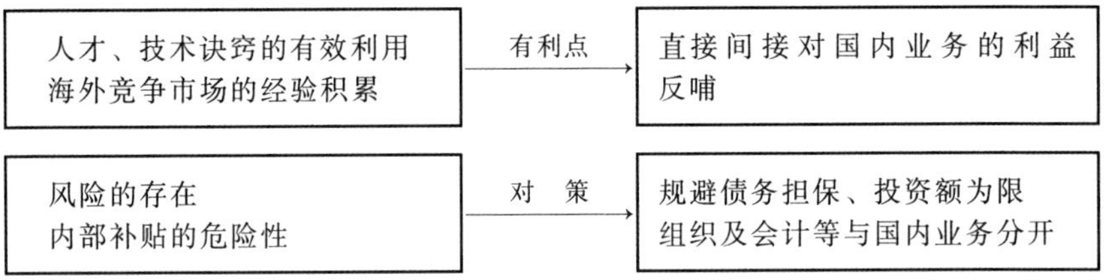

103 **图 2－2　公用事业企业开拓海外业务的利弊及对策**

公用事业往往容易被人们理解为是一个低风险的产业，因为有（供给区域）垄断或寡头垄断的保护。但以能源行业为例来看，在燃料的国际采购、网络、供给设施、需求量预测等各个要素上，都存在供货中断、自然灾害、事故、故障、预测错误等潜在的风险，更何况在将要经受市场自由化、竞争化等冲击的情况下，风险暴露的可能性会进一步提高。如果这么考虑的话，不由得会产生疑问，有必要对海外经营给予特别的关注、特别强调海外经营的各种“风险”吗。当然，相对于欧美的公用事业企业或欧美的金融机构，日本的公用事业企业完全没有海外经营的经验，贸然参与高风险的项目绝不是理智的决策。较为明智的做法是先选择一些虽然回报有限但风险也仅以出资额为限的方式进行出资，逐渐积累经验。此外，为了提高股东、用户的理解度，就回报的分配方式制定透明度相对较高的规则，也是一种较为有效的方法。无论怎样一种方式，在就某个具体项目公开信息时，都应仔细斟酌信息公开的时机和内容，并且要寻求一种能真正做到众所周知的方式，一点一点地积累，这会有助于海外经营被人们广泛接受。

“新指南”公布后的第 1 个案例就是前述关西电力投资菲律宾水力发电项目。

（3）NTT 转制控股公司的意义

1997 年 6 月，《电信业法部分修订的法律》（平成 9 年法律第 97 号）、《日本电信电话株式会社法（以下简称“NTT 法”）部分修订的法律》（平成 9 年法律第 98 号）、《国际电信电话株式会社法（以下简称“KDD 法”）部分修订的法律》（平成 9 年法律第 99 号）等三部法律出台。 104

依据修订后的 NTT 法，NTT 转制为控股公司，作为其控股子公司，设立两家地域性公司和一家长途电信公司，长途电信公司（法修订版附则第 2 条第 3 款、第 6 条、第 13 条）可经营国际电信业务（该附则第 2 条第 2 款的解释）。据此，即使在长途电信公司设立之前，经主管大臣的认可，NTT 也可以向经营“国际电信业务”的法人出资（该附则第 14 条）。“长途电信公司”是纯粹的民营公司，可以进入新的业务领域，但该公司的股份在进行重组时全部由控股公司持有，股份的处置暂时仍需经主管大臣的认可（该附则第 13 条）。转制为控股公司后的 NTT 本体，并未失去其作为特殊公司的定位，对于实现公司目的业务、新股发行、高管选聘或解任、章程变更、利润处分、合并或解散，业务计划等，继续实行大臣认可制（图 2－3）[79]。而依据修订后的 KDD 法，KDD 除可经营过去的国际电信业务、附带业务外，还新增设了“资源有效利用业务”，即在不影响其正常履行国际通信业务的范围内，为有效利用其所拥有的设备、技术而开展的业务。据此，经营国内电气通信业务也成为可能（图 2－4）[80]。

79　坂本秀一.“部分修订日本电信电话株式会社法的法律”法令解说资料总览第 193 号，1998：28－32.

80　佐佐木洋.“部分修订日本电信电话株式会社法的法律”法令解说资料总览第 194 号，1998：24、26－27.

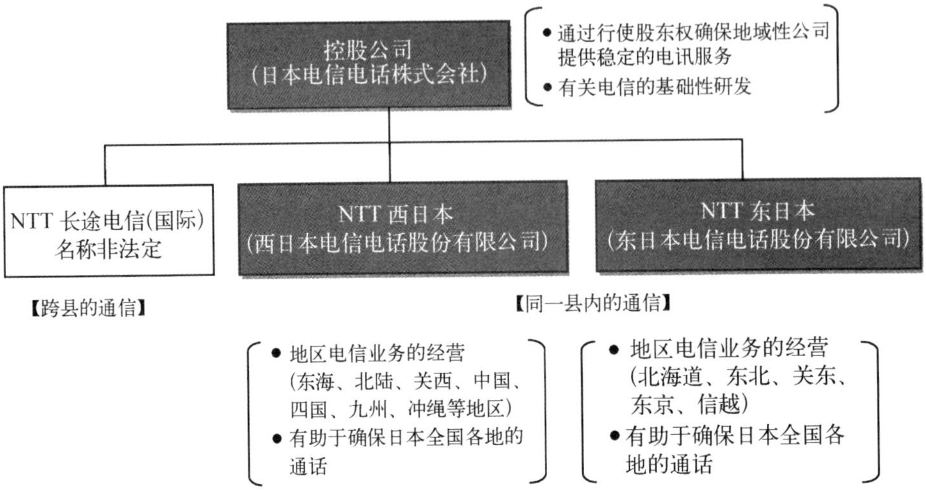

105 【参考】1. ■ 特殊公司，□民营公司。

2. 控股公司持有 NTT 东日本和 NTT 西日本 100%的股份；当时还暂持有 NTT 长途（国际）100%的股份。

3. NTT 即使在重组前也可以子公司方式参与国际通信业务。

出处：《法令解说资料总览》第 193 号第 30 页。

图 2-3 NTT 重组的形态

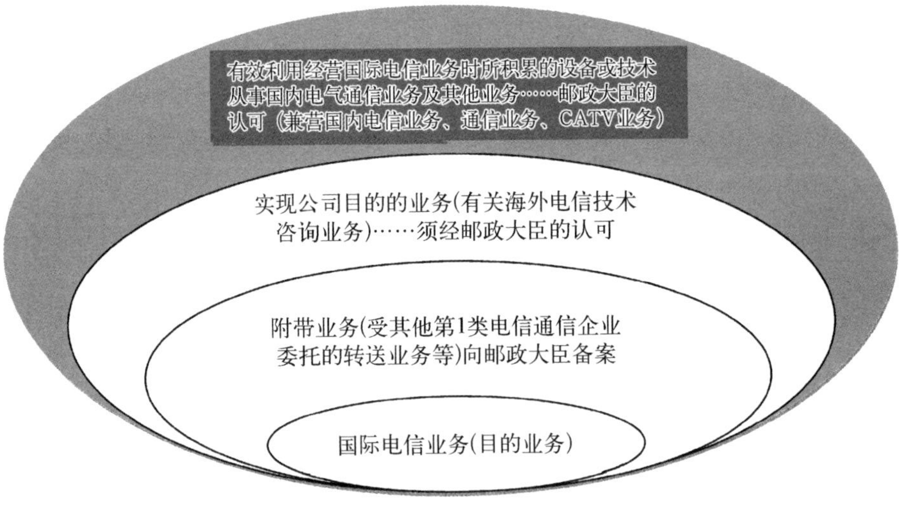

注：出自《法令解说资料总览》第 193 号第 30 页。

■……经此次修订后扩大的业务领域。

关于附带业务备案制，经本次修订被删除了。

图 2-4 1997 年法律修订后 KDD 的业务领域
（1998 年依法废除 KDD 法之前）

通过这些法律修订，NTT（及其前身日本电信电话公社）负责国内业务、KDD 负责国际业务这样一种分工框架被取消，（作为控股公司的）NTT 集团、KDD 双方均可以对国内用户提供国内国际一体化的通信服务。不仅如此，（控股公司）NTT 还可以通过其长途电信子公司参与国际通信市场的业务。

NTT 之所以转制为“纯粹控股公司”，是从原电电公社民营化时代就留 106
下的旧课题，即分拆问题，是为解决这一问题的产物，无疑必须按照这样的思路去理解。将公用事业规制部门（区域性电话服务）作为控股子公司与其他竞争性部门分开的方法，（图 2－1）暗示了将会作为海外开展业务时选择的组织形态。

经 1997 年垄断禁止法的修订，控股公司被解禁，如果合并纳税制度等税法环境不断完善的话，“纯粹控股公司”也将成为电力、燃气两行业的一种选择。虽然还要取决于今后市场自由化的进展状况，但如果通过转制，将目前还要受公用事业规制的送配电线路、燃气管道等所谓“网络部门”以及向核心用户（除已实现自由化的大宗用户以外的实行供给规程、供给合同的用户）提供服务的部门等两部门转制为控股子公司的话，其有利的方面就是开展海外业务这一“壁垒”将会明确化。不过，从前述美国的实践来看，还须以垄断禁止法对纯粹控股公司的规制以及证券交易法（现为《金融商品交易法》）规定的有价证券报告书等为前提；同时从保护业务控股子公
司的用户的视角来看，业务控股子公司的规制机构还须保留一些手段，拥有 107
以某种形式对不属于行业法上的公用事业“控股公司”本体的会计、交易等信息进行审查的权利。

108 # 第3章　电力和燃气业规制改革论

3.1　能源市场自由化的前夜

开题

原出处："能源产业中的政府规制和竞争政策——以电力燃气业为中心"［日本］经济法学会《政府规制产业与竞争政策（经济法学会年报第2期）》（有斐阁，1981）。

本节是为参加1981年在大阪市立大学举办的经济法学会研讨会准备的原稿。上年，学会运营委员会安排笔者担任《能源产业中的政府规制与竞争政策》课题时，正田彬委员长向笔者建议，不要将研究重点放在当时正纷纷攘攘议论中的"石油炼制业"，还是重点研究电力、燃气业为好，故如副标题所示，本节将主要以电力和燃气业、特别是以电力业为中心展开分析。

当时的垄断禁止法第21条规定"本法律的规定，是关于铁道业、电力业、燃气业以及其他天然具有垄断性质的业务的经营者所从事的与生产、销售或供给相关的行为，对于其业务所固有的部分不适用本法"，该条还规定"本法明确，因业务性质而天然取得垄断地位，无竞争地从事供给或销售，
109 即支配着该供给市场或销售市场的，在本法中，该行为本身不属于垄断状态或私人垄断"。据此，也可以理解为，这些经营者"从事兼营业务时"，其"生产、供给、销售以外的行为"，或即便是生产、供给、销售行为，只要是"属于不公正交易方法的"仍适用本法（正田彬，《全面修订版垄断禁止法Ⅱ》208—215页，日本评论社，1981年）。目前，本条已经废止，条文编号也发生了变更（平成12年法律第76号。根岸哲、舟田正之《垄断禁止法概说（第3版）》373—374页。有斐阁，

2006 年)。本节将以上述垄断禁止法第 21 条为前提，主要就当时电力市场上的竞争状况进行分析。为了了解执笔当时的现状，笔者首先依据日本经济新闻社及日经产业新闻等相关报刊的信息起草了初稿，然后通过与实业界人士进行意见交流、信息交换等，对笔者认识的所谓“事实”准确与否进行了验证，最终完成了本节内容。文中有关法令、省厅名称、文献等，均从报告中直接引用。

3.1.1　序言

本节拟就能源产业中，属垄断禁止法第 21 条规定的“天然具有垄断性质的业务”的电力、燃气行业，政府能否放松规制或导入竞争政策等问题作一些探讨。除电力、燃气行业外，供热行业（集中供冷供暖及热水）也被视为公用事业（自然垄断业务），石油输油管道业或许也可归为此类，但在本节中均不属直接考察对象。

电力业，依据《电力业法》(昭和 39 年［1964］法律第 170 号，以下简称“电力”)
第 2 条，由针对一般需求提供电力的“一般电力企业”（所谓电力 9 公司加冲绳电力共 10 家）、批发电力企业（依据《电源开发促进法》第 13 条设立
的电源开发股份有限公司以外，还有日本原子能发电股份有限公司、32 家 110
公营企业、20 家共同火力发电企业）构成。在燃气行业，依据《燃气业法》(昭和 29 年法律第 51 号，以下简称“燃气”) 第 2 条，由针对一般需求通过管道提供燃气的“一般燃气企业”（除所谓 4 大公司外，另有 173 家私营企业和 73 家公营企业）、针对一般需求通过简易燃气发生设备生产燃气通过导管提供燃气的“简易燃气企业”（1361 家私营企业及 14 家公营企业）及“批发供给企业”构成。本节的考察对象为一般电力企业和一般燃气企业。

3.1.2　现行法律下的电力业和燃气业

1. 在垄断禁止法上的定位

垄断禁止法第 21 条规定，“本法律的规定，是关于铁道业、电力业、燃气业以及其他天然具有垄断性质的业务的经营者所从事的与生产、销售或供

给相关的行为，对于其业务所固有的部分不适用本法”，该条款是对于经济学上的“自然垄断”业务（即所谓公用事业），垄断禁止法适用除外的规
111 定。这种“自然垄断”是为区分诸如专利权或著作权那样的“法律垄断”而确立的概念。但也有人指出“近年来，所有的垄断都是公共政策的产物，从这个意义上而言，‘自然’垄断一词是一种容易招致误解的表述。（此外，正如在运输、通信行业所看到的那样）技术进步及竞争环境的发展，已使得自然垄断概念显得有些陈旧了，对围绕公用事业的规制和竞争的作用进行再探讨已成当务之急[81]”。因而也被解读为“可见垄断禁止法第 21 条实际上处于分解过程中。被称为自然垄断的，一方面，升华为法定垄断或因法律运作而成的垄断，另一方面又渐渐被置于竞争状态中。通往两个方向的垄断禁止法适用除外的共同依据，就在垄断禁止法第 22 条里（基于行业法令的正当行为）”[82]。仅就电力和燃气行业而言，不仅垄断禁止法第 21 条有明文规定，现行的行业法上也赋予了其地域垄断权力，因此在解读上应该没有问题。

虽说依据第 21 条，垄断禁止法适用除外，“该行业之所以被确认为不违反垄断禁止法，是因为在该行业里，一定的企业占据着垄断性的地位，其在与该行业没有直接关系的其他行业领域里的行为，毫无疑问，即便是关于该行业的业务活动，实施了不公正的交易方法的话，也找不出合理的依据可使其免于禁止”[83]。因而，从结论上来看，“本条规定只不过是以一种宣言的方式明确了在铁道业等公用事业领域里的垄断不会受到本法的谴责而已”[84]。再者，企业团体（第 2 条第 2 款）里还有以 9 家电力公司为会员的电力业联合会、以一般燃气企业为正式会员的社团法人日本燃气协会等。

112 2. 两行业在能源法制总体中的定位

(1) 1978 年 8 月制定的“新经济社会 7 年计划”是国家的经济计划，该计划“就经济社会的全部领域作了详细的规定，但严格说来这些规定并不强制实行”，但对政府而言，是明确了政策目标及政策手段体系，并作为家

---

81 佐佐木弘．1980 年代与公用事业研究．公用事业研究，1981，32（3）：43，47.

82 金泽良雄．《垄断禁止法的结构与运用》．东京：有斐阁，1979：301.

83 正田彬．《全面修订版垄断禁止法》．日本评论社，1980：301.

84 今村成和．《垄断禁止法（新版）》．东京：有斐阁，1978：196.

庭和企业从事经济活动的指导方针，是一种长期的、宏观的经济计划[85]。上述计划就截至 1985 年度时的经济增长率、人口、国民生活时间、住宅社会资本、社会保障等提出了具体的目标数值，对 1985 年度预计的能源供求作了测算[86]。

与此同时，通产省的附属机构也是通产大臣的咨询机构的综合能源调查 113
会（《综合能源调查会设置法》第 1 条、第 2 条，《通商产业省设置法》第 36 条之 10）则另行制定了更为长期的能源供求预测，1979 年 8 月，发表了《长期能源供求暂定预估·中间报告》，提出了截至 1995 年度的预测。“为使各省（译者注：相当于中国的部）的计划不相互矛盾，大多数官厅的具体计划当然都须以长期经济计划为依据来制定”[87]。因此新经济社会 7 年计划与长期能源供求暂定预估（虽然两计划的期间有长短）应该是一致的。不过两者均是就一次能源所作的预测，对于二次能源的电力、燃气来说，是不能直接作为指标来使用的。

关于电力，电力事业审议会（《电力业法》第 86 条以下）供求分会于 1979 年 12 月制定的截至 1995 年度的长期电力供求预测则较为具体。

（2）《关于促进石油替代能源的开发及导入的法律》（昭和 55 年法律第 71 号）
第 3 条规定，“石油替代能源的供给目标”经内阁会议通过后由通产大臣 114
确定。

上述“供给目标”与前述“长期能源供求暂定预估”的关系未必很明确（前者是经内阁会议通过后由通产大臣确定，后者仅是针对通产大臣的咨询，由综合能源调查会作的答询）。1980 年 12 月的“供给目标”（昭和 55 年《通产省告示》第 551 号），不仅是以长期能源供求暂定预估为基础来制定的，对于作为需求预测前提的经济基本结构框架，还参照了新经济社会 7 年计划、第三次全国综合开发计划等，因此可以说与这些经济计划、国土计划也保持了一致性。

其次，通产大臣决定并公布的《经营者石油替代能源导入指南》（第 5

85　周刊东洋经济第 4167 号（新经济社会 7 年计划特辑），1979：100.
86　周刊东洋经济第 4167 号（新经济社会 7 年计划特辑），1979：155，171.
87　金森久雄. 新 7 年计划评述. 东洋经济，1979，(4167)：18－19.

条）明确，“归根结底只是导入的诱导性指标之一”，是“作为指导、建议的基础”。1980年12月的《导入指南》（昭和55年《通商产业省告示》第55号）由
115 “作为能源最终用户的企业导入指南”及“作为能源供给者的企业导入指南”构成，后者又进一步分别针对电力企业、燃气企业以及供热企业作了告示。这些《指南》都没有提出具体的数值，只不过是面向全行业的共同的指导方针而已。如针对电力企业提出“除已在计划中的外，原则上不再新建石油火力发电……必须有计划地推进电源的多样化”；针对燃气企业提出“继续积极推进天然气的导入”，只是再次强调了过去对两行业的行政指导或行业脱石油化方向，但尽管如此，在法律形式上，它是被法律所公认的行政方针，可以作为与法律第3条“供给目标”相链接的形式，引导对企业的行政许可、认可或行政指导，以及作为制定财政措施时的一个依据。

（3）相对于《长期能源供求暂定预估》《石油替代能源的供给目标》等仅限于“指明政策方向”的文件，《电源开发基本计划》（《电源开发促进法》第3条）则具有“具体性计划的性质”，该计划由依据长期（8年）电力需求预
116 测制定的电源开发目标（该法实施令第2条第1款）以及该会计年度里发电设施的最大发电能力、发电及送电等部门的设施配备及改良、所需资金（该法同款第2项）等构成，该年度“拟新建电厂地点”被纳入后者（该实施令第3条），作为办理新建电厂选址行政手续的出发点。上述计划经电源开发调整审议会讨论后由内阁总理大臣决定（该法第3条第1款）。

《电力业法》规定，电力企业负有每年编制2个年度的电力设施设置计划、电力供给计划提交通产大臣备案的义务（第29条第1款）。这是规定了“为保证前条（第28条）规定的电力企业的协调义务，企业负有将作为广域运营基础的电力设施计划及电力供给计划提交备案的义务，以及通商产业大臣对计划的劝告权（第29条第4款）”。“如不服从劝告的，依据法律第32条第1款的规定，除可启动具有法律强制性的供给命令外，如计划实施须取得法律第8条第1款规定的许可的，往往会被作为不符合许可标准（同条第3款援用的法律第5条第6款）而不予许可”。另外，作为确定电价的前提，须制定供求计划及工程计划等，但上述供给计划及设施计划也将用于电价的确定[88]。因为

88 资源能源厅公用事业部监修.《电力业法解释例规集》. 行政出版社，1980：96.

附有“为广域运营”的限定词，所以该项规定并不是以所有的电力企业为对象的，但对于包括九大电力公司在内的 14 家公司，赋予了通产大臣可以 117
对设施计划和供给计划进行管制的可能性（参见该法实施规则第 27 条）。设施计划中虽然注明了新建电源选址，但如果未被纳入“电源开发基本计划”的话，则仍无法开始办理选址手续，所以在两个计划的关系上没有问题。至于电力供给计划与电源开发基本计划处于怎样的关系，法律上则没有明确规定。

《燃气业法》第 25 条第 2 款规定，燃气公司负有每个年度须将 3 至 5 年的供给计划向通产大臣提交备案的义务，“如认为对于增进公共利益有特殊需要时”，通产大臣可劝告其变更计划（第 25 条之 2 第 1 款、第 4 款；该法实施规则第 24 条第 1 款、第 2 款），但与电力业法关于供给计划的规定不同，燃气业法没有直接规定劝告之后的命令权（参照 25 条之 3）。

（4）1973 年第一次石油危机时，作为节约石油消费措施之一，对用电大户的电力消费削减是通过行政指导或按《电力业法》第 27 条规定的限制 118
使用来实现的。另外，石油消费规制措施是通过行政指导或《石油供求适正化法》第 7、第 8 条的规定来实施的，但电力、燃气、供热业是被排除在规制对象之外的。1979 年第二次石油危机以后，政府提出了 5%～7%的石油消费削减目标，试图通过行政指导来达到节约目的，对电力业，特别强调燃料向石油替代能源转换。

（5）《关于能源使用合理化的法律》（昭和 54 年［1979］法律第 49 号）是为了“通过不断改善单位产品的能源消耗，以实现用最少的能源取得最大的效率”而制定，它与前述石油消费削减共同成为节能政策的支柱。电力、燃气、供热三者均被作为“能源管理指定工厂”的指定行业（该法实施令第 1 条第 3 款至第 5 款），由于“指定是以工厂为单位”来进行的，因此，该法规定：一旦成为指定工厂，除了负有选聘能源管理者义务（法律第 7 条）、记录义务（第 11 条）外，如果对照判断基准（第 4 条）能源使用合理化措施明显不充分时，则会受到大臣的劝告或指示（第 12 条）。

3. 电力业法和燃气业法上的规制

（1）电力业、燃气业领域存在（地域）垄断是为法律所容许的，但为了消除或缓解垄断带来的弊端，采用了通过行业法进行直接规制的方法。规 119
制的目的，是以规制作为“竞争的代用品或替代物”，来“实现高效率的资源配置、更直接地则为实现理想的市场成果”，也是针对“‘不合理收费’‘不完善的服务’”以保护公众消费者。电力业法及燃气业法在（第1条）关于目的的条款中都规定了“以保护消费者利益及行业的健康发展为主要目的”。

（2）关于现行电力业法与燃气业法制定前的法律制度，如有机会的话再另作论述，这里先就这两部行业法中的规制内容作一梳理。

① 市场准入规制。一般电力企业与燃气企业被赋予地域垄断权，批发电力企业虽然与地域垄断无缘，但从供求均衡原则出发，市场准入亦受到限制（关于电力企业与燃气企业的规定均为行业法第2、3、5条，关于简易燃气企业的规定在燃气业法第37条之2、37条之4），对于自发电，电力设施的设置工程必须取得认可（电力业法第66条第2款、第70条）。② 其他的行业规制。包括对于一般企业，实行供给区域变更许可制（均为第8条）、兼业许可制（均为第12条）等。③ 设备规制。包括工程计划认可制（电力业法第41条、燃气业法第27条之2）、设施的使用前检查、定期检查、现场检查等（电力业法第43条、47条、107条；燃气业法第27条第之4、第27
120 条之6、第47条）。④ 业务规制，主要以供给义务、供给规程认可制（电力业法第18、19条、燃气业法第13、17条）为中心。对于电力业还另有与广域经营有关的规制（电力业法第28条以下）。⑤ 会计财务规制（均为第35条以下）。

（3）上述直接规制中存在的问题。① 由于实行价格规制，很难激发企业努力提高经营效率的积极性，存在“受规制的垄断企业里，很难期待像通常直面竞争的私营企业那样的效率性”的问题[89]。② 直接规制容易招致政治性干预[90]。由于存在这样一些制约规制有效性的各种因素，完全可能会导致对政府规制本身持批评或消极态度。事实上也已有人对规制的有效性或规制的效果表达了消极的观点（虽然是针对美国的电力业的）[91]。但是正如佐佐木弘教授指出的那样，“必须要注意的是，在进行分析时所采用的分析方法绝不是单一的，而是相当多样化的”[92]，“规制的效果，是单纯到仅以某种

89 藤田晴，贝塚启明.《现代财政学》. 东京：有斐阁，1980：250.

90 根岸哲.《垄断禁止法讲座Ⅱ》. 商事法务研究会，1976：205，212.

91 佐佐木宏. 公用事业规制的功能——围绕规制有效性的评价. 国民经济，1980，141（3）：81.

92 佐佐木宏. 1980年代与公用事业研究. 公用事业研究，1980，32（3）：63.

特定的单一假说就能充分说明的吗？不如说规制的效果是多样化的——比如说，既有保护消费者利益的一面，也具有保护生产者利益的一面，而且它们也绝不是固定一成不变的，必须将它们作为一种动态变化的来把握”[93]。如果这么来考虑，就不会匆忙地下结论了。

至于对电力、燃气业的直接规制在法制度理论上是否合适的问题，由于自身能力有限，所以本节中拟将考察的视角稍作限制，主要就政府规制下的 121
日本这两大行业在多大程度上存在着“竞争”要素？如果存在的话，那是怎样的竞争？与现行法制又处于怎样的关系？等问题作一些探讨。换言之，就是“为了实现规制的目的，应在怎样的范围和多大的程度上导入竞争机制”[94] 的问题。

3.1.3　电力和燃气业中的“竞争”

被作为自然垄断的电力和燃气行业也并非与“竞争”完全无缘，既存在着同一行业内部的竞争，也存在着不同行业间的竞争。

1. 同一行业内部的竞争

（1）在电力行业内部，存在着与自发电之间的竞争。对于自发电，只是出于安全保障及发电水力有效利用的考虑，仅对工程计划等实行规制，而不存在（《电力业法》第 66 条第 2 款，第 70 条至 74 条）规定的供求均衡条款。不过，如果放任其向第三方供给剩余电力的话，会导致供给秩序的混乱。因此，如果拟向第三方供给剩余电力的（向电力企业供给除外），需取得通产大臣的许可（第 17 条）。由于只有当自发电的成本相对于从一般电力企业处购买电力更便宜，在经济上才是可行的，因此可以说两者之间存在着价格竞争。

所谓“共同火力发电”是指电力公司与煤炭公司（如长盘共同火力）、电力公司与高炉钢铁公司或铝业制造公司等共同出资设立的电力企业，故被 122
定位为“批发电力企业”，除了向电力公司供电外，也提供给特定企业。在

93　佐佐木宏. 主要公用事业领域中的规制的有效性评价. 公用事业研究，1980，31（3）：45，79.

94　根岸哲. 政府规制产业中的规制与竞争的交错——以美国运输业中的展开为中心. 神户法学，19（1）：1，4.

对特定企业的供给上，存在着与一般电力企业的竞争关系。

从1979年度的实际情况来看，电灯电力需求中，约83%是9大电力公司提供、11%是自家发电自家消费（剩下的是特定供给），如果只从产业用电领域来看的话，1979年度，9大电力公司的份额仅不到69%。

（2）1981年5月，迎来了“9电力体制”30周年，但可以说9大公司相互之间也存在着“竞争”。即“为了不出现重复投资，允许各家公司的供给垄断。如经营不善的话，就会在电价及服务上表现出地域差异，这样就使得他们之间会产生竞争。这也是（电力）重组的宗旨所在”。在送配电、电力损耗率、发电厂热效率、电费单价、劳动生产率等方面，各家的经营差异会明显地表现出来。但上述意义上的竞争即使对于电力企业提高经营效率能产生一定的激励作用，（由于地域垄断的原因）用户能与之签署合同的电力企业是特定的，也不能不说只是一种打引号的竞争（工厂在选址的时候，可能会将属哪家电力公司的供给区域作为确定选址时的一个考虑因素）。

123 （3）燃气企业中有一般燃气企业和简易燃气企业，规模比简易燃气企业还要小的（用户不满70户，通过导管供气）则为“高压燃气销售企业”或者“液化石油气（以下简称LP燃气）销售企业”（《高压燃气管理法》第6条，《关于液化石油气安全保障的确保及交易适正化的法律》第3条，以下简称《LP燃气法》）。作为LP燃气销售企业取得业务许可的基准，有安全保障上的技术基准，但没有供求均衡条款（《LP燃气法》第5条）。从而，燃气企业与LP燃气销售企业通过导管进行的销售之间就可能形成竞争关系。此外，LP燃气销售企业中还包含了不通过导管的销售（如无须计量器具的燃气钢瓶）。如果将此类业务也视为与燃气业属同类业务的话，其间也存在竞争关系。金井贤一教授指出，“地方城市等中小城市的燃气业，处于与燃气钢瓶间的竞争关系，即使规制上允许以特许经营方式实行垄断供给，也远未达到足以发挥其垄断力的地步，目前阶段的现状是并未实行着有效的规制”[95]。从金井教授的分析来看，他对一般燃气业与（无论是不是通过导管来供给的）LP燃气销售业（在某些情况下还包括简易燃气业）存在竞争关系是持肯定态度的。

一般燃气企业拟扩大其供给区域时，往往会遭到现有的简易燃气企业或

---

95 今井贤一.《现代产业组织》. 岩波书店，1976：350.

LP 燃气销售企业的反对，这样的事例很多。（《燃气业法》第 8 条第 1、第 3 款）对
于供给区域变更许可的手续并没有特别规定，但拟变更供给规程中的“适用 124
区域或适用地点”时（《燃气业法实施规则》第 16 条第 1 项）须召开听证会（《燃气业法》第 48 条）。此外，完全可以想象得到一般燃气企业相互之间还存在着争夺供给空白点的竞争。

2. 不同行业间的竞争

（1）作为不同行业间的竞争，“在热源方面，存在电力、燃气、钢瓶式燃气、石油、煤炭等的竞争；在区域内集中供冷或供热业务方面，存在电力、燃气、石油等的竞争”。这些能源在经济性、安全性、节能性、便利性、低公害性等方面都各有特点。

关于供冷，“采用城市燃气制冷，既有助于缓解夏季用电高峰问题，也可以帮助燃气业在供给有余的夏季扩大对 LNG 的利用，从这个观点出发，应该促进其普及”[96]。因此，从 1981 年开始，作为推广普及业务用燃气冷空调的政策措施，实行了开发银行的低息融资及税法上的优惠政策，在收费上也通过冷气用特约收费制度与电力相抗衡。另一方面，电力业也在推进蓄热
式热泵冷（暖）空调，同样也实行了金融、税收上的优惠政策及供求调节 125
合同制（特约收费制度）[97]。

关于供暖及供热水，即使只是在供家庭用方面，也处于与电力、燃气、LP 燃气、煤油等的竞争状态，最近还出现了可作为替代或补充用的太阳能供热系统。

关于地区集中供冷或供热，通常是由供热企业来进行的（《热供给业法》第 3 条）。但像城市燃气供热（如东京燃气公司在新宿副中心、大阪燃气公司在千里新塔等）、利用垃圾焚烧产生的热量供热等新的加入者进入这个行业的情况也非常盛行。

（2）新能源开发及技术革新的结果，今后很可能会出现一些与电力、燃气处于竞争关系的成果。不仅如此，还不能不考虑到电力业与燃气业的边界会变得模糊的可能性。

96　通商产业省产业结构审议会编.《80 年代产业结构的展望与课题》. 通商产业调查会，1981：70.

97　东京电力.《电力蓄热式热泵推荐——关于其经济性》. 东京电力，1981：21.

①“天然气燃料电池”。即以天然气作为燃料电池的燃料，通过导管输送天然气来供燃料电池发电，“一根天然气配管既可作为燃料用于城市燃气又可用于发电”，可谓是划时代的产物。目前，电力企业似乎正在考虑用燃料电池建造燃料电池发电厂这样大规模的构想，但（燃气企业）也会考虑在每家配有城市燃气管道的用户（工厂、家庭）处设置燃料电池的这种方式。前者没什么问题，但在后者的情况下，可能会产生法律问题，即燃气企业可经营的业务边界问题。燃气企业将燃料电池作为“燃气器具”（《燃气业法实施规则》第 13 条第 2 款第 5 项）来销售、设置，走一般电力企业的配电路径的
126 话，这可以解读为售电，在形式上不会导致电力业法体系发生大的崩溃。但实际上这也可以视为集燃气管道与电池为一体的“批发电力业”，这一点上就可能会有问题了。如果从燃料电池的设置到送配电，燃气企业将其作为一项业务来经营的话，就不能再将其纳入“特定供给”（电力业法第 17 条）范围了。另外，是将燃料电池作为“燃气器具”，还是作为“电力设施”（《电力业法》第 2 条第 7 款），或者作为横跨两者之间的来考虑？这也是个问题。

② 在被称为“社区能源系统”（CES）的构想中，在将城市燃气的能量转换为电力的同时，还将利用余热用于照明、动力、地区集中供冷供热等，垃圾焚烧也将被纳入能源基础设施。要实现这一构想，与目前按电力、燃气、供热等纵向分割的行业法的协调，将成为一个问题。

（3）“能源资源的确保”已开始成为电力企业的一个经营目标[98]，因此
127 在能源资源确保方面，会比以前更多地发生与其他产业的竞争。在石油非常丰富的时代，也许无须做任何努力，坐在家里就能获得，但在能源来源必须多元化的今天，要确保来自海外的煤炭、LNG、铀等的进口，就必须主动出击去争取。因此，除了历来就依赖进口的 LNG 外，还出现了一些新的动向，如为了开发和进口海外煤炭，9 大电力公司与电源开发公司共同设立了煤炭资源开发公司，与商社签订天然铀的共同开发、共同采购合同等。必须指出的是，对于这种为确保海外资源而进行的海外投资，有些问题还有待解释。① 是否符合电力业法关于兼业规制的问题；② 以往在测算电价时，通常是采用以企业资产价值为基数乘以行业报酬率的方式来计算企业报酬的，而在

98　东京电力．“80 年代经营的基本路线”能源论坛，1980（8）：95.

该方法中的企业资产价值通常是指“为提供电力所需的特定的投资（特定投资）”，那么这种海外投资是否属于“特定投资”？等等。

3. 协调

（1）从所谓9电力体制起步开始时就受到各种指责，如电价的地区差、
公司间的电力融通困难以及由此产生的供求缺口等。1958年4月，由9大电
力公司加电源开发公司（的总经理或总裁）组成的“中央电力协议会”开 128
始启动广域运营，此外，1964年制定的行业法也设置了有关广域运营的规定（《电力业法》第28条以下、第32条以下）。作为广域运营的具体措施，进行了电力融通、物资及技术方面的广域运营。实施广域运营的目的可以理解为是为了纠正极端的电价地区差。

1980年12月，东京电力与东北电力缔结了以电力的共同开发、扩充和
强化企业间电力融通为主要内容的业务合作。其他电力公司也有类似动向，
如松浦煤炭火力发电、珠洲原子能发电的电源共同选址等。 129

（2）燃气企业（包括公营企业）约250家，由于标准供热量、燃烧性等都不统一，燃气器具也缺乏互换性。因此，出现了统一燃烧性的动向，但这是否与业界重组相关尚不得而知。此外，燃气业者在燃料电池实用化、中小型燃气空调的开发方面也正在进行合作。

4. 小结

在电力领域，特别是产业用电领域存在着与自家发电的竞争，尤其是与
其他行业的竞争正在加剧。燃气领域也处于激烈竞争状态，由于供给区域被
限定，而且中小企业较多，存在着与LP销售企业的竞争。此外，由于产业
用LNG的应用普及，在冷空调方面存在着与电力的竞争，在其他领域还存 130
在着与石油的竞争等。

由于进入新的行业领域（如进入供热业）以及新技术的开发（如燃料电池、CES等），使得原来按电力业法、燃气业法、供热业法等纵向分割的行业法有可能变得难以进行有效调节。目前，放松兼业规制（《电力业法》第12条、《燃气业法》第12条），不阻止企业向“复合经营”转型等，是一个可以考虑的方向。但是否允许同时经营电力和燃气，如何与《罢工规制法》中的相关规定协调（昭和28年［1953］法律第171号）等，仍有很多问题有待解决。

一方面存在着竞争，同时也存在着企业间的相互协调，如电力领域里的

广域经营、燃气领域里出现的规格统一化等的动向；此外，两行业之间也在进行着相互协调，如围绕 LNG 展开的协调、共同出资从事供热业务等。

这里暂借根岸氏的话来作为本节的小结："不能说不要积极规制，全靠竞争压力来发挥作用……但竞争可以发挥非常大的作用，决不能无视它的作用"[99]。

3.1.4 今后的展望

（1）对政府规制及垄断禁止法适用除外的再探讨尚在进行中，但是否应当努力争取放松政府对电力和燃气业的规制？

131 ① 从保护用户（消费者）的观点考虑，不可能完全废除设备、安保规制及业务规制。

② 是否有些规制应该放松，相反有些规制则应当强化？这是一个始终难以决断的问题，但其前提是必须将原来的公用事业令与现行法律进行对比。在此基础上，主张在目前阶段应当放松规制的，主要是放松或废除对产业用电的电价规制；应当强化的规制主要是提高日元升值产生的汇兑损益的透明度。

随着时代的变化，应考虑放松兼业规制，这一点在 3.1.3 节中已作阐述。现行的两部行业法之间存在着不平衡（依据燃气业法第 12 条第 1 款的但书，燃气业通过省令可以破例，而电力业法第 12 条则无此但书），这也是应当再思考的。同时，这种封闭的、纵向分割的行业法是不是应当继续维持，也是今后应探讨的课题。

（2）在讨论政府规制的（程度、状态）是与非时，电力和燃气业今后的状况是不可缺少的要素。

① 为实现电力业的电源多样化，不能只考虑 3.1.3 节中所论述的能源资
132 源的确保问题，以原子能发电为例，必然会面临包括放射性废弃物的处置处理、核反应堆的报废及再处理等核燃料循环问题。再如燃气业领域，"输气

---

99 根岸哲．"公的垄断与垄断禁止政策"《垄断禁止法讲座Ⅱ》．商事法务研究会，1976：216.

管网的完善是不可欠缺的"[100]。当然，在这些领域里是希望有某种程度的公共干预的，但最终还须由企业自己来解决，从此观点出发，特别是在电力业，向周边领域扩大的趋势今后应该还会持续。

② 节能或产业结构的变化对今后电力、燃气的需求会产生怎样的影响？如果不能准确预测的话，难免会成为毫无意义的业务扩张。从此观点出发，对国家经济计划本身进行重新评估以及与其协调一致的供给计划就显得尤为重要。

③ 是本地能源与电力、燃气业的关系。前述 CES 等是一种构想，但今后怎样与本地能源共存将成为课题之一。

（3）从结论上来说，电力及燃气业的政府规制放松问题，不只是简单地对个别规制措施的重新认识，而是要考虑如何应对超越行业法框架的"复合经营"、或如何应对新的竞争的问题，这是今后需探讨的课题。如果仍以现行的法制为前提，将今后出现的新的能源供给方式禁锢在现有的行业法中，就很容易扼杀企业的活力，阻碍竞争。因此，需要考虑包括对电力、燃气、供热等各个行业法体系进行分解、重新研究怎样的规制对于消费者保护才是必要的，同时还应对垄断禁止法第 21 条及第 22 条进行探讨。

3.2　激发电力批发业的活力 134

开题

原出处：《电力市场的竞争导入——对发送配电垂直一体化的再探讨导论》（日本）经济法学会《控股公司与垄断禁止法（经济法学会年报）》（有斐阁，1996）。

本节是依据 1995 年在神户大学举办的经济法学会个人报告速记的基础上，加注注释后形成。那一年曾发生了阪神淡路大地震，由于笔者是在西宫读的小学和中学，在神户上的高中及研究生，因此，在发生大地震的这一年给予笔者在神户作学会报告的机会，有一种特殊的感慨。这虽然是个人私

100　今井贤一.《现代产业组织》. 岩波书店，1976：350.

事，如果读者能在本节中感受到笔者的这种心情的话甚感荣幸。

《电力业法》（昭和 39 年［1964］法律第 170 号）制定后，就一直没作过什么大的修订，但 1995 年，首次进行了可谓是实质性的修订（平成 7 年法律第 75 号）。在一系列规制改革潮流中的法律修订，称得上是“第一次修订”。当时已经历了分散型电源对阵电力系统构想的第一阶段，在此意义上，可以将本次修订称为“第 2 阶段”的市场自由化。

在序言中提示了本节的分析视角，即电力市场的竞争导入，然后论述了上述第一次修订的概要并作了评价，并进一步推测，10 电力体制即发送配电“垂直一体化”经营的是非论将来必成为争论的焦点。法令、文献等均为报告当时的原貌。

3.2.1 序言

笔者认为，在讨论电力市场的竞争机制导入时，作为考察方法或分析视
135 角，应从多个视角去考察。① 从规制史的视角，即日本电力规制的历史过程、在与他国的比较中考察日本电力规制的变迁等。② 从电力产业生命周期的视角。③ 特别是在细川内阁以后加速推进的放松规制的过程中，有种很强势的论调认为，不仅是经济性规制应该越少越好，包括安全性在内的社会性规制也应该尽可能地少。这种观点正确与否，应再进行探讨及评价。④ 从被规制者或从消费者的立场去分析，各自所受影响不同，有希望放松规制的，也有不希望放松规制的，放松规制不应只考虑一方的利益。⑤ 同样都是岛国，英国跨越多佛海峡从法国进口部分廉价电力（核电），但日本不会进口他国电力（与其说是技术方面的因素，更多的还是出于经济利益考虑的结果），构成了一个闭关锁国的电力网络，无法通过进口电力来应对所谓“内外电价差”。⑥ 从与其他行业、其他服务或其他产品比较研究的视角进行分析。正如我们所熟知的那样，英国或美国的放松规制或市场自由化都是按以下顺序进行的：首先从运输业开始，其次是电信、继而是燃气，最后是电力。那么在考虑电力问题时，电力业与运输、电信、燃气等行业有哪些相似性？或者说是否可以用那些行业同样的逻辑、同样的分析方法来考虑电力问题？

能源规制放松，最先开始于燃气业，1994 年 6 月，燃气业法做了部分修订（平成 6 年法律第 42 号），次年的 1995 年 4 月，电力业法也进行了部分修订（平成 7 年法律第 75 号）（以下将修订后的电力业法简称为“法修订版”）。本节的主题是讨 136
论因上述法修订版引起的电力市场的变化。当然，作为经济法上的一个论题，必然会涉及对垄断禁止法第 21 条的议论。对于该条规定，依据法修订版，规制方式发生变化的话，根据所依据的学说不同，对企业行为的垄断禁止法适用问题的争论无疑会变得比过去更加尖锐。不过本节的主题是讨论法修订版的实施导致行业规制或市场状况的变化，将不会重点讨论垄断禁止法上的问题。

3.2.2　欧美电力市场的竞争导入

本节考察的直接对象是日本，但无论哪个国家，电力业的发展大体上都只有百年左右的历史。近几年来，各国都在急剧地进行着电力行业规制方式的转变或行业的重组，因此想结合这种动向来进行考察。当然，每个国家电力业的历史、经营形态、经营规模、能源资源、消费、国民性等存在非常大的差异。但即使剔除各个不同国家的背景差异，作为那个国家的实践，或者说规制的“理念”，仍然可以给予某种启示。

电力市场由发电（电力能源的制造）、送电（电力能源的高压输送）、配电（变压后提供给最终用户）等三个环节构成。对于欧美近期的动向，如不考虑精准性，粗略地、模式化地来看的话，在发电环节，可以说正在朝允许非电力企业发电者（NUG 或 IPP，以下简称 IPP）参与，（由于 IPP 自己进行送配电网络投资往往不经济）并允许 IPP 借助电力企业的输电网络向 137
本地以外的电力企业批发销售电力、即容许“批发托送”的方向演变。当然，在处理方式上会有不同，有些是采用命令方式，即只要满足一定要件，在行业法上将批发托送作为必须履行的义务来规定；也有一些在拒绝托送的个案中，是将其作为谢尔曼法（反托拉斯法）中的卡特尔法上的问题来处理的方式。再者，如果 IPP 不是面向电力企业，而是直接面向用户特别是产业用户销售电力（零售）的话是否允许？在此情况下，借助于电力企业的输电网络进行“零售托送”是否允许？对此，各国一向都非常谨慎，只有在英国或一些北欧国家等非常有限的国家是被允许的。一旦允许零售托送，电力供给企业的优良顾客（即产业用户）就会被夺走，即所谓的被“撇脂”（译者注：如同从牛奶中提取其精华部分的奶油一样）了，因为允许零售托送对产业用户来说确有好处，但对于没有其他途径可选择的家庭用户来说，
138 却有可能会带来不利影响。因此，不如通过招投标制度，建立电力池，由电力池统一采购电力后再进行配给，这样就可以将发电竞争的好处惠及全体用户了。已经有国家在开始摸索这种模式。

英国（英格兰与威尔士）以前曾通过国有化，将发电、送电交由中央电力局（CEGB）经营，配电业务则由 12 个地方局经营。1989 年通过电力法实现了所谓的“民营化”，将发电、送电、配电全部分解为不同的组织，同时在配电环节，将配电（输电线网的拥有）与供电分开，1998 年废除了供给区域垄断，正在快速地实行自由化。由于是民营化过程，因而对垂直一体化经营的企业实行拆分是可行的（可以联想一下日本的国铁以及近期的 NTT 问题），但如果（像日本的 9 电力公司那样）企业当初就是从民营公司起步的，只要其不属于垄断禁止法上的“私人垄断”或“垄断状态”，运用公权力来使其拆分就可能会构成侵犯“经营自由”而不被允许。如果无论如何都希望对垂直一体化进行拆分或使其松动的话，美国联邦能源规制委员会（FERC）或加州公用事业委员会采用的方法可能是唯一可行的，即由行政部门向企业提出一种电力行业重组方案，并引导企业按此方案进行重组。不过，这种方法目前尚属现在进行时，究竟效果如何尚难断言。

日本又是怎样的情况呢？第二次世界大战中，日本的电力业归并为日本
139 发送电股份有限公司及 9 家配电公司（恰与第二次世界大战后的英国电力体制相似），战后，经 1951 年的电力行业重组，形成了“9 电力体制（冲绳回归本土后为 10 电力）”。在批发电力业，除电源开发股份有限公司（属《电源开发促进法》规定的特殊公司，以下简称“电发”）外，还有日本原子能发电股份有限公司（以下简称“核电”）、共同火力发电、公营水力发电等；在送电网络方面，主要由 10 家电力公司拥有，“电发”也拥有部分送电干线网络；在配电环节，则由含冲绳电力在内的 10 家电力公司垄断。当然，也并非完全没有竞争。如果仅就其与分散型电源的关系而言，1987 年，通过热电联供问题研究委员会的答询，同年 11 月，热电联供可以作为所谓“特定供给”（修订前的

电力业法第17条）的第5种类型向独栋的建筑物提供电力了，1992年4月，各家电力公司公布了剩余电力收购价目表，此举得到了电力基本问题研究小委员会的支持，按笔者的说法，就是明确了将采用“电力公司认领型”。

3.2.3 1995年电力业法修订概要

该次的法律修订，从电力市场自由化的角度来看，可以归结为2个要点：促进新增发电业务的市场准入及规定了参与直接供给的条件。这一次的修订并不触及9电力体制本身，关于第1点，在促进发电环节竞争的意义上，对批发电力业的市场准入规制原则上被废止（参见“法修订版”第2条第3、4款，实施规则第2条。其结果，“电发”及“核电”作为批发电力企业暂被保留），并提出了一个新的概念——非电力企业的“批发供给企业”（第2条第9、10款，实施规则第3 140
条），电力公司可以各自分别参与“批发供给企业”的招投标（参见第22条第1款第1项、第3项）。对于与招投标制同时实行的“批发托送”，规定须提交供给条件以供备案（第24条第3款第1项），同时还规定如“无正当理由”拒绝托送的话，大臣拥有命令权（第5款）。关于第2点，就直接向非电力企业的用户提供电力，设置了关于所谓特定供给的规定（第17条），并且还创设了“特定电力业务”（第2条第5项）概念，即向“特定供给地点”供给电力的业务，具体而言，主要是考虑到了通过热电联供方式向城市再开发地域供给电力的情况。

3.2.4 对1995年“法修订版”的评价与展望

下面拟简单论述笔者对“法修订版”的评价，但笔者不是“占卜师”，何况法律修订还刚完成，各家电力公司的招标说明会尚未启动，无法预知会出现怎样的情况，关键要看今后的运行了。但在学会这样的场合，笔者还是想坦率地发表自己在现时点上的一些感想。曾经有过就日本电力规制进行评 141
述的机会，但对这次“法修订版”的论述还是第一次。

1. 招投标制

“对于电源采购引进招投标制度”，实施办法公布后将实行的招投标（参见法修订版第22条第1款第1项、第3、4款，实施规则第30条)，设想的是主要以“开发所需期间相对比较短的中小型火力电源”为实施对象，但相对于有关“供给计划”的规定（第29条、第46条第1款第2项)，对“招投标制”并未作详细具体的规定。由此可知，法律并未事先设定招投标对象的电源，而是取决于今后的运作。

重要的是，这一次的招投标制度，并不是因为电力公司自身不能很好地进行电源开发，所以要通过招标方式向IPP购买不足部分的电力才启动的（用电力公司的话来说，并不是因为电源开发从取得用地到建设、投产要历经数年，需要对相当长期的供求变化作出预测、制定计划，所以当前感到特别为难)，也不是为了能有大量的投标者而培育IPP。在这一点上与美国的
142 情况不一样，美国是因为对新电源投资持消极态度，所以一开始就是以购买一定的电力为前提来制定供求计划的，另外，依据1978年美国的《公用事业规制政策法》第210条，电力企业负有按可避免成本从分散型电源处购买电源的义务，这是一个重要原因，同时培育IPP，也是作为抑制购入电力的高电价而采取的对策措施。因此要通过招投标来决定新的电源，而日本的招投标制度，感觉是尽管没有导入招投标制的必然性，条件也不成熟，却硬要像变魔术一样“无中生有”地导入招投标制，这是笔者的直观印象。当时，人们除了对电价的“内外价格差”不满外，对于其他产业都在因日元升值而倍感艰辛时，唯有电力却因日元升值还在悄悄盈利，觉得这不合情理，批评声也很多。估计可能是考虑到对这些批评总得作些回应，故由通产省网站倡导，电力公司也觉得如果购电价格比自建电源“便宜的话，购入也未尝不可”，所以才有了这一制度安排。不过，包括自建电源（也包括抑制需求的需求侧管理）在内“全部（新）电源实行招投标制”也可能会成为一种选择，但这还得取决于今后的运作情况。

至于哪些企业可能会作为IPP实际进入这个行业，据说目前主要是一些钢铁、炼油、化学、水泥、造纸等企业，出于业务重组的需要，在临近需求所在地的大城市附近又拥有闲置土地，具有选址条件上的优势，而且至今一直都在进行自发电，所以在技术方面、燃料筹集方面都没有问题，只需很少的初期投资成本即可进入，因此预料他们可能会进入。事实上他们也正翘首期待着。除这些企业外（电力系的另当别论)，是不是会出现诸如风投之类

的 IPP 还是有很大疑问的。当然，还有电价方面的问题，即电力公司会以什么样的价格来收购（进入者当然希望能高价收购，但如果收购价格过高的话，最终还是会转嫁给用户）。总之，在地价奇高的日本，建设用地要耗资，还要建设配套设施，加上燃料支出，要想进入确实很难。而另一方面，三菱集团在美国设立子公司，进入发电部门，东棉公司也进入了美国的发电部门。在亚洲，日商岩井以及其他一些公司也纷纷进入发电领域。但如果外国 143
企业在日本从事 IPP 业务能有盈利吗（换言之，日本发电市场是一个有吸引力的市场吗?），至少在目前是非常不易的。

2. 特定电力业务

特定电力业务是指向“特定供给地点”供电的业务（《法修订版》第 2 条第 1 款第 5 项），但却没有就“供给地点”的定义作出规定。从字面上理解，如将“地点”限定为某一建筑物的话，那就与特定供给（第 17 条第 1 款第 1 项）成同义语了。从而，虽说是特定“地点”，但对城市二次开发形成的“建筑群”，即由数量众多的建筑物构成的[101]“面”的供给也首次成为可能，因此这一制度设计可以评价为是划时代的。

人们会说，在二次开发地区，作为实际进入者的燃气企业不会去做吗?但笔者认为，这非常难。因为特定电力企业也被科以“供给义务”。而且在许可要件里，与一般电力企业同样，规定了“供求调节”条款（第 5 条第 4 款），要求“电力设施的产能……须能满足（该）供给地点对电力的需求”。比如说，在二次开发地区，用热电联供方式提供了 9 成的电力，剩下的为 1 成左右，需要常态化地从电力公司处购得时（作为事故或定期检修时的备用电源从电力公司购入是可以的），在行政解释中就可能会被作为供给不足而不予许可[102]。在法律对上述供求要件的解释或运作无弹性可言的情况下，要么同时设置备用电源来弥补那部分不足，要么就必须超量配置发电设施，对于投资者来说，就是被迫进行发电设备的过度投资，其结果就难以确保投资的经济性。再如，当特定电力企业设想不是从供给地点，而是另从位于异地 144
的自有电源通过自我托送方式来配置备用电源的话，则希望法律的解释运作

101　资源能源厅公用事业部.《1995 年度版电力业法的解说》. 通商产业调查会，1995：70，83，87.

102　资源能源厅公用事业部.《1995 年度版电力业法的解说》. 通商产业调查会，1995：87.

上能有灵活性，将上述自我托送作为一种“批发（销售）自我托送”来对待。如果热电联供企业与电力公司之间不能单单就备用电源签署常态化（不足部分）电力购买合同的话，对于热电联供企业来说，只能被迫“电主热从式运营”，从节能的观点来看，这绝不是热电联供理想的运营状态。

3. 小结

上面是就 1995 年法律修订的效果所作的推测，也许过分强调了对它的质疑，但笔者绝不是批评法律修订本身没有意义。关键在于法律的运作，如果在运作上不努力下功夫的话，就很难期待法律修订取得好的效果，笔者无非是希望在运作过程中能贯彻放松规制的宗旨。笔者认为，这次修订中还有一个不可忽视的要点，就是如何与（为强调“经济性”而似乎被冷落了的）地球环境问题、（通过电源的最优组合来）确保能源安全问题等保持协调。

4. 对发送配电垂直一体化经营的再探讨

虽然用了一个很夸张的小标题“对发送配电垂直一体化经营的再探讨”，但笔者认为就结论而言，并不会动摇当前的 9 电力体制。其理由是，虽然不是法律用语，但无论是在全国性意义上、还是地域性意义上，电力公司都是一种拥有很强经济实力的存在。简单地说，在建设一些公共项目或大规模项目的时候，地方上的财界或经济界都要请电力公司“多多关照”，而
145 且在经济团体联合会中又占有重要席位，拥有对日本总体经济或政治的影响力。考虑到电力业的这种力量，如果不是联合国军总司令部，要想大刀阔斧地对业界进行重组则是非常困难的。因此，可以认为至少目前在形式上暂时还不会撼动垂直一体化经营的 9 电力体制。

但笔者在意的是，发展中国家也开始了与发达国家不同思路的电力业结构重组。与发达国家不同，各发展中国家都面临着一些共同的问题：严重的电力供应短缺、都是国有企业在经营、资金不足且又难以导入外国投资，因此，都试图通过民营化、市场自由化以吸引外国资本大量进入发电部门。虽然背景不一样，发达国家有发达国家的背景，发展中国家有发展中国家的背景，但都在推行市场自由化或电力业的结构重组。唯有日本，难道说因为是孤零零的岛国这一地理条件，就可以唯我独尊吗？在此意义上，这一次的法律修订说到底只是一个切入口。说得极端一些，如暂不考

虑用户被特定电力企业蚕食夺走这一因素，这次招投标制度的导入对电力公司来说是不痛不痒的，甚至还应当感谢。在此意义上，要掀起一场让电力公司感到切肤之痛的改革的讨论只能有待后话了。通产省至今 30 多年都没见有任何动作，但据传今后将花 5 年或 10 年的时间重新审视行业法。今后，笔者将密切关注会上演怎样的剧情以及各国的动向，笔者本人也将会进一步深入思考。

电力体制或竞争导入可以有各种各样的方式。简单梳理一下的话，不外乎以下两种：① 认为电力网络实行发送配电垂直一体化集中管理，这无论是在经济面还是在技术面都可获得高效率，将来仍将继续下去；② 假定对垂直一体化经营进行分解，但网络统一运营在技术上还是可以解决的，将发电与送配电分离，建立相应的制度，这不就可以既形成真正意义上的竞争、效率又得到提高了吗。第 1 种类型即垂直一体化型，除日本外还可在法国等国有企业里看到。第 2 种类型即分解型，最典型的是英国，如在 3.2 节中所看到的，在对发电、送电、配电、供给等 4 个环节进行改组的基础上，预计将
在 1998 年全面废除供给区域垄断。而美国和德国，目前的状况是垂直一体 146
化型企业与发电配电分工型企业并存，因此，关于市场自由化究竟会绘制怎样的剧本，是突变为英国型的？还是摸索中间道路？可以说还处在不断试错的过程中。

要维护垂直一体化的 9 电力体制，在逻辑上需要主张并证明“整合的经济性”，以替代过去“规模的经济性”，除了要论证分散经营会导致“交易费用”大大增加、技术上有困难等外，还需对当初 9 电力体制形成时，认为正是发送配电一体化才是电力业真髓的“松永主义”的观点进行再确认和论证。由于已经有像英国那样在组织上将发电部门与电网或电力池部门分开运营的先例，所以在论证时，就只能去论证在这些国家由于组织上的分离导致在实务上具体产生了哪些弊端。从而，仅仅从技术上的繁杂性未必就能成为垂直一体化的逻辑。

另一方面，作为批评垂直一体化经营的一方认为，无论发电市场如何自由化，只要作为根基的送电部门或最终供给被企业所掌握，所谓的竞争就不可能是真正意义上的竞争，最起码发电部门要在组织上与送配电、供给部门分离，否则就不可能会有公平的竞争。例如，在美国的燃气市场上很盛行的

观点认为，无论是州际输气管道企业还是州内的燃气配给企业，都经历了输气及配给网络的拥有与燃气供给的分离，既然在燃气领域里已经实行，那这回就该轮到电力了。当然，燃气与电力提供的服务不同，服务性质的差异必然导致技术上也存在差异，但仅仅从技术面已未必能支撑其观点了，这是笔者在听了英美最近的议论后最直观的印象。

希望今后日本能在认真体会、消化各国的实践（及其相关背景）的基础上，探索、绘制符合日本具体国情的方式。

148

3.3 电力零售的部分自由化

开题

原出处："电力及燃气的规制改革与竞争政策"日本经济法学会《公用事业规制改革与竞争政策（日本经济法学会年报第 23 期）》（有斐阁，2002）。

本节是 2002 年在早稻田大学举办的经济法学会研讨会上所作报告的原文。执笔时正处于第 3.2 节中所论述的电力自由化第 2 阶段（电力业法第 1 次修订）后的第 3 阶段，与先行一步的燃气业一样，正在进行以（以约 30% 的用户为对象的）零售（大宗）供给的部分自由化以及与之相关的"托送"（新进入者借助电力公司的送配电网络送电）规则的制定为主要内容的《电力业法》"第 2 次修订"（平成 11 年［1999］法律第 50 号）。

因此本节将在对第 2 次法律修订后的市场进行评述的同时，指出进一步扩大自由化对象需研究的课题。

3.3.1 序言

1981 年本学会"政府规制产业与竞争政策"研讨会之后，1983 年，美国的 Joskow 和 Schmalensee 两位教授合著的《电力市场放松规制》一书出版，在书中提出并论述了美国能否像已经先行放松规制的航空、卡车运输、铁道一样放松电力市场规制的问题，并设想了四种方式的改革方案。在最后一章中指出："无论怎样的放松规制计划，在制定时都必须充分注意要与决定电力需求与供给特征的基本技术条件及经济条件相适应"[103]。即使在今天这仍不失为切中要害的见解。

2000 年 3 月，日本启动了电力大宗供给（零售）的部分自由化（燃气 149
业已在 1994 年 6 月经燃气业法部分修订先行实施了零售的部分自由化）。可以从以前的供给区域企业以外的供给者处接受供给的、按制度规定可以选择供应商的用户比例（等于自由化率），在电力及燃气市场上，均为市场总体的约 30%。新进入市场的企业，如果是电力的话，可以从自建发电厂（如果是燃气的话，则为 LNG 或国产燃气田）或从他处购得电力或燃气，通过电力公司的高压输电线或高压输气管道（即托送方式）向上述自由化用户提供电力或燃气。

2001 年 11 月，为验证电力自由化的效果及探讨今后的自由化政策，综合资源能源调查会电力业分科会（以下简称分科会）启动了该课题的研究。在燃气方面，为研究探讨 10 年后气体能源的状况，2001 年 1 月，组织成立了燃气市场完善基本问题研究会，作为资源能源厅的研究会，于 2002 年 4 月，总结并发表了名为"关于今后完善燃气市场的基本政策——宏观设计"。

本节的主要目标，拟就日本电力及燃气市场今后规制改革的方向（或者说进一步规制改革），从市场特性或产业特性的视角，对导入竞争存在的问题、难易度等问题进行分析。与其说是积极提出规制改革的具体方案或计
划，不如说是认真总结进入 21 世纪后美国加州出现的电力危机及安然公司 150
破产的教训，将着眼点放在指出规制改革存在的问题上。另外，有 3 点需要补充说明的是：① 由于篇幅所限，本节论述的重点将主要放在电力市场方面；② 关于到目前为止的改革过程（其中关于 1995 年电力业法修订的部分，已在 1995 年的本学会上作了个人演讲），将在提交本学会 50 周年纪念出版的稿件（本书第 2 章第 4 节）中阐述；③ 预计在本节执笔以后，结合市场的变化，审议会的制度设计将会进一步具体化。

103　Joskow/Schmalensee. Market for power. 1983：212.

3.3.2 讨论的出发点

1.“电力”的特质与市场自由化

翻开美国电力业的历史可知，它是从 1880 年代的“近需求地发电”直流输送开始的，经历大规模水力发电、交流送电等，供给区域逐步扩展至更为广泛的地域，渐渐发展起来的。概略地说，日本电力业的发展过程与其并没有太大的差异。用“直流”对“交流”的对比图示来说的话，目前，远
151 距离高压送电时采用直流，所谓分散型发电也是直流发电（使用交流机器时需要使用转换器），可以说正迎来直流与交流并存的时代。

（1）“电力”的特质

“电力”是通过送变配电线网连接最终用户的，而且在技术上、经济上，电力的“储藏”都很困难，因此，瞬间的供需不平衡就会导致“停电”，在此意义上，它与一般的物资或商品具有不同的性质，是与饮食行业等不同的与生活相关或者说是公共性的“服务”。1990 年代以后，主要在英美国家实行的电力自由化背景下，包括期货市场在内的电力“交易”、电力商品化趋势急剧加速。但前述“必须时刻保持供需平衡”这一特性并不会因此而改变。因此，各国在电业自由化的过程中，均在努力设法保障短期及中长期的电力供需平衡，但至今仍未有圆满的答案。

另一方面，“燃气”则是通过输气管网连接最终用户的。① 它面临着与 LPG（液化气钢瓶）等城市燃气以外的气体能源的竞争（国内家庭用需求基本上是城市燃气、LPG 各占一半）；② 也必须保持供需的平衡，但具有可“贮存性”，在这两点上是与电力不同的。

（2）市场自由化

英国（英格兰与威尔士）在国有化时代，是由 CEGB（中央发电局）负责发电，12 家地方局负责配电。1983 年的能源法试图将竞争导入电力市场，但以失败而告终。根据 1989 年的电力法，① 在组织方面，（英国能源
152 公司、后实行民营化的核能除外）国家电力公司及电能公司 2 家发电公司与送电部门的国家电网公司在组织上脱钩，在此基础上实行了民营化；在配电方面，12 家配电公司也实行了民营化。② 每隔 4 年调整一次（1990 年 1 兆

瓦、1994 年 100 千瓦、1998 年 1 千瓦）的电力零售自由化计划下，1998 年至 1999 年，12 家配电公司的供给区域实现了全面自由化。

美国在 1970 年代，由于经济失速导致对电力供需的误判，出现了发电设备过剩以及在建中的发电设备停建的情况，因此，电力公司对自有电源的设备投资变得很谨慎，加上 1978 年的《公用事业规制政策法》第 210 条规定，电力公司负有收购热电联供及可再生能源发电企业电力的义务，这一措施激发了非电力企业从事发电业务的热情，电力公司也采取了购入电源招标制等措施，促进了“发电”与“批发电力”的竞争导入。州公用事业委员会站在保护最终用户的立场，对英国实行的电力零售自由化持批评态度，认为其“脱离了正常的轨道”。但是以电价比其他州相对偏高的一些州为中心，为了不使州内的优良产业迁往其他州，想方设法要降低州内的零售电价，因此，以州为单位开始探讨电力零售的自由化；1998 年，以加州为开端，在新英格兰地区等地逐渐启动了电力零售的全面自由化。但是，受 2000—2001 年加州电力危机的影响，近来，其他州的自由化进程有刹车的趋向。

关于欧盟各成员国的市场自由化率，2001 年末时，电力市场已 100% 实现自由化的国家有英国、德国、芬兰、瑞典等 4 国（其次是丹麦，达到 90%），燃气市场已实现 100% 自由化的国家有英国和德国 2 个国家（其次是 153
意大利和芬兰，均达到 96%），欧盟整体的实质自由化率，电力是 66%，燃气亦达到 79%。根据 2002 年 3 月巴塞罗那欧盟峰会决议，整个欧盟自由化目标的实现较现行的电力指令及燃气指令确定的时间都要提前，到 2004 年时，除家庭用户外，电力和燃气用户市场将实现自由化。不过这些只是指的成员国“国内市场”的自由化，为了促使跨欧盟区域内各国国界的电力、燃气经济交易的活跃，还有许多问题有待解决，如跨国电力接入费的调整和统一、网络瓶颈的消除、各国能源税制的调整等。

从欧美这些先行国家的实例中可知，在电力业一百多年的历史中，电力零售自由化的实践充其量也就 4 年不到的时间。燃气市场自由化的进展大致与电力的情况差不多。电力及燃气市场的全面自由化只在部分国家实现。因此，认为“电力及燃气市场的全面自由化，是全球性标准，日本也不该落后，应当赶紧上车”的观点，不能不说是过于草率了。

更何况，日本有自己特殊的国情，① 没有丰富的国产能源资源；② 与欧美国家不同，电力及燃气网络都不与他国相连，是一个闭关锁国的、自我完整的、封闭性的网络，在目前的时点上不存在电力及燃气的进出口。从日本的国情出发，在讨论自由化时，就必然要比欧美更加重视“能源的安全保障”问题。由于这样一些因素，2002 年通过的《能源政策基本法》提出[104]，要灵活运用市场原理，但还要考虑“确保稳定供给”，“要与环境相适应”等因素。特别是燃气，输气管网的构筑较晚，仅散布在 200 多家燃气企业的供给区域周边，较之欧美那样的国际输气管道还有相当大的距离（准确地说，即使是欧洲大陆，1970 年时，输气管网的分布广度与目前的状况相比还是有非常大的差距的）。

154 2.“规制改革=自由化”的目的、目标、制度设计

翻开电力、燃气两行业规制的历史，虽然因国家不同而存在差异，但大体的框架都是从与自治体签订道路使用补偿合同、由国家（部分是由自治体）实行安全规制起步，经历竞争的洗礼，渐渐通过行业法上的“供给区域垄断”转向许可制。近期的规制改革（=自由化），形式上可能会有差异，但无非就是分阶段地回归“竞争”时代。从电力、燃气业的发展阶段或规制的生命周期来看，是否可以说正处于“向更接近于竞争的、非自然垄断状态的复归”阶段，这是一个颇有意思的话题。不过，在产业发展阶段上，能否将日本的电力与燃气相提并论（燃气业尚处在发展过程中）还是有疑问的。另一方面，电力与燃气两市场的进入壁垒都比较低，最近出现了两个行业的企业相互进入对方市场的动向，对这一动向也应同时加以关注。

(1)“规制改革（自由化）”的目的、目标是什么?

自由化的目标，最流行的说法就是电价的下降。事实上，无论是英国、原西德还是美国的加州等，都是因为与其他国家或其他州的收费价格比较后，来自产业界的强烈要求。当然，日本也不例外。

与他国比较，日本高电价的原因是什么？准确的分析不可或缺。

① 首先要搞清楚电价成本中发电、送电、变电、配电各环节所占比例是多少。② 高成本的原因是什么？如以发电为例，是因为用地成本？电源

---

104 2002 年 6 月 10 日电力新闻第 1 版.

构成？配套设施的采购成本？燃料采购成本？人工成本？严苛的安全、环境规制？税费？还是因为多种因素的综合作用？必须深入客观地解析。③ 在
与他国的比较上，存在着汇率及购买力差异等问题。实际上，很多国家并未 155
对这些因素作充分分析，就匆匆步入了自由化。

在日本，一般认为是由于土地使用费、人工费，加上严苛的安全、环境规制导致高成本的趋势。假定发电费比重比较大的话，导入竞争的效果就会比较好。1995 年的电力业法修订后实行的（部分）新建电源招投标中，即使去除那些因有闲置土地可利用、燃料采购容易等具有优势的投标者，投标者提出的价格也大大低于电力公司预计的价格，从正面意义上来说，这有利于激励电力公司今后强化成本意识。不过在日本，流通费用（送配电成本）的比重要大于发电费。虽说与其他国家相比，日本在维护保养、服务方面的质量更高，但因输电网络部门导入竞争比较困难，因此，要削减成本并不容易。如果流通设备费所占比重大的话，不难预料后面将论述的托送费的下降也将会非常有限。

人们总是爱做“蔷薇色的梦”，以为规制改革（自由化）必然能带来降低电价的效果，这点是需要注意的。据笔者海外出差时从一些会议上获得的信息，在先行实施电力自由化的英国，虽然带来了 7 亿 5 000 万英镑的电价下降效果，但其中由竞争带来的仅 1 亿 4 300 万英镑，而为实行自由化作准备的费用高达 8 亿 5 000 万英镑，今后至 2005 年，用户还须支付 1 亿 1 000 万英镑。此外，在 1998 年一步跨入全面自由化的德国，由于较高的能源环境税负担，加上必须向可再生能源发电、热电联供发电等非电力企业收购电力的制度等非市场因素，电价处于上涨趋势。有动向表明，一些大企业正准备停止“降价竞争”。从这些事例可知，短期效果姑且不论，从中长期来看电力自由化未必一定能带来降低电价效果。

自由化的第 2 个目标是扩大用户选择服务供应商的机会。将电力及燃气市场的分析视角从供给侧转向需求侧，就是要让用户从供给区域垄断下的“被动的接受者”变身为可主动选择供给者。由于产业用户或商业用户的成
本意识比较强，实现自由化后变更供应商的概率相对比较高，而家庭用户的 156
供应商变更率总的来说比较低。变更率低未必意味着竞争不起作用，因为为了与新进入者报出的电价相抗衡，以前的供给区域电力企业也会相应降低电

价，这点应不难想象。关键在于供给者必须竞争性地公布合同条件，这样才能打开选择的可能性，这才是应当重视的。

作为自由化的附带效果，会诞生一批诸如市场营销、信息搜集整合、贸易商等新的商务活动，以及将自发电的设置、节能、供应商选择等组合起来提供一揽子能源解决方案的业务等，可带来新的商业机会扩大、创造就业的效果。但前提是能源市场是一个不断趋于扩张的市场，否则也只能是一场零和游戏。

（2）电力自由化成功的条件

电力规制改革（自由化）要想取得成功，需考虑以下 4 点：① 多样化的发电用燃料很容易筹集；② 发电容量尚有余力，长期电力供求保持稳定（预测不会出现突发性的电力需求剧增的情况）；③ 配备足够的送电容量，不存在设备方面的瓶颈；④ 实现自由化后，市场机制能很好地发挥功能。英国的自由化之所以得以顺利进行（电力池价格持续高位暂且不论的话），就是因为基本上满足了上述 4 个条件。而加州距 4 个条件相去甚远，所以失败了。在日本，第 1 个条件显然无法满足；第 2 个条件，不像德国那样拥有剩余电源；第 3 个条件，电力公司间的关联性及日本东、西部的电力周波数转换的容量不足，第 4 个条件是未知数。由此可知，在日本实行自由化所需的基础性条件，无论是在硬件方面还是软件方面都十分薄弱。

157 3. 改革规划的时间跨度

规制改革是为求得短期的、眼前的变化，还是在回顾过去一百多年电力史的基础上考虑今后的百年大业？我们处在选择的十字路口。在 21 世纪，氢能源的利用将会得到发展，电力供给系统可能不得不面临着变革。仅以燃料电池一项为例，据预测，当前首先会在汽车领域应用，定置型燃料电池还是以后的事，因此暂时还不会马上就威胁到电力供给系统。2030 年代之前，充其量也只是包括热电联供、燃料电池等在内的现场分散型电源与大规模电源的共存期。如果是那样的话（具体会怎样还很难判断），无论如何都应该避免出现可能会导致现行供给体系陷于混乱状态、难以恢复的规制改革或自由化。

4. 对现状的评价

（1）评价指标

日本电力和燃气市场的自由化率约为 30%，在此情况下，如何评价自由化进程？从燃气的情况来看，以电力系为首的新进入者正积极地进入这个领域，因此不太能听到对其现状的否定性评价，但对于电力市场则经常能听到对其不满的声音。在进行评价时，我们该寻求怎样的评价指标？

① 作为判断新进入者市场进入程度的指标，可以考虑采用新进入者（特定规模电力企业）的申请数、新进入者的市场份额（用户跳槽率）等指标。

② 另一方面，实行部分自由化以后，电力公司（等同于一般电力企业）都在降低电价，如何评价这一现象往往成为一个争论点[105]。如果电力公司为抗衡新进入者的竞争而通过降低电价来挽留用户，结果用户的跳槽率比较低的话，这一现象也可视为是一种竞争成果。 158

③ 他国的自由化指标实现度与日本的这一指标进行比较应该也是一种有用的方法。

（2）日本的现状

如果套用上述指标①，2001 年 8 月时，电力市场中的新进入者所占比重仅为 0. 39%（经济产业省的调查）。

从其他的判断要素来看，① 与德国不同，日本的电力公司之间几乎没有竞争，但我们也注意到，东京电力在东北电力供给区域内参与了由自治体举行的电力供给招标，并且在投标中还降低了电价，受此刺激，东北电力公司为了与其抗衡，也表明了拟降低电价的意向。由此可见，电力公司间的竞争终于将进入实质性阶段。② 以产业用、商业用市场为代表，包括热电联产在内的自发电在逐步增加，上述跳槽率的数字未必能准确反映，但电力公司的市场份额正在被蚕食，这一点是不容忽视的。

3.3.3 关于电力规制改革今后需研究的课题

下面将就热议中的电力及燃气（主要围绕电力）规制改革需研究的课题作一介绍。

1. 分析的视角

在讨论电力规制改革时，应如何看待 2001 年初发生的加州电力危机以

---

105 市场新进入者苦战电力公司的降价攻势——不解决托送费问题，自由化不可能扩大. 钻石周刊，2002 - 06 - 15：52.

及其后发生的安然公司的经营破产两大事件？是将其理解为一种“自证”，是自由化内在风险的外在化？还是将其理解为只是在极为特殊的背景和思路下发生的个别事件，并不能由此得出具有普遍意义的教训？不同的理解其结论必然也大相径庭。

电力规制改革进一步推进的话，对于发送变配电供给实行“垂直一体化”经营的电力公司来说，一直以来发送变配电供给等相互之间的默契或无意识的“内部交易”，将全部或部分被“外部交易”即“契约化”所替代。
159 对这种交易外部化或交易“市场化”的利弊得失进行慎重的比较权衡是非常有必要的。在进行比较权衡时应从两个方面考虑，其一是“交易费用”是否增加；其二是否能产生有利的激励，促进“效率”提高。在各部门垂直一体化经营的情况下，针对稳定廉价的电力供给这一最终目标，可以采用一以贯之的体制，如果各部门分离的话，就可能会出现新的问题。例如，发电方希望取得利润最大化（即制定高价），而供电方又必须实行有利于消费者的批发价格（若按发电方的报价支付并转嫁给用户的话，处于弱势地位的消费者只能被迫接受），双方有可能妥协、通过谈判达成客观上最合适的合同条件吗？

再进一步分析的话，一般而言，自由化程度越高，就越关心证券市场或评级机构的评价，从而在经营上就越会重视短期业绩（虽然这可能与电力规制改革并没有逻辑上的必然联系，但确实存在这种倾向）。对于“普通企业”而言，可以说都希望尽可能远离出于政治需要的过度的景气刺激政策，或无视经济效益地对企业所在地的公关性出资，都希望能通过招投标来实现采购价格的合理化。另一方面，（抑制所谓阿弗奇约翰逊效应、即 AJ 效应确实很重要）长期经营理念的缺失，还会直接影响到对电源开发及送配电设备的投资，人们担忧会不会将这种后果留给下一代，但愿这种担忧只是杞人忧天。

2. 课题的分类

面对诸多规制改革上的问题，首先按照一定的指标对问题进行分类，构成问题矩阵，在此基础上研究相应的对策是一种可取的分析程序。通常可以按照以下指标进行分类：① 按问题的重要性分类；② 按时间的长短进行分类（是长期性问题还是短期性问题）；③ 按解决问题的难易度进行分类。

3. 有待研究的若干课题

（1）电力公司间的竞争

这不是个制度问题，而是竞争意识问题，但事实上有段时间人们常常感叹电力公司间几乎完全没有跨供给区域的竞争。如 3.3.2 节中所述，包括以另设子公司方式从事近需求地电源等业务正在渐渐推进。160

（2）新进入者的电源确保

产业自发电所能产生的剩余电力在数量上很有限，而新进入者靠自建电厂来确保电源，又存在前期建设所需时间较长且有投资风险等问题，因此，新进入者的电源不足问题不是一朝一夕就能解决的。作为替代方案，是否可以让电力公司（除一般电力企业外，还包括批发电力企业）出售其所拥有的发电设备？若此方案不可行的话，是否可让电力公司投放一定数量的电力？这样的设想也常有耳闻。但在日本，电力公司原本就几乎没有剩余电力，在此情况下，新进入者的电源确保不得不说是一个非常严峻的问题。

在法理上，电力公司自主出售一部分电源，或投放一部分电源（若取得主管大臣及股东理解的话）应该没问题，但若以法律形式强制推行的话，从宪法保障的经营自由及财产权这一点来看则是有相当难度的。如果存在一些特殊情况，比如说，电力公司持有该电源是存在弊端的、或者说将电力转让给新进入者对于用户来说更为有利等，至少还可以说是符合宪法上的“公共福利”的要求。但只是简单地要求电力公司将部分份额转移给新进入者，这很难说是“公共福祉”。作为电力公司投放电源的先例，法国电力公社（EdF）在给德国的巴登-符滕堡州能源公司（当时排名第 3，现在是第 4 位）投放电源时，是根据欧盟（EU）的订单进行电源（容量）投标的，此外还有美国得州的例子。包括对这些先行案例的研究，都是日本今后需要研究的课题。

（3）电力交易市场的开设

这是与第（2）个问题相关的问题，对于应当建立怎样一种形态的批发市场，可谓是见仁见智。对此的争论最初是围绕该不该设立公营市场、地下市场是不是就一定不允许存在等问题展开的，是在以前电力公司间的“经济融通”的基础上进一步使其发展为“现货市场型”市场？还是建立“强制性的电力池型”市场（即作为义务，所有的交易都必须在市场进行）？各种 161

各样的见解不一而足。需要注意的是，在2002年时，上述“经济融通”对新进入者也已部分开放，此外，非公营的电力交易市场也已部分存在。

所谓“强制性电力池”，就是所有的电源拥有者、电力供给者都将作为市场参与者来公平地决定价格，因此被认为是一种纯理念型的、机械地拘泥于市场理论的设想。实际的电力池能否合理地决定价格是缺乏保障的，英国就曾面临过这样的两难困境，为防电力池价格的变动而不得与某种风险对冲手段进行组合。因此，较主流的观点认为，以买卖双方直接交易中的长期合同为基础，同时辅以风险对冲手段，或者为了解市场标准价格，将现货市场与期货市场组合运用是较为可取的方法。

（4）输电线网的进一步开放

假设电源问题已经解决，但不满托送费太贵（《电力业法》第24条之4中所说的“联网供给”）的抱怨很强烈。托送费的确定试图做到两全，既要保护供给合约中的用户，又要保护新进入者（同条第3款第1、2项），但实际上很难做到，在联网托送合约费用计算规则中规定为“预估的电力业务运营所需成本加上利润后的金额（以下简称“成本”）”（第3条第1款），供电合约费用计算规则第2条第1款规定的表述也基本相同，可见都是主张成本主义原则的。在电信行业，虽然也主张成本原则，但NTT东西市内线路的接入费是基于LRIC模型（长期增量成本）来确定的，由于与历史成本（综合成本）的关系，这种方式伴有部分成本难以回收的风险，如果在电力业中，也按照LRIC模型来计算托送费的话，托送费偏高的可能性很大，应该不会成为现
162 实的选择。如果自由化的范围进一步扩大至低压（配电线网）托送的话，因其与成本的关系，隐含着托送费反而越来越贵的可能性。

另外，关于来自电力公司供给区域外的托送（一种“过境”托送，《电力业法》第24条之3中称之为“代替供给”）费，由于可能要经过数家电力公司的线网，每经过一家就要加上一笔托送费，这一做法遭到很多批评，要求废除的呼声很强烈。由于原来一般都是参照电力公司间的收费标准的，因此有关代替供给费的定价原则没有作过规定。如果说代替供给本身是会产生一定费用的话，只要就该费用的回收方法（比如说，由全体联网托送的利用者负担等）能达成一致意见，要废除也很容易。

关于“同时同量”的实现，取决于短期市场能否形成，但这是通过经

济核算就可解决的问题，不是什么本质性的问题。

为确保送变配电网络运营的中立性，可以有以下 4 种选择：① 进一步实行会计分离、功能分离；② 所有权仍归电力公司保留，设立网络运营的中立机构（ISO）；③ 允许控股公司将发电、供电与线网部门转制为控股子公司，在此意义上实现法律上的分离；④ 如不允许控股子公司，则将所有权完全分离，同样可以实现独立公司化。这四种备选方案中，① 存在制定怎样的实施方案？能否得到第三方认可的问题；② 以下的方案，与垂直一体化经营相比较，具有哪些好处？需要电力公司方面做出充分的说明，并有待今后的检验。

（5）非对称规制

由于电力公司处于市场支配地位，以此为理由，有观点主张应实行过渡性的“非对称规制”，如① 实行前面言及的电源投放；② 限制或禁止竞争性降价；③ 限制对燃气市场的进入等。

首先，用什么标准来定义“市场支配地位企业”？虽说领域不同，但无论是 2001 年电信业法修订中设置的关于支配地位企业的规定，还是 2002 年曾向公众征集意见的信息通信审议会 IT 竞争政策特别分会最终答询案第 86 163
页中的“有关向消费者提供服务的市场支配力的评价”，都曾引发争论。包括市场占有率以及其他的指标，都需要进行深入研究。此外，非对称规制的目的与手段是否具有足够的关联性？手段与目的的关系是否在比例原则的范围内？手段是否与宪法上关于保障财产权的规定相抵触？在怎样的期间内适用（在怎样的状况下可以解除）等，这些问题都需要很好研究。

对于上述非对称规制的建议，想就其中的③再作些分析。有种观点认为，电力公司若要参与天然气发电，只要拥有 LNG 基站、输气管道，很容易就能进入燃气市场，但反过来，燃气公司若要进入电力市场，发电厂基础设施建设需要花时间，要进入电力市场不是件容易的事情，在这一点上双方是不对等的，以此为前提，应效仿 2002 年东京电力取得第一类电信业务许可时被附加了准入条件，电力公司进入燃气市场时也应当设置附加条件。再如，美国联邦通信法为降低长途电话与地区电话的进入壁垒时，也采用了相互主义的做法，即只有同意长途电话进入本地区的地区电话公司才允许进入长途电话市场。类似这样的做法不是不可以考虑，不过在日本实行恐有难度，一方面日本已开始了燃气市场的部分自由化，另一方面，对大宗燃气业务与其在进入时一揽子式地实行一般的许可或备案，倒不如区分不同的供给对象实行不同的规制，比如说供应对象是在燃气公司的供给区域内的，实行许可制；如果是在空白区域的则实行备案制。市场进入时附加条件的做法恐难以适应。

3.3.4 小结

电力和燃气市场规制改革不只是单纯的国内问题，还一直成为日美协议的对象，在英美强大影响力下的 OECD 及 WTO 等场合的一些议论都会投射在国内的讨论上，这一点不可忽视。

在所提出的各种论点中，本节主要聚焦于基本思维方法、制度等一些大的框架进行了探讨，受篇幅所限，“与公用性课题的协调”“自由化范围的扩大”“第三方机构或争议处理机制”等都未能论及。但对大框架的探讨已表明了基本方向。

164 在讨论规制改革时，往往是“自卖自夸”，每个人都只提出自己设想的一种规制改革方案，并滔滔不绝地阐述，虽然这也需要，但更需要同一个人就多个规制改革方案，分析每一个方案的优劣，或者各人带来自己的研究成果，相互间进行充分交流，但深感遗憾的是，无论是在审议会还是在学会都缺乏这样一种程序。

对于“应当维护什么”的问题，笔者认为，应当维护的未必就是现行的10电力体制（即垂直一体化经营加公用事业目标的实现），不管业务主体是整合还是分离或分拆，也不管谁是胜者谁是败者，而在于作为“根基的电力供给系统”。作为对“今后的市场展望”，在于组合电力、燃气、石油、ESCO（能源服务业）、电信、供热、水务、安全服务等各项服务的多元化公用事业。

165 3.4 石油、电力、燃气市场自由化概览

开题

原出处：“能源产业与经济法”日本经济学会编《经济法理论与展开——经济法讲座第1卷》（三省堂，2002）。

本节旨在就石油（炼制、进口）业、电力业、燃气业等三个领域政府规制的历史、现状以及存在的法律问题等进行分析。

关于“石油”，将在就第二次世界大战前石油业法和战后石油业法进行对比的基础上，分析石油业法存在的法律问题，同时对石油供需适正化法、石油储备法、挥发油销售业法等相关法律作一概览，最后与表 3－1 及表 3－2 一起，对放松规制的动向作一概览。

本节执笔后，正如 3.4.2 节及表 3－2 中所述，石油业法被废除（平成 13 年［2001］法律第 55 号），作为时限法的特石法也失效了。在对石油炼制业及炼油设备实行的许可制、对石油进口业及销售业实行的备案制等被取消的情况下，为了平常时期的石油储备义务及应对紧急状态的需要，必须日常性地搜集有关石油炼制业、进口业、销售业等的相关信息。因此，由《石油储备法》改名而来的《关于石油储备确保的法律》（以下简称《储备确保法》）规定，对石油炼制业及炼油设备实行备案制（《储备确保法》第 23 条）、对石油销售业实行备案制（《储备确保法》第 24 条）、对石油进口业实行登记制（《储备确保法》第 13 条）。石油进口业的登记要件里，保留了特石法 3 要件里的储备（日常贮存的基准储备量）义务（第 6 条第 1 款、第 16 条第 1 款第 1 项）。挥发油销售法改称为《关于挥发油等质量确保的法律》（以下简称《质量法》），对石油进口业（关于挥发油见质量法第 17 条之 4、轻油见同法第 17 条之 8、煤油见同法第 17 条之 10）及销售业（关于挥发油见质量法第 13 条、轻油见同法第 17 条之 7、煤油见同法第 17 条之 9）赋予确保质量义务。

（本节中的）“3 电力及燃气两行业”，几乎是与本书第 3 章 3.3 节同时 166
执笔的。在这部分中，回顾了两行业自由化即放松规制的过程、对执笔当时的自由化进行了评价，并就一些论点进行了论述。此外，在 3.4.4 节的最后，提出了今后需研究的课题，同时对未来的动向作了展望：“至本（21）世纪中叶，能源基础设施必将继续发挥一定的作用”。

本稿执笔后的 2003 年，依据《电力业法及燃气业法部分修订的法律》（平成 15 年法律第 92 号），两部行业法经历了第 3 次法律修订。关于燃气业法将在 3.5 节中论述，本节只就电力业法作论述。

依据电力业法（以下简称“电事法”）的第 3 次修订，电力零售供给自由化的范围，将在 2005 年 4 月以后扩大至中小楼房、小规模工厂等 50 千瓦以上的用户。由此，与第2次法律修订时的自由化用户加在一起，约60%~70%的用户都成了自由化的对象。需要说明的是，自由化范围的扩大，并不属法律修订事项，只是省令的修订（电事法第2条第7款、电事法实施规则第2条第2款第1项）。

法律修订的主要内容包括以下几方面。

（1）借助于电力公司的送配电线网送电（即托送）的合同中，若是跨电力公司间输送的，每家电力公司都要作为代替托送供给（原第24条第3款）计算并收取托送费，托送费就会增加，因此，修改后的法律将（除批发电力企业的代替托送供给以外的）联网托送供给（原第24条第4款）与代替托送供给合并为“托送供给”（电事法第2条第15款、第24条第3款）（也就是说，事实上取消了了跨电力公司间的代替托送供给）。

（2）由于新进入企业对设有电力零售部门的电力公司运营送配电线网的制度颇为不满，因此，修订后的法律规定，电力公司的托送部门必须与其他部门实行信息隔离（电事法第24条第6款第1项）、禁止歧视性待遇（同条第2项）、实行会计账务分离（直接命令电力公司须区分为自由化部门、非自由化部门及其他部门等3部分。第34条第2款第1项）。

（3）同样是出于应对对于电力公司运营送配电线网不满的考虑，新设了“送配电业务支援机构”（电事法第93条以下）。具体而言，“电力系统利用协议会”（ESCJ，植草益教授为首任理事长）被指定作为支援机构（同法第93条第1款）。该协议会承担各家公司的电力系统使用规则的调整、跨电力公司系统
167 间联络线使用规则的制定、系统间联络线建设程序的制定等事务。

（4）虽不属法律事项，但为了解决新进入企业对苦于有效电源不足的抱怨，在政府的撮合下设立了“电力交易所”。

同在2003年，此前依据《电源开发促进法》（昭和27年［1952］法律第283号）第13条设立的特殊公司——电源开发股份有限公司（EPDC）随着该法的废止实行了完全民营化（参见藤原淳一郎“转换期的行政法学——通往社会工学的道路”庆应义塾大学法学部编《庆应义塾大学创立150周年纪念法学部论文集·庆应法律学·公法Ⅱ》庆应义塾大学法学部，2008年第235、251页）。

关于上述第3次修订，在穴山悌三所著《电力产业经济学》（NTT出版

社，2005）中有详细阐述。第 3 次法律修订后，自由化的范围是否可进一步扩大（全面自由化）、扩大电力交易所交易的对策、实现低碳社会的方略等课题是目前主要讨论的话题。

3.4.1　序言——本节的考察对象

虽然都称为“能源”，但能源可分为一次能源、二次能源。一次能源包括煤炭、石油、天然气、铀、可再生能源等；二次能源，包括核电在内的电力、城市燃气等。再进一步就非国产能源资源分类的话（包括石油产品在内的部分产品的进口），又可分为能源资源开发、（炼制）、运输、进口等各个环节。就国内而言，无论是国产还是进口的能源资源，都包括从上游的（进口）、制造、炼制等各环节至下游的贮藏、流通、供给销售等各个环节。此外，从国家对产业及市场的干预来看，以 1970 年代两次石油危机为代表的紧急状态时的对策与平常时期的干预有着本质的差异。所以，要将与能源相关的所有“产业”活动都作为本节的对象显然不可能。 168

因此，本节主要聚焦于战后经济法学中重点讨论的能源领域，即石油（包括炼制）业、与近期问题变得尖锐化的电力和燃气两行业作一概览。

3.4.2　石油业

1. 石油业法制定的过程

（1）第二次世界大战前的石油法制

第二次世界大战后的石油业法是以战前的石油业法为模本制定的，所以首先简要考察一下战前的石油法制。

1931 年，制定了《关于重要产业统制的法律》（昭和 6 年法律第 40 号），设置了关于 50%以上同业者加盟的重要产业的生产或销售“统制协定”的备案（第 1 条）、关于主管大臣对加入者或非加入者的统制服从命令（第 2 条）、主管大臣对统制协定的变更或取消的监督权（第 3 条）等规定。挥发油制造业及挥发油销售业包括在被指定为适用对象的 24 个行业中（昭和 7 年［1932］商工省告示第 49 号）。1934 年时，制定了《石油业法》（昭和 9 年法律第 26 号），该法的主要内容包括：① 石油炼制业及石油进口业须经政府许可（第1条），以实现政府统制下的石油进口的调节及炼油业的振兴；② 石油炼制业及石油进口业的业务计划须经政府许可（第2条），以实现业务的合理实施及对石油市场的
169 统制；③ 石油炼制业及石油进口者负有常年贮藏一定数量石油的义务（第5条），以确保国内石油的供给；④ 对于石油炼制企业及石油进口企业持有的石油，允许政府拥有强制征购权（第6条）；⑤ 为调节石油供求的需要，可以就销售价格的变更、石油供给量的确保等，对石油炼制企业及石油进口企业发布必要的业务命令；如公共利益上确有必要，可以发布设备扩张或设备改良命令（第7条）；⑥ 就石油业法上的重要事项作出决定时，须经石油委员会决议（第8条），等等。该法的主要目的在于：① 从外国石油资本手中保护国内石油炼制企业、防止炼制企业的滥设及过度竞争；② 为确保军需用石油，对企业规定6个月的储备义务[106]。有观点认为“人们往往把旧石油业法理解为是战时统制立法，但战时统制是昭和12年（1937年）‘日华事变’发生以后的事情”，因此，石油业法的“基本着眼点在于确立石油流通秩序”[107]。石油业法制定以后，很快就转向了战时体制，1943年前后，石油业重组为日本石油、昭和石油、丸善石油、大协石油、东亚燃料、三菱石油、兴亚石油、日本矿业等8大集团。

（2）石油业法制定

随着战争结束，石油的需求与供给被置于占领军的管理之下，经历了石油业法、石油专卖法等法令的废除、太平洋沿岸炼油厂全面停业等管制时代，从和平条约签署前的1952年开始，仅剩外汇资金配额规制。在外汇配额制下，实行了进口石油在本国炼制符合日本需求的石油产品即“消费地炼
170 油”、尽可能节约外汇、对煤矿业实行政策优惠等3大政策。对于这些政策，有的给予了积极的评价，认为通过这些政策，防止了石油产业的过度竞争，通过限制石油产品进口实现了国内炼油业的发展、通过炼油规模大型化实现

---

106 井口东辅.《现代日本产业发达史Ⅱ·石油》.现代日本产业发达史研究会，1963：253.

107 田中直毅.“产业政策的重新评估与行政改革——从石油业法看行政介入的逻辑与成果”.经济评论，1980，29（11）：17.

了成本的降低等[108]；但也有一些批评意见，认为“在外汇配额制下，进口须经通产大臣批准的行为，是通过所谓自由裁量的法律技术，成为国家实行优厚的原油进口保护政策的法律基础”，扭曲了原油这一关系到大多数企业的资源配置[109]等。

1961 年，为制定贸易自由化对策，在通商产业省设置了“能源恳谈会”，整理出了一份有关石油政策的中期报告[110]。该报告认为，确保石油廉价且稳定的供给是政府的重要职责，应将一定比例的国内石油市场置于政府影响之下，并推行以此为基础的综合性石油政策。作为具体的措施，提出要扶持国产原油、暂不实施进口自由化等，对此取得了一致意见，但在其他方面也出现了一些意见的对立，最后是将多数意见和少数意见作为两种不同的观点同时记录在案。多数意见认为，如果实行无条件的自由化，对特殊原油（国产原油及阿拉伯原油等）的区别对待、石油业界的过度竞争、少数资本对市场的支配等各种问题就会进一步加剧，会给石油政策的实施造成重大障碍。因此建议：① 为应对伴随自由化产生的各种问题应有相应的立法措施（制定石油业法）；② 建立积极扶持特殊原油及长期交易体制；③ 将一定比例的国内石油市场置于国家的影响之下，在采取特殊原油对策的基础上，设立国策石油公司，等等。依据此答询，草拟了在相当程度上与战前的石油业法具有共同性的石油业法案要纲，该法案纲要受到了以产业计划会议为代表的反对，要求修改，在对初稿修改后，于 1962 年 3 月提交国会审议，5 月表 171
决通过（昭和 37 年法律第 128 号）。

2. 对石油业法的法理探讨

（1）石油业法的立法理由

在石油业法制定过程中的不同观点，大致可归纳为：石油业法必要论（通商产业省、石油联盟中的民族系石油公司、石油矿业联盟等）、暂时必要论（石油联盟的多数成员、经团联）及不要论（经济计划会议、石油联

108　通商产业省资源能源厅石油部监修.《石油产业的现状（第五版修订）》. 石油通信社，1988：149.

109　鹤田俊正.《战后日本的产业政策》. 日本经济新闻社，1982：166－168.

110　通商产业省资源能源厅石油部监修.《石油产业的现状（第五版修订）》. 石油通信社，1988：150－151.

盟中的大型外资系）。必要论以特殊原油交易的困难、石油业界的过度竞争、少数资本对市场的支配等作为论据，但无论是赞同的还是反对的，都受到“石油业的特殊性，故对国际石油资本的看法不同”的微妙的影响[111]。

石油业法遭到法律学者的批评。正田教授批评说“（石油业法）是为应对伴随自由化而来的过度竞争为主要目的提出来的，同时，它也是行业法再生的开端”，并针对第 3 条由大臣制定石油供给计划与第 10 条规定的各家公司的石油产品生产计划之间的关系问题，指出“如果各企业是以供给计划为前提来制定各自业务计划的话，供给计划的额度必然是通过各企业间的协定分配到各家企业……，不外是关于生产、销售、采购数量的协定。或者也可以（第 10 条第 2 款规定的大臣）劝告的形式来分配各企业的配额，但即使采取无论公正交易委员会的态度如何都只能服从劝告的形式，也不能免于垄
172 断禁止法的适用。如果无论怎样都不构成违反垄断禁止法行为的话，那不得不怀疑这种不能带来‘石油业’法预期状态的立法真的能被接受吗?”，并进一步指出，第 4 条规定了关于石油炼制业的许可，第 7 条规定了关于特定设备的新设、增设、改造的许可，第 8 条规定了业务转让、受让、合并的认可等，“如果考虑到由于拥有认可权，对石油业界就具有强有力的话语权的话，依据供给计划来制定企业业务计划的这种制度，就成为有关生产、销售、采购数量等的配额，（第 15 条）规定的标准销售价格设定，就是一种价格指示的形式，极有可能成为事实上实行统制的抓手”[112]。今村教授指出：石油炼制业许可（第 4 条）的许可标准（第 6 条第 1 款）实际上是以限制供给为目的的“限制竞争的许可标准”，“该制度有助于防止需要巨大生产设备的石油化工业因大企业进行设备投资的竞合导致企业滥设而陷于生产过剩。从而，该制度是以保护大资本利益为目的的竞争政策的产物，站在一般消费者立场来看，其理由的合理性是有疑问的。但是从宪法论来说，又很难主张它已超出了政府的政策裁量权”[113]。该法与其说是保护大资本的，倒不如说更

111 青木，吉池．“石油政策的演变及今后的课题——以石油业法为中心（之一）”．日本开发银行调查月报．19（8）：91，107；田中直毅．“产业政策的重新评估与行政改革——从石油业法看行政介入的逻辑与成果”．经济评论，1980，29（11）：28.

112 正田彬．“经济立法的动向”．法律时报，1962，34（7）：15－16.

113 今村成和．“《经营自由》的公权规制——经济活动与行政介入”．Jurist 月刊，1979（460）：45.

倾向于保护弱小民族系企业。但是从石油炼制业及设备的许可要件来看，显然它是以调节供求为目的的。根岸教授指出，①“根据以往的实证研究，石 173
油炼制行业中的规模经济性的大小也不过就是完全可以与自由竞争并存的程度”；②“为防止‘过度竞争’而设置的第 7 条规定的设备配额反倒会产生‘供给过剩’的逆效果”，因为“下一期的设备配额是以当期的生产业绩及产能为基准来确定的……因此，为了将来能取得有利的配额会强行进行设备投资，会产生生产设备过剩的倾向”。而且，“设备配额是依据‘预期’的需求来确定的，因此，设备配额是买方的一种有保障的权利……为了获得（这种权利），设备投资计划的申请会蜂拥而至，这会产生潜在的过剩产能”。因此，难以认可准入规制的正当合理性[114]。

（2）石油业法运作上的问题

① 石油业法除了以“稳定且廉价的供给”为目的外，还可理解为是中立性的规制法。但是，该法的运作却带有极为浓厚的政策色彩。最具代表性的是 1963 年 5 月石油审议会小委员会规定的特定设备许可基准。依据一般标准“对石油政策的配合程度”，特殊原油可能得到更多的关照，在运作基准上，为培育和强化现有的民族系企业以确保石油业的自主性为目的，提出要“培育中小企业”，还将优先照顾石化企业等联营关系纳入运作标准。在这样的运作方针下，民族系的中小石油公司以及联合炼油企业就能得到炼制设备配额的重点配置（与外资系企业及出光公司相比，这些企业往往不具有相应的销售能力），因此导致“产销失衡”，成为石油产品销售过度竞争的 174
原因之一。

② 石油供给计划与实绩之间存在缺口。特别是以 1973 年的石油危机为界，供给计划的最终年度预期原油处理量与实际原油处理之间极端背离。依据过剩的供给计划来给予设备许可，导致设备过剩。有人指出，石油危机前“以设备许可为主体而备受关注的供给计划，在那以后，关心的重点转移到了当年的供求关系上了”[115]。这是因为日本总体上炼油设备都处于饱和状态，为取得 3 大中间产品（煤油、轻油、挥发油）的二次炼制设备另当别论外，

114　根岸哲.《规制产业的经济法研究第 I 卷》. 成文堂，1984：234.

115　通商产业省资源能源厅石油部监修.《石油产业的现状（第五版修订）》. 石油通信社，1988：427.

特定设备许可制度事实上处于休眠状态。

③ 石油产品价格体系的扭曲。石油业法第15条规定的“基准价格”的设定，总共才有2次，1962年11月与1975年12月。石油危机以后，政策性地将煤油的（批发）成交价格压得很低，其结果导致“煤油低价、汽油高价”扭曲的价格体系[116]。

（3）石油业法与垄断禁止法

① 2000年法律修订前的垄断禁止法第21条规定，“天然具有垄断性质的业务”的“业务固有的行为”作为适用除外，但（正如3.4.3节中根岸氏所指出的那样）石油炼制业不属于自然垄断。石油业法最初就未设置垄断禁止法适用除外的规定。

② 因此，对于石油业法未设置垄断禁止法适用除外的规定如何解读就成为争论的焦点。当时是众口一词主张自由化的时代，如以垄断禁止法适用
175 除外的形式将石油业法提交国会审议的话，有可能会被认为统制色彩太浓而成为废案。出于此种考虑，所以删除了垄断禁止法适用除外的规定。对于依据石油供给计划进行供求调节，立法当时的通产大臣佐藤荣作在国会答辩中说明，供给计划的实施由“石油业界的自主调节”来实现[117]。另外，大臣在众议院商工委员会的答辩中又指出，与第15条关于遵守基准价格的规定相关联，当基准价格未能被遵守时，将进行行政指导，如果卡特尔行为是必要的话，则可适用违法性阻却。因此，松下教授认为“如不采取共同行为，政府制定的供给计划的实现就可能得不到保证，或者说不能完全实现……其关联性如能得到证实的话……可以说卡特尔行为实质上是以石油业法为依据的行为”。进而又指出，若不按照通常的理解，而是将垄断禁止法的法律目的理解为“公共利益”的话，“为实现石油业法的目的所必要的行为是符合公共利益的”，“法律上虽没有预设可从事卡特尔行为，但在进行生产调整时从事了卡特尔行为的话，这是符合石油业法的基本目的的”[118]。但是这种重

116 田中直毅．产业政策的重新评估与行政改革——从石油业法看行政介入的逻辑与成果．经济评论，1980，29（11）：39－40.

117 森山已季雄．石油业界与《自主调整》．石油文化，1978，26（6）：19－20.

118 川越宪治，松下满雄．对话：围绕石油卡特尔东京高等法院的判决．Jurist月刊，1980（729）：17.

视制定过程的观点在学术界未必能得到多数的支持。

③ 石油非法卡特尔刑事案件

这是一起以公正交易委员会的告发为契机，以第一次石油危机前后的生产调整与价格协定违反垄断禁止法为由提起的诉讼。

生产调整事件是指对石油联盟将 1972 年度下半年和 1973 年度上半年的一般内需用原油处理量分配给各家公司的行为适用罚则（垄断禁止法第 8 条第 1 款、第 89 条第 2 款第 2 项、第 95 条第 1 款第 1 项）的案件。东京高院判昭和 55 年 9 月 26 日判例时报 983 号第 22 页（一审判决），不予认可本案件中的生产调整是石油联盟全面遵照通产省的意向，作为其代行者或专业人士所进行的供给计划实施，即使总体上石油联盟是在通产省的容许下从事的 176
行为，但基本上是按自己的判断来决定其内容、方法，然后再让通产省认可的形式来推进的，自主判断的背后存在着维持或提高市场价格的目的，不存在违法性阻却的事由。但是，由于存在石油业法在立法当时就有生产调整的规定以及通产省对此的积极政策、公正交易委员会对以往的生产调整从未采取过任何措施等情节，以被告人不存在故意行为为由判决无罪。

价格协定事件是指对 12 家石油批发商在 1973 年多达 5 次共同确定各种石油产品的涨价幅度和涨价时间，同时一起涨价的行为适用罚则（垄断禁止法第 2 条第 6 款、第 3 条、第 89 条第 1 款第 1 项、第 95 条第 1 款第 1 项）的案件。东京高院判昭和 55 年 9 月 26 日判字第 985 号第 3 页认为，上述 5 次涨价，是主动性的图谋涨价，并就涨价内容达成了一致，通产省相关官员是在事后才知晓上述合意内容的，不认可其足以影响对存在共同行为的认定，而且也不存在如无本件行为企业就难以维持生存、甚至会给日本石油产品稳定且廉价的供给的确保造成明显障碍的事由，故对全体被告（12 家公司及高管）下达了有罪判决（暂缓执行）。后最高法院判昭和 59 年 2 月 24 日判例时报 1108 号第 3 页判定，除之后被吸收合并了的 K 公司以及公司自身不能单方面定价的 T 公司及高管外，驳回上诉，判定有罪。值得关注的是，对于依照行政指导所从事的行为是否构成垄断禁止法上的违法性阻却事由，上诉法院在审判中确立了一个一般性的命题：“即使是石油业法里没有直接依据的价格行政指导……只要不与垄断禁止法的终极目标有实质性抵触的就没有理由认定其应属违法”。但是，关于本案件，判决书中判定，“被告人等，不仅就业界提出的各种不同石油产品涨价幅度上限的提案达成了合意，而且还以上述提案得到了通产省的同意为前提，从一定日期开始至上述（通产省）同意的期限到期日为止各家公司同时提高价格事宜达成了合意，对此不能评价为依照行政指导且配合行政指导所从事的行为”。另外，关于“相互约束性”要
177 件，判定在协定签订时就已经形成了事实上相互约束的结果，关于“既遂时点”，判定在协定签订时就已经达到了“既遂”。

对于上述判决，特别是“垄断禁止法上关于行政指导的评价”的问题，在本书中不再更多深入论及。

④ 煤油审判案（民事案件）

生产协同组合的成员，就石油危机前后因石油联盟的生产调整与 12 家经销商的价格协定而不得不高价购入煤油一事，以石油联盟及 12 家经销商为被告，依据民法第 709 条提出了损害赔偿要求，即“鹤岗煤油审判案”。据一审法院山形地方法院山形支部昭和 56（1981）年 3 月 31 日判第 997 号第 18 页的判决，垄断禁止法第 25 条的规定暂且不论，本诉讼案合法，生产调整及价格协定与零售价格的上涨及以此为前提的损害之间不存在因果关
178 系。二审法院仙台高院秋田支部判昭和 60 年 3 月 26 日判例时报 1147 号第 19 页，肯定了与价格协定的部分内容之间存在因果关系，并认可了上诉的部分诉求。最高法院平成元年 12 月 8 日判时第 1340 号第 3 页，就劝告审结是否确定违法行为存在的问题，认为“仅依据存在劝告审结这一事实，就推论该审结书中所记载的违反垄断禁止法行为的存在，这是不允许的”，损害金额由实际购入价格与预期购入价格间的差额构成，举证责任在原告，关于预期购入价格的推算，“虽然按（事件发生前的）价格去推算预期购买价格是可以的……但如果经济等因素发生明显变动时……缺乏实际推算生效的前提”，因此，判定原判决以（事件发生前的）价格去推定预期购入价格是违法的。

179 顺便再看一下“东京煤油审判”，即购买煤油的消费者依据垄断禁止法第 25 条，以（未提出劝告审结撤销诉讼的）6 家经销商为被告提起的诉讼案，东京高等法院判昭和 56（1981）年 7 月 17 日判例时报第 1005 号第 32 页，认定涨价是依据 1973 年 8 月的价格协定来实施的，但考虑到通产省设定了指导性上限价格，故不能断定预期的经销成交价格或预期的零售价格低

于现实的经销成交价格或现实的零售价格，驳回了请求。作为上诉法庭的最高法院判决昭和 62 年（1987）7 月 2 日民集第 41 卷第 5 号第 785 页，认为“即便说可以成为有关以审结的存在推定违法行为存在的一种资料，但不得以此约束法院”，“作为被害者的消费者应承担主张举证的责任”，“不能说如果不实施协定，就能形成比现实的零售价格更便宜的零售价格”，因此作出了支持原判的判决。另外还判决公正交易委员会依据法律第 84 条第 1 款的意见仅作为“一种参考资料”。

3. 石油规制的变迁

1）石油相关法律

（1）《石油供求适正法》

1973 年石油危机时，石油业法规定的石油供给计划的变更（法律第 3 条第 4 款）、石油产品生产计划的变更劝告（第 10 条第 2 款）、石油销售价格基准金额的设定（第 15 条第 1 款）等，对于应对危机来说是不充分的。因此，除了通过行政指导实行消费节减来应对外，作为危机应对措施，制定了《石油供求适正化法》（昭和 48 年法律第 122 号，以下简称“适化法”）和《国民生活安定紧急措置 180
法》（昭和 48 年法律第 121 号），即所谓“石油二法”。下面就适化法上的一些法律问题作一简述。

① 依据适化法第 7 条实行的石油消费规制与行政指导有何不同？前者是以内阁总理大臣的对策实施公告（第 4 条第 1 款，所谓非常状态宣言）为前提的，因此不仅心理效果不同，还设置了对违反者实施“通报”的制裁措施（第 7 181
条第 4 款），而且还可与该法的其他规定组合运用，如未能取得满意效果时，还可平稳地转而实行第 12 条规定的配额制或配给制。

② 适化法第 12 条规定，可以根据政令的规定，实行石油配额制或配给制。在法理上，对于该条款是否超越了委任立法的边界成为争议的焦点。第一，如果考虑到实施的实体性要件虽然抽象但仍属法定，只是将实施的程序（手续）委托政令的话，应属合宪、合法。第二，因后续的石油储备法缺乏有关储备提取的规定，因此该法的措施与石油储备提取在时间、数量上的相互关系不明确。第三，关于石油配额、配给制的实施，该法第 4 条规定的“对策实施公告”启动要件，只考虑了日本国内市场，而没有就与 OECD、IEA 的紧急石油融通计划的联动关系预先作出规定，在国际合作方面存在问

题。第四，有关实施石油配额、配给制的政令至今还未制定。从平常体制转向统制之路，恐怕只有取得国民的赞同与理解，才能有效地发挥作用。

182 ③ 适化法上的各项措施，“除 12 条外，这些规制的实施手段都较为软弱，因此实际上还要依赖于业界方面的合作与决定，仅就这一点而言，不得不考虑与垄断禁止法的协调”[119]。1973 年 11 月 30 日，通产省与公正交易委员会交换了“备忘录”。依据该备忘录，“（确认）关于（石油二法）的实施，在石油供需两界，企业或企业团体依据通商产业大臣或主管大臣的指示或监督所从事的……行为，不得与有关禁止私人垄断及确保公正交易的法律规定相抵触”[120]。对于该备忘录，有人提出批评，认为对于是否属于依据政府的指示或监督而为能做到具体明确的区分吗，是不是应当明确规定垄断禁止法适用除外，等等。经济法学者一般都对石油二法持批评态度，认为它是形成卡特尔的温床，会导致无视垄断禁止法，特别是对行政指导的担忧、在正常的市场上应实行价格统制，等等，提出了各种批评[121]。这可能主要是因为对紧急状态或非常时期认识上的差异，即完全听凭市场原理的作用是否妥当（特别是听凭市场原理是否能实现分配上的公平正义）、垄断禁止法在多大程度上有效等问题的认识或评价上的差异。

（2）其他

①《石油储备法》

第二次世界大战前的石油业法规定，石油炼制企业及石油进口企业负有
183 常年储备相当于半年进口量的石油的义务（第 5 条，实施令“昭和 9 年［1934］敕令第 196 号”第 6 条）。第二次世界大战后的石油业法未设置有关储备的规定，所以主要是通过在新设或增设特定设备的许可时（第 7 条），对于能增加储备的给予照顾以及融资等扶持政策来解决储备问题的。1973 年石油危机后，为了落实“90 日储备计划”，1975 年制定了《石油储备法》（昭和 50 年法律第 96 号）。对于不同于民间储备的国家储备则渐渐采取了重视成本的政策。在国

119　松下满雄.《经济法概说》. 东京大学出版会，1986：284；松下满雄.《垄断禁止法与经济统制》. 有斐阁，1976：26－27.

120　松下满雄.《经济法概说》. 东京大学出版会，1986：27－28.

121　大原荣一. 围绕物价管制令的法律问题. 法律广场，1974，27（2）：49；根岸哲. 能源危机管理法制. 法令解说资料总览，1980（16）：168；正田彬等. 物价管制发挥的法律作用. 法律广场，1974，27（2）：11.

家储备与民间储备的责任分担方面，1987 年以后，OECD（经济合作与发展组织）、IEA（国际能源署）设定了在危机时由国家储备投放，非重大危机时则灵活应用民间储备来应对的方案，国家储备水平调整为 IEA 规定的义务储备量，即相当于 90 天的量，民间义务储备量减少为相当于 70 天的量。

②《挥发油销售业法》

除石油业法第 13 条规定的销售业备案制外，还依据《挥发油销售业法》（昭和 51 年［1976］法律第 88 号）另行规定对加油站业务实行登记制（该法还设置了第 13 条的质量确保规定、第 19 条的关于价格劝告的规定）。虽说是登记制，但在指定地区（竞争激烈的地区），依据不予登记条款（第 6 条第 2、5 款）的规定，（设备陈旧经营低效的除外）市场准入事实上几乎是被冻结的。

③《特定石油产品进口暂定措置法》 184

石油业法第 12 条对进口业务实施备案制。对于石油产品的进口，为确保消费地炼制原则的落实，在实务中曾禁止市场准入（先是对石脑油，后是挥发油、煤油），但依据新制定的《特定石油产品进口暂定措置法》（昭和 60 年［1986］法律第 95 号），经登记的企业可以从事所限定的 3 种轻质产品（挥发油、煤油、轻油）的进口业务。由于该法规定将石油炼制设备、质量调整设备、储备设备等作为登记要件，因此现实中成功进入该市场者几乎没有。

2）石油相关法律及行政指导的变迁

过去，通产省（现经济产业省）一直是通过石油业法及石油相关法律上的许可、认可及综合性行政指导等措施的交替使用，持续地对石油产业进行干预的。实质性的放松规制起始于 1987 年 6 月石油审议会石油产业基本问题研究会的答询，在答询中提出了国家将按一定的时间表放松对平常时期的石油生产、销售活动干预的行动计划。据此，通产省推出了一系列放松规制的措施，如放松对煤油价格的控制政策、废止汽油生产数量上限（PQ），放宽加油站点设立规制等。细川政权以后，要求废止“特石法”的呼声受到特别关注，依据《关于确保石油产品稳定有效供给完善相关法律的法律》（平成 7 年［1995］法律第 76 号），将挥发油销售业法改名为《关于确保挥发油等品质的法律》（以下简称“品质确保法”），特石法被废止（表 3-1）。进而，为了将行政对石油的干预限定在非常时期，含有废除石油业法等内容的法案被提交国会讨论并通过（平成 13 年［2001］法律第 55 号第 1 条）（表 3-2）。

185 **表 3－1　石油相关规制及放松规制的变迁**

年度	阶段	平常时期	紧急状态时
1960		1962 年 7 月，为应对原油进口自由化，作为石油产业基本法的石油业法制定	
1965			1973 年 12 月 制定了 2 部紧急时期法律 国民生活安定紧急措置法 石油供求适正化法 根据石油危机的经验制定
1975		1976 年 4 月，基于确保石油稳定供给的考虑，制定石油储备法	
1985		1977 年 5 月，挥发油销售业法 全面强化汽油等的稳定供给及质量管理为目的制定	
		1986 年 1 月，特定石油产品进口暂定措置法（特石法） 基于在一定秩序下促进汽油、煤油、轻油等的进口的考虑制定	
	第一阶段的规制放松	1987 年 7 月，二次炼油设备许可弹性化	
		1989 年 3 月汽油生产限额（PQ）指导废除	
		1989 年 10 月煤油库存指导废止	
1990		1990 年 3 月加油站建设指导和过户规则废除	
		1991 年 9 月一次炼油设备许可运作的弹性化	
		1992 年 3 月原油处理限额指导废除	
		1993 年 3 月重油关税配额制度（TQ）废除	
1996		1996 年 3 月特石法废除（石油产品进口自由化）	
	第二阶段的规制放松	1996 年 4 月确保品质法（挥发油销售业法修订）	
		① 强制规格、SQ 质量标准标志制度导入 ② 地区指定制度废除	
		1996 年 4 月石油储备法修订	
		1997 年 7 月石油产品出口核准制度修改	
		1997 年 12 月加油站供应商证明制度废除	
		1998 年 4 月人工加油方式的自助式加油站解禁	

注：出自石油联盟《今日的石油产业》第 30 页（2001 年 4 月）。

表 3－2　伴随石油事业法废除的制度改革概要 186

制度改革的目的

① 通过有效运用市场原理，力求对日本的石油稳定供给承担重要作用的石油产业的更高效率，废除石油业法，并取消石油产业（炼油业、炼油设备的许可制、石油产品生产计划的备案制等）的供求调节规制

② 通过修订石油储备法，强化石油储备制度，以强化紧急状态时的应对基础

③ 在石油产业全球化背景下，须更有效且更切实地确保原油的自主开发，因此修订石油公团法，对石油公团的出资业务，已发现的油田的资产收购等给予支持

石油相关法制的新框架

平常时期

石油业法	关于确保石油储备等的法律
事业主体的事前规制、掌握	为确保石油储备的体制完善

- 石油炼制业许可制———→备案制
- 石油炼制设备许可制———→废除
- 石油进口业备案制———→登记制
- 石油产品销售业备案制———→备案制

掌握石油相关信息

- 石油供给计划制定———→废除
- 石油生产计划备案制———→废除
- 石油进口计划备案制———→废除
- 石油销售量备案制———→定期报告必要的供求信息（报告生产量、销售量、进口量等实绩）

生产计划变更劝告

价格干预（基准价格等）

石油储备法

确保石油储备 ——→ 确保石油储备

- 民间储备（石油、液化石油气）———→维持
- 国家储备（石油、液化石油气）———→维持

准紧急状态时

石油储备投放等 ——→ 石油储备的投放等

- 降低民间储备的基准储备量———→维持

（新）石油炼制业者等的预定生产数量等的报告，新增劝告、公布等规定

紧急状态时

（新）命令石油公团投放石油储备

石油供求适正化法（无变更）
国民生活安定紧急措置法（无变更）

注：1. 除上述内容以外，还通过石油公团法的修订，在石油公团的经营范围中追加了对已发现油田的资产收购业务，伴随石油业法修订的制度改革，预计在 2001 年中进行。
2. 本表中未反映石油公团取消的问题。

4. 小结

之所以想起对石油业法的各种批评，是因为在立法过程中，该法是不应该作为恒久法曾一度成为争论的焦点，部分产业界人士主张应将其作为
187 应对自由化的过渡性、暂时性的立法，而通产省则认为立法是起因于石油业界的结构性问题，因此主张将其作为恒久法。作为双方妥协的产物，在附则第 4 条中增加了复议条款：“政府将根据国内外石油行情及其他经济形势的变化，本着放宽或废除的目的（注：下横线为笔者所加），对该法的规定加以研究，依据研究结果采取必要的措施”。但国会在修改时，将带有下横线的关键部分给删除了。在立法当时，随着贸易自由化的推进，国际石油资本的动向很难百分之百地准确预测，因此，从保障石油市场经济安全的观点来看，并非完全没有理由，通过石油业法来进行规制还是有一定合理性的。由于石油业法自身体系的问题，也可能是包括行政指导在内的法律运作上（部分规定实际上处于休眠状态）的问题，该法的确存在有待探讨的余地，但若要将其作为恒久法，则无论是在法理上还是在实务上都可能会招致批评[122]。

石油业法制定当时，还有一种反对论认为，规制可能还会以此为发端波及其他产业。但从结果来看，只是对一些衰退产业采取了一些结构改革的立法措施，以钢铁业为例，曾多次有制定行业法的动向但都未能实现。在对产业活动或国民生活不可或缺的商品或物资中，之所以对石油采取了严厉的规制措施，大概是因为它是关系到日本生命线的“能源”吧。

3.4.3 电力和燃气两行业

电力、燃气两行业一直被认为是属于“自然垄断”行业的代表（原垄断禁止法第 21 条），但翻开历史，企业之间也曾经历过激烈竞争的时期，对于输电线路、燃气管道等甚至不惜重复投资，在电力业法（昭和 39 年法律第 170 号。以下在引用条文时简称“电力”），燃气业法（昭和 29 年法律第 51 号，以下在引用条文
188 时简称“燃气”）的供需调节条款下，守住了“供给区域垄断”。第二次世界

122 藤原淳一郎. 经济的自由权——经营自由. 公法研究，1997（59）：279.

大战期间，电力被整合为日本发送电股份有限公司与 9 家配电公司，经 1951 年的电力重组，诞生了北海道、东北、东京、北陆、中部、关西、中国、四国、九州等 9 家民营电力公司，加上回归本土后的冲绳电力共 10 家（即行业法上所称的一般电力企业，以下简称电力公司）实行发送配电“垂直一体化”型的流水线经营。但也不能忽视用于产业、民生需求的热电联供等自发电的重要性，而且还有依据旧《电源开发促进法》（昭和 27 年法律第 283 号）设立的电源开发股份有限公司、日本原子能发电、公营水利发电等电力批发企业的存在。像大规模水力发电厂及核电厂那样，在重组后的供给区域以外设立发电厂的情况并不罕见，可见电力业尤其是发电部门并非完全与竞争无缘。

城市燃气（即行业法所称的一般燃气企业，以下简称“燃气公司”）是立足于当地发展起来的，且第二次世界大战期间未曾经历大规模的企业整合，因此，包括制造、输送、供气等“垂直一体化”经营的大企业及公营企业在内，企业数量超过 240 家。即使仅从气体能源来看，也是与简易燃气业（取得燃气业法规定的经营许可、对 70 户以上的用户通过配管提供 LPG 服务的）及 LPG 钢瓶销售（依据关于液化石油气的安全确保及交易适正化的法律，实行登记制）之间处于竞争关系。此外，在供暖供冷、供热水、动力利用等方面，还存在与石油、电力等能源之间的竞争，其激烈程度还在不断加剧。近期，放松规制的潮流也正渐渐波及电力和燃气两大行业。

1. 电力和燃气两行业放松规制的过程

（1）电力市场自由化的过程

第一阶段：电力公司对阵分散型电源的结构。1987 年，通产省接受（笔者也曾参与的）热电联供问题研究委员会报告的建议，将电力公司以外者通
过设置热电联供设施对“同一建筑物”供电作为电力业法第 17 条规定的 189
“特定供给”予以许可。在理论上可以将此举理解为解禁“直接供给”的第一步，但更多的是出于节能的考虑，带有浓厚的决策色彩。此后，1992 年，电力业审议会电力基本问题研究分会否决了以分散性电源等方式扩大直接供给的设想，只支持电力公司自主从分散性电源处收购（剩余）电力的“收购价目表”方式。舟田教授对此并不满足，认为应再前进一步，主张创设

“新能源企业”范畴，通过新能源企业来实现直接供给的扩大[123]。

第二阶段：非电力公司系发电企业（独立发电企业 NUG 或 IPP）对阵电力公司的结构。“纠正内外价格差”为该阶段的主要目标，为了推行以下措施，① 对部分新增电源采用竞标方式（与此相关的是批发企业的范围缩小及“批发供给企业”概念的创设）；② 为参与投标，可借助电力公司的送配电线网进行“批发托送”（代替托送供给）；③ 创设特定电力业务（表 3-3）等，1995 年对电力业法进行了部分修订（平成 7 年法律第 75 号）。

190 **表 3-3　电力部分自由化下的行业规制**

	企业设立	对用户的供给义务	供给条件干预	供给计划	协调供给命令	会计规制	土地使用
一般电力业者	第 3 条许可	第 18 条第 1 款 第 19 条之 2	第 19 条认可/备案	第 29 条备案	第 28 条 第 31 条	第 34 条	第 58 条
电力批发业者	第 3 条许可	第 18 条第 4 款	第 22 条备案	第 29 条备案	第 28 条 第 31 条	第 34 条	第 58 条
批发供给业者	×	×	第 22 条备案	×	第 28 条产能有效利用	×	×
特定电力业者	第 3 条许可	第 18 条第 3 款	第 24 条备案	×	第 28 条 第 31 条	第 34 条	第 58 条
特定规模电力业者	第 16 条之 2 许可	×	×	×	第 28 条 第 31 条	×	×
特定供给者	第 3 条许可	×	×	×	×	×	×

注：[×] 表示不存在该项规制。　　　　制作：笔者　2002 年

第三阶段：1999 年，为实行电力零售（直接供给）部分自由化，① 创设向大宗用户提供零售的“特定规模电力业”（表 3-3）；② 制定托送规则（除代替托送供给外，还增加了联网托送供给）；③ 以尊重企业经营自主权为主的相关内容（小规模用户电价下降、选择合约备案制、废除兼业规制等），对电力业法进行了修订（平成 11 年法律第 50 号）。为完善竞争环境，还制

123　舟田正之. 关于公共企业的法制度论序说（2）——关于热电联供的法制度. 立教法学，1994（39）：197.

定了《关于电力交易合理化指针》《有关电力交易争议处理指南》《电价信息公开指南》等 3 部指南。根岸哲、古城诚、白石忠志等数名法律学者都作为委员参加了关于电力交易合理化指南的制定。

（2）燃气市场自由化的过程 191

第一阶段，1994 年，经（笔者也参加了）综合能源调查会燃气政策分会的答询，为实现对大宗用户（属省令事项，当时的标准为年 200 万立方米以上）燃气供给的自由化，① 创设大宗燃气企业概念；② 对燃气业法进行了修订，主要内容为燃气公司在进行大宗供给时应在财务上将大宗用户与小规模用户分开。

第二阶段，1999 年，经（笔者也参加了）综合能源调查会城市热能分会的答询，大宗供给自由化的范围扩大至年度 100 万立方米以上；在此前提下 ① 制定了托送规则（联网托送供给）；② 以尊重企业经营自主权（小规模用户燃气价格下降、对选择合约实行备案制、废除兼业规制等）为主要内容，对燃气业法进行了修订（平成 11 年法律第 50 号）。制定了《关于燃气交易合理化指南》（参与制定的成员几乎与《关于电力交易合理化指针》的成员完全相同），此外，还在 2000 年 11 月 20 日举行的城市热能分会上（笔者也参加了）就“关于联网托送供给费用的会计方法”“信息公开指南”等细则作了答询。

2. 电力和燃气实现部分自由化后的主要争论点

1）垄断禁止法适用除外规定的废止

2000 年，规定电力、燃气等行业垄断禁止法适用除外的垄断禁止法第 21 条被废止（平成 12 年法律第 76 号）。该条特别对于“垄断状态”（垄断禁止法第 2 条第 7 款）的适用除外及“私人垄断”（垄断禁止法第 2 条第 5 款）的适用除外这两 192
者具有意义。电力和燃气两个市场均实现了对大宗用户（2000 年时约占用户总数的 30%）供给的自由化，对剩下用户的供给则保留了电力和燃气两部行业法规定的市场准入规制（在实际运作中即为供给区域垄断）、以保护消费者为目的的供给义务、价格规制等。受规制的零售市场，由于市场被多达 10 家的电力公司、超过 200 家的燃气公司所分割，距所谓“垄断状态”（垄断禁止法第 2 条第 7 款）还相去甚远。另外，只要两部行业法上允许受规制的零售市场垄断，在供给区域内的尚未实现自由化的规制零售市场上，就很难想象会出现属“私人垄断”的禁止行为。

1951年起步的“9电力体制”的支柱，是各公司供给区域内的价格基准竞争以及因广域运营进行的协调。“电力企业间相互协调”（《电力业法》第28条）的规定及作为广域运营基础的“供给计划”（电力业法第28条）的规定被纳入电力业法。1999年电力业法修订时，该两条款凭借垄断禁止法第21条，只是针对电力企业外延的扩大等因素，仅作了些文字上的修改（表3-3），但在垄断禁止法第21条已被废止的今天，企业之间的相互协调行为（电力业法第28条）及供给计划的变更劝告（第29条）等就隐含着与垄断禁止法相抵触的可能性。

2）完善竞争条件——网络接入问题

在发电竞标制、电力和燃气零售自由化的背景下，通常，新的市场进入者若完全都要靠自己来建设送变配电、输气管道等硬件网络，在时间上、经
193 济上都不利。因此，新的市场进入者借助电力公司或燃气公司的网络来输送电力或燃气（托送）就成为重要的论题。虽然只是部分性的，但这也意味着由于电力公司或燃气公司的网络向第三方开放，形成了“基础设施与运营者的分离”。新进入者与电力公司或燃气公司就托送问题进行的交涉破裂时，甚至无须援用“不可或缺设施”论，以“不正当限制交易”为由，运用垄断禁止法就能应对。

随发电竞标制的实行产生了批发托送业务，行业法设置了有关批发托送的规定（《电力业法》第24条之2），而随着零售的自由化则产生了零售托送业务，行业法又相应地设置了有关零售托送（电力法第24条之4、燃气法第22条之2）的规定。对于零售托送，规定了联网供给合约备案制（电力法、燃气法均为第1款，第3款是合约变更命令）和联网供给命令（同条第5款），此外还规定了联网供给合约收费计算规则（电力，平成11年通产省令第106号、燃气业亦是同样的省令）。希望通过行业法上的这些规制，起到预防因托送产生争议的效果。但尽管如此，还是没能完全消除对托送的不满。

（1）对“托送费（联网供给费）太贵”的不满

194 从行业法上的规制来看，对规制用户的供给合约实行的是“成本原则”（电力业法第19条第2款第1项、燃气业法第17条第2款第1项），但对于联网供给合约中的收费是否实行成本原则，法律并没有明确规定。前述电力联网供给合约收费计算规则采用的是附加条件的（即以高效经营为前提的）“成本原则”（规

则第 3 条第 1 款）。对于新进入者来说，毫无疑问，托送费当然是越低越有好。但对于电力、燃气公司而言，要求能保证收回投入网络建设的资本也是有一定合理性的（如果不是那样的话，别说新网络的建设，连维修改造等维护都可能会成问题）。是否会存在下面这种情况，即呈报大臣备案的合约上的托送费，即便是参照上述计算标准来计算的，但仍“超过联网供给的费用”，有可能使得新进入者“明显的难以接受联网供给”（电力业法第 24 条之 2 第 3 款第 2 项，燃气业法第 22 条之 2 第 3 款第 2 项）而成为合约变更命令的对象，则成为一个争论点[124]。事实上未曾听说过有发布变更命令的先例。2001 年 3 月，经济产业省公布的“关于电力交易咨询·争议处理案例集”（以下简称《咨询争议处理案例》）里，至多也就是收录了一些关于托送费计算根据的咨询、要求实行长 195
期打折、要求设法对数家用户捆绑托送等案例。

2000 年 12 月 12 日，行政改革推进本部规制改革委员会的“关于规制改革的见解”（以下简称“改革委见解”）对“事故时的补给用电（即事故时备用电，电力业法第 24 条之 4 第 1 款括号内的后段）收费”的合理性提出了异议。事故时的备用电，是设想出现事故时难以从他处获得供给的情况才纳入规定的，当确定能够以有利的条件从他处购得事故备用电时，就不应该强制性地捆绑销售[125]。2001 年 11 月，公正交易委员会就电力公司对新进入者未使用事故备用电的月份仍按（事故时）30%征收基本费的问题，对资源能源厅表明了他们的观点，认为虽然收费结构、收费水平具有合理性，但不应是单一的收费价目表，而应该是能够反映市场准入实绩的、多样化的收费价目表。

（2）可利用网络的信息公开

改革委意见认为，因电力公司不同，调查可利用的网络需要花费时间，加上电力周波数的差异（东日本是 50 Hz，西日本是 60 Hz），使用周波数变换装置的申请被拒绝等，因此，要求提高可利用网络信息的透明度。关于前者，电信业法规定的指定电信设备联网合约里规定了标准处理时间，可作为参考。关于后者，咨询争议处理案例中规定，“尽管没有合理的理由，仍然 196
限定供给电力须达到一定规模以上的企业……将成为变更命令或托送命令的

124　资源能源厅公用事业部编.《电力结构改革——修订版电力业法及指南的解说》. 通商产业调查部出版会，2000：179.

125　岸井大太郎. 电力改革与垄断禁止法. 公用事业研究，2000，52（2）：26－27.

对象”。

（3）确保网络运营者的中立性

电力网络目前是10家公司通过各自的供电指令（加中电协）来进行系统运营的。按照交易合理化指南，目前已采取了实现自由化的销售部门与系统运用部门实行信息隔离、两部门须物理性隔绝、禁止人事交流等措施。虽然新进入者仍有不满，但尚未听说有发生争议的或问题的事例[126]。

（4）接入对象的燃气管网

对于是否应将可接入对象的燃气管网扩大至① 燃气公司以外的电力公司及国产天然气企业等拥有的燃气管道、② 燃气公司及电力公司拥有的LNG基站成为争论的话题。关于前者的燃气管道，虽然是燃气公司以外者，但如果同时经营大宗燃气业务（燃气业法第2条第7款）和批发供给业务时，或者是利用公用事业特权铺设的，要求其开放具有一定的合理性，但如果完全属自用的输气管道，要求其对外开放，法律上有什么理由和依据，还需要研究。

关于后者的LNG基站，即使是电力公司、燃气公司以外的企业，要建设基站相对也比较容易（因此不属于所谓的“关键必要设施”），与燃气管道不同，这是一个新的范畴，属制造设备开放，而且还涉及管网所有者的财产权关系，因此不要贸然作为义务要求其开放，当前可先考虑由基站所有者从资产有效利用的角度实行自主开放，不断积累这方面的实例[127]。

3）部分供给与日常备用

197 新进入（特定规模电力业务）者的电力供给，可分三种类型：“全量供给”、由数家供应者向一个用户提供电力的“部分供给”、新进入者从电力公司处接受部分批发电力进行供给的“日常备用”。

通商产业省（现为经济产业省）在进行大楼电力（非部分供给，而是全量供给）招标时，曾有燃气公司打算利用电力公司的“日常备用电”来弥补不足部分，但由于备用电力的电价过高而不得不放弃投标的事例[128]。

---

126 岸井大太郎. 电力业、城市燃气业中的规制改革与竞争政策. 公正交易，（604）：25－26.

127 藤原淳一郎. LNG基站开放问题的法律思考. 能源论坛，2001－10：96.

128 白石忠志. 垄断禁止法——通产省大楼与卫星数码播放. 法学教室，2000（243）：112.

曾有新进入者投诉中部电力阻碍以“部分供给”方式进入市场，公正交易委员会接到投诉后进行调查的事例。公正交易委员会的调查结论是“不存在垄断禁止法上的问题”，但同时指出，作为部分供给的价目表，不能只有按季节或按时间段的价格目录，希望能给出更多样化的价格目录。同时还归纳出了具有普遍意义的“从垄断禁止法角度对有关电力部分供给的思考”[129]。据说在实务上，通常都是以全量供给或日常备用电方式进入市场，以部分供给方式进入市场的情况几乎不存在。

4）电源筹措方面

“改革委见解”提出了 3 方面的担忧：① 如果有剩余电力的自发电者将剩余电力出售给新进入者，电力公司是否会调高其用电价格？② 为阻碍新进入者采购电源，电力公司会提出“不合理的高价”。③ 通过将剩余电力转移至海外等方法，使得新进入者难以确保电源。这 3 种情况在合理交易指南中均未提到。关于①，如果没有合理的理由，如由于销售剩余电力导致购入电力的负荷与以前不一样等，而是为了制裁其向新进入者售电，提出一些偏离基准价目表的不利条件的话，那就有可能会涉及私人垄断或歧视性定价。至于②，如果是出于不正当地阻碍新进入者购买电力的目的而提出高价的话，则有可能涉嫌私人垄断或构成阻碍竞争者交易（一般指定第 15 条）。关于③，如果是设施废弃，（按电力业法第 9 条）要办理电力设施变更备案；如果是 198
转让，则要办理设备转让备案。对于后者，如果确认“会给办理备案的电力企业正常履行业务造成障碍的”，可命其变更或终止转让，但对于前者的废弃则没有相关变更或终止命令的规定，出于尊重企业经营自主权的宗旨故实施备案制。最近，出现了一些电力公司将沿海地区的火力发电厂废弃，或将发电机分解转让用于海外发电业务的情况，但这些行为构成阻碍竞争者交易的可能性微乎其微。

《咨询争议处理案例》认为，针对自发电设备的新设或增设，收取较高的辅助性服务费，与阻碍市场准入相关，有可能涉嫌私人垄断或歧视性待遇。

129　公正交易委员会. 关于中部电力株式会社涉嫌违反垄断禁止法事件的处理及《从垄断禁止法角度对有关电力部分供给的思考》的发表. 日本经济新闻，2001－11－17（4）.

5）用户招揽

《咨询争议处理案例》认为，电力公司对于因增设设备从而电力需求增加的用户，承诺按基本收费给予特别折扣的优惠，该行为很可能涉嫌私人垄断或歧视性对价。

3. 对电力和燃气业自由化的评价

下面将按不同的自由化指标，分别就本节执笔时的自由化状况作出评价。

在实现了部分自由化后，电力公司及（大型）燃气公司不仅降低了自由化用户的收费，对规制用户也降低了收费。“价格下降”正是本次电力和燃气结构改革所预期的目标，是一种对用户的返利、是基于竞争意识的定价，而不是掠夺性定价、不正当的低价销售，或针对特定用户阻碍竞争的定价，因此，可认为是自由化取得的重大成果。

但自由化指标可以有多个维度：① 实现自由化的用户可自由选择供应商；② 现实中，实现自由化的用户可以变更供应商，即从原来的电力或燃
199 气公司跳槽至新进入者；③ 从另一面看，新进入者不仅能进入市场而且还能获得众多的用户。如对照这些指标，会强烈地感觉到日本还远未实现自由化。假定将上述这些要素作为自由化指标，比如说指标①得以满足，即用户可自由选择供应商，但原有的电力公司或燃气公司仍维持了较高的市场份额时，单凭市场份额恐怕未必能说明自由化成果还不充分。

进入大宗燃气供应市场的，除（本公司供给区域外，还向其他公司的供给区域或空白区域供给的）燃气公司外，正如所预料的那样，（包括计划中的）均限于拥有国产天然气的公司、拥有 LNG 的电力公司、钢铁公司等（除了一家公司单独进入外，还有些是电力公司之间或电力公司与商社等组成的联合企业）。一般来说，燃气公司以外的新进入者获得的用户数肯定不会太多，但对于当地的燃气公司而言，比用户的流失更为棘手的是在销售量或负荷等方面，一些重要客户被夺走。从电力公司等一些新进入者所拥有的燃气数量、输气管道以及新建 LNG 基站的构想等来看，不难想象，今后大宗用户的争夺战将会更加激烈。

在制度上，即便没有自有电源的市场营销机构也可以成为电力市场的新进入者，但据经济产业省 2001 年秋公布的调查，申报从事特定规模电力业

务（《电力业法》第16条之2）的仅为9件；从截至2001年8月末的实际供给业绩来看，在5家电力公司供给区域内的合同电量仅占全部自由化对象用户的约0. 39%。电力市场的新进入者之所以不多、进展缓慢，托送问题固然是原因之一，但主要还是对于新进入者而言电源难以确保。

导致上述这些问题的原因，是因为制度不够彻底？或者是因为在高通货膨胀下的高成本（流通设备费）导致难以形成价格竞争的结构？或者是因 200
为在缺乏丰富能源资源的日本在燃料筹措方面不适合竞争？或者是因为用户相对于价格更重视“信任度”，而现有的电力或燃气公司的品牌力更强？或者是因为现有的电力公司、燃气公司对于进入其他公司的供给区域犹豫不决[130]？显然不是因为某个单一因素所致，但有必要进行深入解析。

3.4.4 结束语——关于自由化今后需研究的课题

以上围绕战后石油、电力、燃气等行业导入竞争的过程、现状进行了论述。最后，拟就正处于现在进行时的电力、燃气两市场在自由化过程中的主要研究课题、研究视角等作一归纳，作为本节的结束语。

1. 讨论的前提

为何要从“自然垄断”转向导入竞争，要进行这样一种质的转变？从产业生命周期来看，电力及燃气市场是否已进入了一个成熟的、可以实行完全竞争、完全自由的阶段？这是一个需要探讨的问题。能够判断的是，在燃气市场上，即使只以输气管道为例，全国性网络还在形成过程中，包括公营燃气企业在内还都处于行业重组期。

从其他各国的情况来看，从供给区域垄断经自由化过程到置身于全面竞争下的电力公司或燃气公司，通常，即使还保留了供给义务作为最后的过渡性手段，但作为补偿，均无须承担相应的供求计划责任。因此，用户既享有选择供应商的自由，当然也就要承担相应的责任，必须甘愿接受电力或燃气 201
供给不足的风险及价格变动的风险。制度失败的代价或后果最终还是要由用户来承担的。关于这一点，只要看一下2001年美国加州的电力危机就很清

130 河原雄三. 令电力公司满意的《零售自由化》讨论. 日经商务，1998-05-25：11；西村阳.《电力改革的构图与战略》. 电力新报社，2000：93-94.

楚。用户将承担严苛的“自我责任”并就此达成充分共识，将成为自由化制度设计时的一个必要条件。

把电力或燃气两市场的完全自由化（即零售100%自由化）当作“世界潮流”或作为“全球化标准”，我们正面临这样的潮流。但这只是过于模式化的概念而已，不应盲目地去追随。至今才百余年历史的电力业，今后，怎样的行业形态、事业规制才是理想的状态？认为存在着可以抽象掉各国的资源、政治、社会、国民性等因素的所谓的普遍规律，只是一种自以为是的想法。① 对电力或燃气最终用户的供给（零售）实现了100%完全自由化的国家，无论是欧洲也好，还是美国的州层面也好，都只是极小一部分；② 从实现100%自由化的年份来看，英国（英格兰和威尔士）是在1998—1999年，在美国作为领头羊的加州电力是在1998年，充其量也就仅十年左右的时间；③ 在实现了100%完全自由化的国家或地区中，很快就发生了加州电力危机，这是必须牢记的。必须看到，与国内拥有丰富石油、天然气、煤炭等化石燃料资源的英美不一样，日本是一个能源资源小国，作为上游部门的能源的确保比什么都重要。此外，当前，日本的输电线路、燃气管道等网络，都不与其他国家相连接，处于锁国状态，这一点上也与可进行电力或燃气进出口的英美不一样。日本的电力和燃气市场的自由化应该达到怎样的目
202 的、怎样的手段才是最合适的？在思考这些问题的时候，必须要结合不同类型的能源在可储存性、可替代性方面的特殊性质，就日本的选择作出冷静的判断。

2. 须进一步研究的课题群

以下的梳理未必很完整，但提出了主要的研究课题。

（1）普遍服务

在电信领域，自电电公社时代就提出了“遍及日本全国”（日本电信电话股份有限公司法第3条）的服务提供义务，在邮政方面提出了“以尽可能廉价的收费，提供普遍的、公平的服务”（邮政法第1条），这些都是倡导所谓“全国区域”版的普遍服务。以消除电力公司间的收费价差为愿望而实行的9电力公司，从其诞生时就开始实施广域运营（电力业法第28至29条），应该可以理解为这是一种确保实现普遍服务的机制。而无论业务规模还是供给区域的规模都参差不齐的200家以上构成的燃气公司，距全国规模的普遍服务的提供还相

去甚远。

将竞争导入市场后，如何来确保普遍服务的问题，首先在电信领域展开了讨论。

如何超越电力和燃气两市场上原来的“供给义务”而确保“普遍服务” 203
问题，今后对于世界各国都是一个需要认真思考的问题。要建立一种面向全国用户提供质量统一、价格差尽可能小的服务体制，应当由谁来承担费用？由谁来提供服务？都是需要认真研究的问题。

（2）竞争条件的完善

关于完善竞争条件的方法须研究的主要论点主要有以下几方面。

① 电力和燃气的组织分离论。1994年，在就大宗供给自由化进行答询的审议会上，当时部分企业界人士提出了大宗供给部门的组织分离说，但有人质疑，认为如果对民营企业强制实行组织分离的话可能涉嫌违宪，结果，只是落实了会计分离。讨论电力自由化时，输电部门的组织分离也成为争论点，但如前所述（3.4.3节），不仅实行了会计分离，还要求信息隔离。与原来是公社后来实行民营化的NTT不一样，当初就是从民营起步的企业，如果是组织的经营者根据自主的经营判断实行组织分离则另当别论，而如果是强制性地要求其分离，（只考虑有利于新进入者的竞争是不够的）如果没有像因违反垄断禁止法而进行公司分拆那样的足够理由，只是以所谓“公共福祉”的强烈要求（或不分离可能产生弊端）为理由的话，只要该理由没有得到充分论证，则违宪的嫌疑很大。如果是无论如何都希望其实行组织分离的话，那就必须设法“软着陆”。

②《改革委见解》中所提示的“某种非对称措施”。《交易合理化指南》 204
不涉及新进入者的行为，仅以电力公司和燃气公司的行为为对象。燃气托送规制，在2000年时，仅以四大公司为对象。另一方面，行业法上的业务规制，对新进入者几乎完全不适用（表3-3）。可见，对电力和燃气公司的规制已经是“非对称的”了，“谁和谁、就哪些方面实行非对称规制”，改革委见解里并未明确。也许正如2001年电信业法部分修订（平成13年法律第62号）时采用的“处于市场支配地位的企业”的表述，考虑要对符合一定要件的电力公司实行某种特殊规制。

这里不由地想起，受2001年11月美国安然公司破产的影响于同年12

月提出破产申请的安然日本公司，在该年 5 月建议的虚拟独立发电企业的方法。这是一种不转移发电设备所有权、只是让电力公司用部分发电设备或发电能力来参与投标的方法。这种方法最先是法国电力公社（EdF）及在美国的得州被采用。这是一个很有意义的创意，但还有很多未解决或不明确之处，如强制性让公司投标与财产权的整合性问题、投标要件等的决定方法与其合理性问题等。

③ 对送变配电、燃气管道等网络不足部分的设备投资问题。在谁都不愿意承担投资风险的情况下，会面临由谁来负担、由谁来进行设备投资等的难题。

（3）规制机关

美国曾多次要求对电信及能源设立独立的规制机构。而日本则解释说，
205 作为省厅内部的不同部门，政策部门与规制部门是分开的。回顾第二次世界大战后，有一段时期曾设立过统辖电力、燃气两行业的“公用事业委员会”。为什么短命而终了呢？正当的统一管理应该也是需要的。

（4）复合型公用事业

由于规制改革，电力和燃气公司都在探索“复合型或综合型能源产业”。不仅有一家企业单独进入其他领域的事例，也有以联合体（共同体）形式进入其他领域的先例，石油、电力、燃气等行业间的壁垒正在逐渐被拆除。但是现实中，燃气公司对电力市场的进入或电力公司对燃气市场的进入(一方要建发电厂、一方要建辅助性输气管道)，在初期投资额及进入的难易度上还是有相当大差异的。在欧美，除能源外，将电信、安保服务、水务、垃圾处理等服务都包含在内的“复合型公用事业”企业并不罕见。对于这样的业务开展，电力方面有电力业法、燃气方面有燃气业法、供热方面有供热业法、水务方面有水道法等，即使是对一个单一企业体，可能会重叠适用多个行业法。与此同时，行业法也好、垄断禁止法也好，是应该还像以前那样，石油归石油、电力归电力、燃气归燃气，继续对能源市场按纵向分割的尺度进行监管的好？还是应该果断地对能源进行横向整合，构成一个统一的“能源市场”？相信该问题提上议事日程的时代不久将会来临。

在欧美，对公用事业进行合并审查的时候，会考虑合并对各行业的影响，例如就有以出售部分部门的股份作为合并条件的事例。但是，行业整合

在竞争政策上未必都是负面的，单纯按各个市场领域分别进行分析是否充分？行业整合的好处应如何判断？反垄断当局对复合型公用事业时代是否已经有了充分的认识并在此基础上来处理？这些未必都很清晰。期待通过反复试错，制定恰当的基准。 206

当下，与此相关联的一个新问题就是电力公司本体对电信市场的进入。电力公司在从事其本来业务时就建有电线杆及通信线路，因此进入电信市场相对比较容易，但另一方面，为了完善与其他电信企业公平竞争的条件，保证电杆利用的公平性，又要求电力业务与电信业务必须在组织、信息、会计等方面实行分开，并禁止其向本体业务中的非自由化顾客提供融合电信业务的服务。

3. 小结

正值经济法及 9 电力体制 50 周年之际，本想大胆地展望一下下一个 50 年的情景，但对未来的预测超过了笔者的使命和能力。随着燃料电池、超导等技术的进步，能源的供给体系、利用体系都极有可能发生重大变革。但在此过程中，至少在 21 世纪中叶之前，挥发油销售所（站），送变配电线网、燃气输气管网等现有的能源基础设施，肯定还将继续发挥一定的作用。

3.5　燃气市场的自由化 207

开题

原出处：“燃气市场的自由化”藤原淳一郎、矢岛正之监修《市场自由化与公用事业——市场自由化横向比较》（白桃书屋，2007）。

本节 3.5.1~3.5.4 部分，将就电力及燃气业，特别是对电力业作重点分析。因此本节将专门讨论燃气业。

本节的开头部分首先就日本燃气业的现状、与先行实行自由化的英美的差异进行了描述，然后按燃气市场自由化的过程及评价、今后须研究的课题、若干有待研究的课题等的顺序加以分析。

作为论述将来新的技术、新的燃气（或混合物）业务出现时会不会有新的规制这一问题时的基本立场，虽稍有些超前，但认为有必要从“零规制”，换言之，“从规制的原点”出发来思考一些问题，如规制原本就是必要的吗？如果说有必要，那规制的目的是什么？规制的目的与其手段、形态、强弱的相关关系是合理、恰当的吗？等等。在本节的末尾，将以对照表的形式列出这些问题。

较之煤炭、石油等，天然气的温室效应气体排出量要少，但如果要说实现“非碳”社会的话，靠生物燃气是无法满足需求的绝对量的，而主原料的天然气又将注定失去其地位，因此，以2009年为界，出于危机意识，使得实现低碳社会的方略成为热议的话题。这可以说是本节执笔后形势出现的大变化。

208 3.5.1 日本燃气市场的现状和特色

1. 日本燃气市场的现状

燃气供给有3种方式：① LPG（液化石油气）钢瓶销售；② 通过集中管道供给LPG；③ 通过输气管道供给燃气（也就是所谓的“城市燃气”）。燃气业法将②中对70户以上用户提供服务的“简易燃气业务”和③“一般燃气业务”作为行业法的对象；而对剩下的①液化气钢瓶销售以及②中用户不满70户的、通过集中管道提供LPG的业务，依据《关于液化石油气安全确保及交易适正化的法律》（昭和42年法律第149号）仅实行登记制（也就是所谓的LPG销售业）。以往的公用事业论通常是将燃气业法规制对象的②及③，尤其是③即一般燃气业作为讨论对象。本节也将循此惯例。

由于日本地形具有平原少山地多的特点，因此，一般燃气业主要是在城市展开。从燃气用户数来看，③的一般燃气业与①的LPG销售业基本上各占一半。一般燃气企业的数量在1980年代时据说曾达到300家前后，但随着合并及公营燃气的民营化，2006年4月时，企业数减少至209家[131]。这些企业的资本金、员工数、用户数、销售量、原料使用（使用天然气的企业数约占7成、员工数超过9成），热量（约9成的用户使用高能量气）等参差

131 据资源能源厅燃气市场建设课、原子能安全保安院燃气安全课监修《燃气业便览平成20年［2008］版》（日本燃气协会2009年）第2页的注释，2008年11月时，燃气企业数为211家（其中公营为32家）.

不齐。中小燃气企业自不待言，就连东京、大阪、东邦、西部等 4 大燃气企业与当地的一般电力企业相比，无论是在供给区域覆盖率还是资本金等方面都有天壤之别。仅 10 家电力公司就从北海道至冲绳（东西周波数的差异除外）向全国各个角落提供了均质的电力能源。

经历了煤炭、石油时代，自 1969 年开始进口 LNG（液化天然气）后，千叶、新潟、北海道冲等地的国产天然气与进口液化天然气相互补充，燃气原料开始向天然气转换。由于这个原因，随着与石油、电力、 209
LPG 的竞争，从过去只是作为家庭用燃料，在冷暖气、空调等产业用、商业用燃料领域的地位也逐渐得到巩固，燃气在能源市场上构筑了牢固的地位。特别值得一提的是，面对最近电力公司来势凶猛的要把燃气从独幢住宅、公寓、大楼中驱逐出去的所谓“全电化”活动，作为与之相抗衡的措施，包括 LPG 在内的气体燃料供应商正在器具开发、器具销售方面开展协调与共存。

2. 日本燃气市场的特征——与英美比较

本节以研究燃气市场的自由化为目的，因此有必要首先就日本燃气市场的特征与自由化的领头羊英美的燃气市场作一比较。

（1）必须指出的一个重要特征，英美两国在启动自由化时，即使不能说自给率达到 100%，但至少都拥有丰富的国产天然气。只是在那以后，英国在 2004 年时由出口国转为了进口国，在冬季需求高峰期出现了燃气价格暴涨的现象，甚至成为社会问题。而与此相反，日本的国产天然气仅占供给量的不到 6%。

（2）在美国，燃气的生产、输送、配给等三个环节（虽不能说完全没有垂直一体化经营的企业，但）通常是由燃气生产企业、州际输气管道企业、地方配给公司（LDC）等分属三个范畴的企业在分工体制下分别来承担的。后面所要论述的“分离”，在美国，生产、输送、配给等三个环节的分离本来就是既定的事实，原本就没有讨论的必要。从而，只有州际输气管道企业与地方配给公司所承担的“输送与销售（批发、零售）的分离”才是需要 210
讨论的问题。

在英国，1986 年时，几乎与电信业（BT）完全一样，并非是将国营的燃气公社（BGC）进行组织分离，而是实行了民营化。其后，经与垄断及合并委员会（MMC）的多次拉锯，英国燃气（BG）最终也实行了组织分离。然而也有观点认为，实行民营化后的英国燃气之所以要实行组织分离，与其说是规制所致，不如说是出于对自由化了的供给业务上的需要，是企业自主经营判断的产物。而在日本，国产天然气生产企业（帝国石油、石油资源开发公司等）在生产燃气的同时还自己铺设输气管道向地方配气公司进行批发销售。一般燃气企业，从煤炭、石油时代开始就是实行垂直一体化经营的，即从燃气制造到向最终用户销售这一过程中的三个环节由同一家企业经营，这是极为普遍的现象。到了LNG时代，拥有大型LNG基站的大型企业也是实行进口、生产（气化）、输送、销售（批发及零售）垂直一体化经营的。

（3）在美国，以上述第一点为前提，历经了三个阶段，实现了市场自由化（放松规制）。第一阶段，从市场新进入者开始有序地取消了联邦政府对（油气田）交易价格的规制。第二阶段，燃气购买者（大宗产业用户或地方配气公司）要求州际输气管道企业开放输气管道（第三方接入）（过去，从油气田的燃气采购到城市门户间的运输都是由州际输气管道企业一手包揽的）。由此，在制度上，燃气购买者可以直接在油气田进行价格交涉、购买
211 燃气了。第三阶段，是地方配气公司对最终用户供给的自由化。尤其是第一至第二阶段，因属于“州际通商”，属联邦政府的权限，可以由联邦来处理。但配气阶段，本来就在州的权限内，是由州来决定是否实行自由化的，当然各州的进展情况就会有所不同。在英国，为了消除民营化后的英国燃气垄断力的弊端，采取了对新进入者部分开放北海燃气、输气管道允许第三方接入等一系列措施，最终还是采用拆分的方式，实现了零售市场的自由化。

在日本，虽然没有对国产天然气油田交易价格实行规制，但国产天然气的生产量还不到全部供给量的10%，且生产者还插手（批发）销售，因此，新进入者没有经历过像美国那样的上游自由化（即可以自由购买国产燃气）。另一方面，就LNG而言，在国内能够掌控LNG（即能够采购LBG）的通常只有电力公司、钢铁公司、商社等。因为LNG的生产国往往需要巨额初期投资，所以LNG的交易历来都是采用附有照付不议条款的长期合同形式来进行的。当然，为反映不定时的供求状况变动，也会想方设法使合同

内容具有一定的灵活性，还有互换交易等，LNG 的短期交易也不能说完全没有。总之，不拥有 LNG 基站的企业要想与现有的企业（一般燃气业者及电力系的、国产天然气系的大宗燃气企业）进行 LNG 价格竞争，或想要进入燃气市场，除了在国际市场上具有 LNG 购买能力的石油资本或大型商社外很难想象。何况要想通过包括即期交易在内的短期合同的灵活组合，真正意义上进入燃气市场，还要求 LNG 市场有较好的流动性，这在 LNG 没有剩余的情况下是难以想象的。因而，当前“上游的竞争”（即燃气购买或购买价格的竞争），除了在国产燃气与 LNG 之间存在局部竞争外是难以成立的。

（4）从燃气生产的油气井至消费地，通过输气管道的铺设从而形成干线
输气管线网络的过程，在北美尤为典型。在日本虽然也有一些诸如帝国石油 212
的东京输气管道、石油资源开发公司的新潟至仙台的输气管道等，但大多数是各家企业作为连接生产工厂和自己的用户而建设的导管，因此，距离形成连接太平洋沿岸地带各个角落的干线输气管网还差得很远（关于近期的变化请参见 3.5.4 节）。

（5）在英美，燃气输气管道是与其他国家（美国与加拿大、墨西哥，英国与欧洲大陆）的管道相连接的，而日本的管道，目前还只是停留在国内，尚未有连接他国的国际输气管道。（与未将州际输气管道导入州内的加州一样）尚处于锁国状态，是孤立的输气管道。如果俄罗斯萨哈林的天然气不是以 LNG 的形式，而是通过输气管道进口的话，可以视为日本首条国际输气管道，但距现实性还很远，因此，目前想要通过输气管道进行燃气的进出口尚无可能性。

由上可知，先行实行燃气市场自由化的英美与日本，在市场结构、原料自给率、输气管道的普及以及有无连接他国的管网方面，都存在极大的差异。

3.5.2　燃气市场自由化的过程

1. 电力、燃气业自由化前史

电力业法对于电力公司以外者从事电力直接供给只是极为例外地作为

“特定供给”予以认可，但着眼于热电联供的节能效果，1987年，将（电力或燃气）以热电联供方式对一栋建筑物直接供给电力的行为，作为当时该法第17条规定的特定供给第5种类型予以了认可[132]。可以将此视为电力及
213 燃气市场导入竞争或自由化的开端。成为燃气业本身自由化导火索的是1992年5月“燃气基本问题研究分会”的报告。该报告中提出了天然气供给基础设施的完善、尊重用户对能源的自由选择（与其他燃料的激烈竞争发挥了作用，用户方对燃料的选择及价格交涉力得到了认可）、有关大宗供给的行业规制、收费制度的重新评估等建议。特别是该报告还表示，燃气企业在向拥有价格交涉优势（包括可以利用打其他燃料牌）的大宗用户提供大宗供给时，只要在一定程度上有某种制约，对于包括价格在内的合同条件就应当允许有自由度。

2. 第一次燃气业法修订

1994年，对燃气业法进行了部分修订（平成6年法律第42号，次年1995年3月实施），主要内容包括：① 新设“大宗燃气企业”概念，对大宗燃气供给（按省令规定为200万立方米/年以上的需求）实行自由化，鼓励新进入者进入该领域；② 为防止一般燃气企业因进行大宗供给而对零散小用户带来不利影响，采取了财务分开等措施。另外，还采纳了1995年城市燃气收费制度分科会报告中提出的一些建议，如设定一般燃气企业提高经营效率的目标、对大宗用户以外的非自由化燃气价格实行基准价格核定制及与原料价格连动制条款等。

3. 第二次燃气业法修订

1999年，城市热能分会提出建议：① 与上涨时实行认可制不同，零售（非自由化）价格降价时实行备案制、收费价目表要多样化、收费信息要公开；② 批发价格（从原来的认可制改行）备案制；③ 扩大大宗供给自由化的范围，托送合同化、大宗供给信息公开等。受此影响，同年，为向电力自由化看齐，对燃气业法进行了部分修订（平成11年法律第50号）。将省令规定的自由化范围扩大至$100\times10^4\ m^3/a$以上，与次年3月实施的电力零售自由化一样，自由化率达到约30%。对于新进入者来说，托送是一个非常重要的进

132 资源能源厅公用事业部监修.《朝向热电联供时代》. 通产资料调查会，1987.

入条件，该次修订对托送也作出了明确规定：指定的一般燃气企业（省令指定了东京、大阪、东邦、西部等四家公司）负有“托送合约”的制作、备案义务，规制机构可以对提交备案的合同发布变更命令等。此外还与电力行业一样，制定了收费等信息公开准则、（与公正交易委员会共同拟定了）交易合理化准则等行为准则[133]。 214

4. 第三次燃气业法修订

2002年4月，“完善燃气市场基本问题研究会”的报告在增进燃气消费者利益、健全燃气产业发展的理念下，提出了关于输气管道、LNG基站、零售、批发等燃气产业链各环节的长期规划。2003年2月，城市热能分会的报告提出：① 促进和完善输气管道建设的对策（授予国产天然气企业公用事业特权、确保投资激励）；② 开放燃气管道（附件中还包括会计分开、信息隔离等）；③ 在已铺设管道的地域新增管道铺设的问题；④ LNG基站的开放（由双方谈判决定）；⑤ 扩大自由化范围：2004年扩大至50万立方米/年以上、2007年扩大至10万立方米/年以上及商业用气；⑥ 一般燃气企业供给区域内的大宗供给从许可制改行备案制；⑦ 简易燃气业实行天然气化；⑧ 完善公平的竞争环境及制度的正确运作等。在第156次国会上，与电力业法修订一同提交审议的燃气业法部分修订（平成15年法律第92号）等被通过，于次年2004年4月1日起实施。（以下为修订后的条文，下面带＊号的为适用于管道业者或参照第37条第8款执行）主要内容包括：创设燃气管道业者概念（第2条第6款，第37条第2款第2项）；托送供给义务的扩大及托送合约的制作、备案、公布等义务的扩大（第22条＊，对于免除合约制作义务、只需收费价格等供给条件提交备案即可的“获准一般企业”适用第22条第2款）；与托送供给等业务有关的会计整理（第22条之3＊）；托送供给中的禁止行为（如信息挪用、歧视性对待等）（第22条第4款＊）；大宗供给备案制（第23条、第37条第7款第3项＊、第37条第9款）；批发供给规制的废止（依据附则第7条有3年的过渡期）；放宽燃气设施变更的备案（第9条）；特定供给备案制（第24条、第37条第7款第4项；第38条第1款）等。上述分会报告中的①授予国产天然气企业公用事业特权，只是指授予行业法 215
上的土地进入等特权（第42~45条），但并未被纳入道路法上的义务性道路占

133　ミオシン出版社编.《气体燃料制度设计》. ミオシン出版社，2005.

用许可的对象。托送部门的会计分离及信息挪用禁止等，在第一次修订时就已设置，本次只是在法律上升格。答询中的自由化范围的分阶段扩大，作为“大宗供给”的范围属省令规定事项。

5. 第三次燃气业法修订后的动向

1）2006 年城市热能分会的答询

按照 2003 年 2 月城市热能分会的答询，2007 年 4 月，自由化范围扩大至 10 万立方米/年以上的用户。2006 年，该分会燃气政策小委员会（该委员会的制度运行研究团队）的研究结果在该分会被正式定稿。该答询的主要内容包括以下几方面。① 实行自由化的“大宗供给”的范围是根据年度合约燃气量来决定，但大宗供给的要件之一就是“必须约定，如无正当理由，年度燃气实际供给量未达到前款规定的量时，燃气使用者应向燃气供给者支付未达大宗基准补偿金”（《燃气业法实施规则》第 3 条第 1 款第 2 项）。由于自由化范围扩大后，超过八成的商业用需求都利用了未达基准补偿制的选择条款，作为保证自由化范围的方法，所以采用了上述方式。② 托送供给条款的适用范围扩大，中压管道也被纳入了适用对象，但 70%的新增自由化对象是通过低压管道来供给的，因此，将设置以低压管道为对象的托送供给条款（以与其他相区分）。③ 导入简易同时同量制度。托送的“同时同量”达标基准为供给者燃气投入量与对用户供给量的偏离小于“燃气量（以 1 小时为单位的值）的 10%”（《燃气事业法实施规则》第 4 条第 2 款）。但如果是低于 50 万立方米/年使用量的托送，或对计量单位未达一定规模的低压供给用户的托送，则视为事前设定的计划燃气负载量。④ 托送费多样化。⑤ 在计算新设管道的托送费时，其中折旧额的计算，可不按法人税法上关于折旧的规定，而是根据实际使用年限，将使用年限设定为 30 年，也可采用工作量法来计算。⑥ 获得热量的弹性化。⑦ 继续履行一般燃气企业的供给义务。⑧ 关于新设管道是否导致利益损害的判断标准，对于满足“从为非大宗供给目的而设置的、
216 供电力业务用的发电用管道，或面向一般燃气企业供其批发供给用的管道接上新建分支管道即可实现直达供给的需求”“属新增需求”这两项要件的，将“作为个案分别判断”。⑨ 关于确保大宗需求安全保障，在原有规定的基础上，对燃气企业新增设了必须对消费设备进行全面了解和调查的责任，另外，对于应新进入者的要求进行的托送，新进入者拟将安保业务委托给一般

燃气企业的，由当事者之间协商决定，但（经评估）确属安保业务委托的原因（如拒绝接受委托等）构成实质性阻碍市场准入的，将研究适当的应对方法。

下面就上述答询中的一些问题展开分析论述，由于笔者自身曾参加过研究团队的研究，故预先声明，所述观点纯属笔者个人的观点，均非该研究团队或信息通信审议会中继委员会各委员的见解。

2）对 2006 年答询的探讨之一——关于托送费中的气化、压缩送气成本

在现行的托送制度下，新进入燃气市场的电力公司对托送费中的 LNG 气化、压缩输气费用的处理等持有疑问。其理由是：他们自身拥有 LNG 基站，“通过自己的气化压缩输送设备将 LNG 气化后压缩送气，因此，在托送时并没有使用一般燃气企业的气化压缩输气设备”。并且还认为“燃气业与电力业不一样，燃气管道本身具有贮藏功能，不需要保持实时平衡”。对此质疑，一般燃气企业反驳说“即使这些电力企业能让输气量与用户使用量之间保持实时平衡，但燃气的实际流量上仍会产生时滞，而且还要考虑应对各种突发的紧急状态，LNG 基站的气化压缩输气设备是作为新进入者的备用及燃气输气管道整体维修时所必要的设备”，对于其所谓的贮藏功能则反驳说“燃气管道的那点余量只是边际余量，如果这点余量没了的话，还是需要用 LNG 基站的气化压缩输气设备来进行燃气输送的”。

关于托送费的计算方法问题，曾在收费制度分科会上进行过讨论并达成 217
了一致，并不是简单地靠拍脑袋决定的。在答询中表示，通过放宽自由化范围扩大后向不满 50 万立方米/年用户进行托送时的同时同量要件，对于作为托送供给实施者的一般燃气企业的网络维护发挥了非常重要的作用，因此，关于托送费的计算仍和以前一样处理，上述议论被搁置。但也表示今后“还将就合理的托送费计算方法展开研究，如有必要就应进行调整”，给人的印象似乎承诺了还将再研究。

关于前述提出的托送费多样化问题，作为可考虑的方案之一，比如说，在作为新进入者的电力公司确已达到了实时“同时同量”，而且作为托送目标的大宗用户又邻近电力公司的 LNG 基站时，依赖一般燃气企业进行气化、压缩输气的概率要低于其他托送业务。因此，托送合约中是否可增加一些可选条款？对于有关气化、压缩输气的费用给予一定程度上的折扣？等等，确

实还有再探讨的余地。

3）对 2006 年答询的探讨之二——新设管道托送费计算中的折旧费问题

国产天然气公司方面提出，对于新设输气管道的折旧费计算，是否可以采取延长折旧年限的方法来降低折旧费，并以此来降低托送费。对于燃气输气管道，法人税法所规定的法定使用年限通常比实际的可使用年限确实要短很多。

先来看一下其他的行业法对该问题是怎么规定的。在电信业法上规定的 NTT 东西（日本）接入费计算方法（长期增量费用模型）中，采用的就是较法定使用年限更为长期的潜在可使用年限，即“经济使用年限”（《电信业法接入费规则》第 6 条第 4 款，该规则附表第 4 条第 1 款）。例如（按实际的设备更新期间来推算）架空光缆的法定年限为 10 年，实际的使用年限为 20.3 年；管线隧道法定年限为 27 年，实际为 75 年；（将设备实际更新期间及 NTT 东西控制新增投资等因素考虑在内推算的）架空光缆电缆法定使用年限为 13 年，实际为 21. 9 年，地下管线法定年限为 27 年，实际为 54 年。之所以采用较法定使用年限更为长期的使用年限，不难推断，就是为了“让相对于国际惯例偏高的 NTT 接入费低廉化”，这不仅是国内的（电信市场）新进入者的要
218 求，也是为应对来自外国政府的强烈要求和压力而采取的手段之一。如上所述，让财务会计与管理会计产生乖离，对于托送的消费者而言，因有助于降低当前的托送费（或接入费），可以说是“福音”，但对于托送供给的实施者来说，虽然有利于增加托送（接入）的利用，但其反面，可能会产生诸如单位年度折旧费难以回收、自己的现金流量受到压缩等负面效应。因而，是否要求燃气管道企业统一采用这种方式，对此还需要慎重研究和考虑。答询最终将其作为在燃气管道企业有这方面意愿情况下的选项之一以得到大家的认同，这一做法是明智的。

4）对 2006 年答询的探讨之三——新铺设管道导致利益受损的判断基准

（1）燃气业法的结构

现行燃气业法在关于一般燃气业务的许可基准里规定“不得出现燃气设施明显过剩”，提出要防止出现传统公用事业规制里所说的设备供求调节，

换言之，要避免出现与其他企业之间的“重复投资”以及自身的“过剩投资”[134]。那么在大宗燃气业、燃气管道业里又是怎样规定的呢？

首先，对于一般燃气企业在其供给区域以外的地区从事“大宗燃气业务”（第一次法律修订时，规定为许可制、第三次修订时改为）实行备案制。如果该地域不属于任何一家一般燃气企业、属完全空白地域的话，事情就很简单，但如果是下面两种情况，① 对于“其他的一般燃气企业的供给区域”，如存在“损害该区域内的燃气消费者利益的可能性”（第 23 条第 3 款第 2 项）时；② 虽然是空白地域，但其他一般燃气企业对该地域已制定有业务计划，只是处于“暂未到位”状态，“预计即将启动一般燃气业务”的地域（同款第 3 项），如认定“有可能对该一般燃气企业的业务启动造成明显困难”时，无论是①还是②，大臣都可命其变更备案内容或命其中止（同条第 4 款）。 219
上述附有变更或中止命令权的“备案制”，也完全适用于一般燃气企业以外的新进入者（包括国产天然气）从事的大宗供给业务（第 37 条之 7 之 3、第 3—5 项、37 条之 9 第 2 项）。上面论述的是关于“大宗供给”的备案制，乍一看也许会认为似乎与管道铺设没有关系。其实不然，例如在①的情况下，在（其他的）一般燃气企业的供给区域内，不通过该一般燃气企业的管道进行托送供给，而是自己新铺设管道连通大宗供给用户，这是否构成“使得该一般燃气企业供给区域内的燃气消费者的利益受到损害”？这一点可能会成为判断是否要发布变更或中止命令的判断基准。

另一方面，铺设用于燃气供给的特殊管道（内径、气压、距离等，超过省令规定标准的燃气管道。第 2 条第 5 款前段括弧内；实施规则第 2 条之 2）时，须就该“燃气管道业务”的设置场所、燃气压力等提交大臣（根据第 2 条第 5 款后段括弧内的规定，一般燃气企业在自己的供给区域内进行的除外），此外，对于在（其他的）一般燃气企业的供给区域内铺设此类管道的，还保留了“如认为有可能会损害一般燃气企业供给区域内的燃气消费者的利益时”的变更、中止命令权（一般燃气企业适用第 22 条之 5 的第 3—6 项，其他的企业适用第 37 条之 7 之 2 的第 3—6 项）。

134　第 5 条第 3 项，关于简易燃气业务为第 37 条之 4 第 3、4 项；经济产业省资源能源厅燃气市场整备课、原子能安全保安院安全课、商务信息政策局安全课.《燃气业法解说》. 行政出版社，2004：31.

如果燃气市场自由化彻底实现的话（是否恰当暂且不论），可以设想为“燃气的制造、高中低压的输送、供给等各个环节所有的业务活动全部都实现自由化，同时，上述各环节的设备投资也完全实现自由化”的理想型的选项。但我们知道，现行的燃气业法上对于已经实现自由化的那部分市场上的一般燃气企业供给区域内的管道投资，实行的是一种加以制约的机制。也就是说，无论是致力于管道铺设的管道企业也好、还是为进行大宗供给而自建直达用户的输气管道（特别是按导管的规模、延长距离等因素，可能不仅属于大宗供给，同时还属于燃气管道业）也好，只要管道通过了“（其他的）一般燃气企业的供给区域”，或者是在（其他的）一般燃气企业的供给区域内，该“一般燃气企业供给区域内的燃气消费者的利益”是否有可能因此
220 而受到损害，是决定是否发布变更或中止命令的要件。目前处于自由化市场上的大宗供给与过去的供给合约用户（非大宗用户）并存的状态，而且，在允许一般燃气企业对后者的供给区域垄断的同时，相应保留了合约规制（第 17 条以下）、供给义务（第 16 条）等公用事业规制。从而可以认为是一种无论怎样的情况下都必须考虑“供给区域内的燃气消费者的利益”的结构。

(2)“利益损害”的现行判断标准

对于判断是否构成“利益损害”的要件，作了如下说明：是从“力求现有管网得到有效利用的观点来规定的”“其宗旨就是要避免对（其他的）一般燃气企业正常开展业务造成阻碍，最终……要避免对供给区域内的燃气消费者造成不利影响”[135]。第 3 次法律修订后，在托送研究团队的讨论中也从设备“重复投资”的不经济性这一国民经济的角度出发，认为应将“现有管网的有效利用”设定为衡量是否构成“利益损害”的尺度，这一观点占了上风。

对此，笔者个人的观点当时就有些许的不同。即如果允许新进入者在该供给区域内新铺设管道的话，一般燃气企业在规制下为保证履行供给义务而在供给区域内铺设的管道设备等就可能有部分闲置，导致部分管道设

135 经济产业省资源能源厅燃气市场整备课、原子能安全保安院安全课、商务信息政策局安全课.《燃气业法解说》. 行政出版社，2004：96.

备投资难以收回，（原本可由一般燃气企业的管道进行的托送供给）由于分流从而导致“闲置成本”（stranded cost）的发生。在燃气自由化的制度设计中，不单单是分流的问题，还有许多可能出现的问题都没有进行过认真的研究讨论，如伴随着自由化是否必然会产生“闲置成本”？如果说会产生的话，金额将达到怎样的程度？对于这些成本，是不是需要对现有的一般燃气企业给予补贴以弥补这些成本？还是由现有的一般燃气企业（甚至由该供给合约的用户）来承担（或忍受）？假定是要给现有的一般燃气企业以补贴的话，该笔财源该如何筹集及用什么方法分配？等等。因此，对于现行法的解释，所谓要避免（本该通过一般燃气企业的管道进行的托 221
送供给）因分流而导致“闲置成本”的发生，只能作为一种很含糊的原则来理解。这究竟只是对现行判断基准[136]说明方法上的差异，还是下一段有关“例外”的评价中对所谓例外的认识上的差异，我想还是由读者自己来判断。

所谓“例外”，就是“新进入者拟向现有（如何来界定“现有”另当别论）的 LNG 基站附近有需求的用户提供燃气，尽管合理地设定了托送费，但新进入者通过托送来实施供给仍然未必具有经济上的合理性”，因此将此作为例外来处理[137]。关于上述“经济上的合理性”的说明，2001 年 1 月的城市热能分会的报告书中的解释最具代表性，是指“即使基于平均费用的考虑合理地设定了托送费，通过托送来供给也未必具有经济上的合理性”的情况。简而言之，如果是在 LNG 基站附近，与通过托送来供给相比较，还是自建管道要便宜得多。因此，该规定是将法律所要求的一般燃气企业供给区域内的消费者的利益放在一边，只考虑到大宗供给者及其用户的利益。上述例外标准，如果其宗旨是本来意义上的利益损害性固然要考虑，只是从利益权衡的角度例外地给予特殊照顾的话，也许还有可商讨的余地。但如果完全无视是否与法律本来要求的供给区域内用户的利益相冲突，只要是在 LNG 基站附近，一律作为“不存在利益损害性”这样一种例外标准的话，且不

136　经济产业省资源能源厅燃气市场整备课，原子能安全保安院安全课，商务信息政策局安全课.《燃气业法解说》. 行政出版社，2004：96－97.

137　经济产业省资源能源厅燃气市场整备课，原子能安全保安院安全课，商务信息政策局安全课.《燃气业法解说》. 行政出版社，2004：97.

论这与审议会的答询不符，从修订后的法律条文的文理来看，也是完全不同性质的判断，是牺牲基准的逻辑一致性的产物。这是笔者对该基准直观的强烈印象。

（3）利益损害性判断基准的新类型

2006 年的答询中，还提出了与（2）中的“LNG 基站附近”类似的新的例外。具体来说，就是如同时满足“从供发电用管道或面向一般燃气企业供其批发供给用的管道接上新建分支管道即可实现直达供给的需求”，“属
222 新增需求”这两个要件的，“由于一般认为由一般燃气企业的管道来进行供给就能使潜在需求成为现实需求时，利益损害的程度会较小，因此将作为个案处理，来判断供给者及供给手段有无选择的余地”。

提出的新类型，不像“在（LNG）基站附近”那样作统一化处理，而是认为“对于其影响是否属较轻微，将作为个案确认其具体情况较为合适”。虽然是个案判断事项，但却是作为例外的一种类型而提出的。因此，我们来验证一下，能否通过对现行的利益损害性判断基准进行灵活解释或弹性运作来应对该新类型所设想的那种情况。

按照现行判断基准，可确定属利益损害的、原则上可启动变更命令或中止命令的限定于以下两种情况：① 主管或支管的延伸或增强并非必要时；② 虽然可以从现有的主管或支管接上分支管向用户供给燃气，但因管道余力等原因，现有的主管或支管等设备需要增强时[138]。笔者将上述判断基准进行梳理后重新总结为：① 新增大宗需求与一般燃气企业所处位置的关系；② 将一般燃气企业的管道余力作为判断“利益损害性”的决定因素。这一衡量尺度恰恰是与笔者在（2）中所论述关于避免因分流导致闲置成本发生的观点相一致的。

但是，按照上述所谓新类型，对于第一个要素，即新增大宗需求与燃气管道的位置关系这一衡量尺度中，作为考察对象的管道并非（现行判断基准中的）一般燃气企业的燃气管道，完全被新进入者的发电用或批发供给用的管道替代了，其结果是第二个要素，即一般燃气企业的管道余力因素完全没

138　经济产业省资源能源厅燃气市场整备课，原子能安全保安院安全课，商务信息政策局安全课.《燃气业法解说》. 行政出版社，2004：96－97.

有被考虑。于是，附加了一个新的要素，即是否属潜在需求转化为现实需求意义上的“新增需求”。因此，可以认为新类型与现行判断基准分属不同的范畴，两者之间似乎也不存在交集点。属于现行判断基准的事项，如果只是符合新类型的话，就不能说“不存在利益损害”（反过来，不属于现行判断基准的事项，原本就与新类型的讨论无关，不存在利益损害的问题，故不属 223
于变更或中止命令的对象）。从而，只能将新类型定位为“现行基准的例外”。

新类型将着眼点放在新进入者的管道而不是一般燃气企业的管道，而且也不是着眼于一般燃气企业供给区域内的用户，而是着眼于被称为“供给者和供给手段选择”的新进入者及大宗用户的选择上，这一利益衡量尺度岂不是背离了法条逻辑吗？因此，与（2）中的“LNG 基站附近”存在同样的问题。更何况，“LNG 基站附近”可以说还只是所谓“点”的问题，但如果是电力业务用、批发用（管道）的话，作为对象的大宗用户（管道）就扩大至“线”了，其影响超过了（2）中的“LNG 基站附近”。作为解决这些问题的补救措施，第一，与“LNG 基站附近”不同，新类型不是统一对待，而是个案处理；第二，在答询中以“关于判断标准补充事项”的形式，附加了非常严格的定义及定义说明。希望通过这些措施能有效制止无原则的“线”和“面”。

（4）小结

以上较为详细地对所谓“管道重复建设规制”，即“利益损害的可能性”（《燃气业法》第 23 条第 3 款第 2 项）规定的宗旨以及判断基准作了探讨。作为“例外基准”的“LNG 基站附近”，一般人们预想到的只是围绕沿海极小一部分地区的“点”进行的局部竞争战，涉及的参与者也只是拥有 LNG 基站的电力公司对大型一般燃气企业。但如果是“电力业务用、批发用管道直达”的话，就不仅仅是沿海地区了，有可能会向包括内陆地区在内的“线”扩展了。因为包括了“批发用”，新进入者除了电力公司外，还包括国产天然气企业、一般燃气企业，而且这里所说的一般燃气企业，不单是大企业，还可能会扩大到中小企业。

上述个人见解，是考虑到万一卷入诉讼时，现行法的解释或运作基准能否让法官接受？基于这样的问题意识而进行的验证。今后，如果在“一般燃气企业以外的‘现有管道有效利用’”“增加用户的可选项、扩大消费者利益”等旗号下，进一步放松管道重复建设规制的话，与现行规定逻辑的背离必然会越来越大，从而卷入诉讼的概率也会增加，不是反而会导致法律缺乏
224 稳定性吗？作为笔者的个人见解，绝不是主张一成不变地固守现行法律或现状。以能源市场的动态变化为前提来看，毫无疑问，法律规定的重新评估或修订也绝不是禁忌。笔者的本意是想说，如果“尽管（从法律的）解释或运作来说多少有点勉强，但为实现政策目标又不可或缺的”话，那就将“闲置成本”问题纳入视野，通过法律修订来消除上述矛盾不是更符合常理吗？

对于上文（2）（3）中的例外基准，某位评论者认为，“日本的托送费完全不关心托送距离或地域，那才是罪魁祸首”。（2）中的“LNG 基站附近”基准，可以用来作为应对上述见解的说明。但（3）中的电力业务用、批发用管道直达基准，正如所论述的那样，有向“线”扩张的趋势，即使改变托送费的计算方法，恐怕也难以成为可应对新进入者直达问题的直接的处方笺。

从逻辑上来说，一般燃气企业可以通过“托送费多样化”，提出一个对新进入者有吸引力的托送供给收费方案，作为与电力业务用、批发用管道直达相抗衡的对策。但是，现行的法律及实务，并非是一种在合约备案制下，只要能收回总成本，而不问单件托送业务托送费的体系。现行的实务中是以平均费用为基础、非差别化地设定托送供给条件的。如果提交备案的托送费价格是考虑到与电力业务用、批发业务用管道直达相竞争的话，反而会被认为是差别收费，被指“对特定对象实行不正当的歧视性待遇”，可能会受到变更命令（《燃气业法》第 22 条第 4 款第 1 项、第 22 条之 2 第 3 款第 1 项）。唯一的办法就是负有托送合约制作义务的一般燃气企业，被解读为“存在难以按照托送合约执行的特殊情形”。如果是不负有托送合约制作义务的“获准一般燃气企业”，本来就只需提交单个委托合同的供给条件，但关键还是取决于是否会被认定为歧视性收费。

由于稍显僵化的托送供给收费备案制度，只能被动接受的本地一般燃气企业很可能会在今后不断加剧的燃气管道设备竞争中处于劣势。为了能应对上述“竞争状态”，确已到了该认真研究包括托送费（部分）自由化在内的

有效对策的时期了。

此外，关于燃气管道重复设置问题，在分析“LNG 基站附近”基准时，225
未论及广域管线（像高速公路那样）穿越一般燃气企业供给区域的问题。这一次的批发用管道直达标准，可以理解为是对广域管线在沿线中途下车的部分公认。

3.5.3 对日本燃气业自由化的评价

如上所述，至 2007 年 3 月末，50 万立方米/年以上的用户；4 月以后，10 万立方米/年以上的用户均成为燃气零售市场自由化的对象。

1. 评价燃气零售自由化的指标

在评价燃气零售市场自由化的成果时，究竟应当以什么作为衡量指标？这与自由化的目的、目标是什么的问题可以说是同一问题的两面。

自由化的目标一般可以归结为两点：① 燃气价格的降低；② 用户选择机会的扩大。假定以此为前提的话，① 在燃气价格方面，（已实现自由化的）大宗用户与其他用户（供给合约用户）双方收费价格的变迁；② 以实现自由化的大宗用户的供给者变更率、新进入者的自由化市场占有率、城市燃气以外的其他燃料的转换率等就成为评价指标。由于大宗用户是个别签署合同的，而企业信息属于受信息公开法保护的信息，因此，能公开的或能搜集到的信息非常有限。

依据上述 2006 年的答询，① 在燃气价格方面，目前正处于 LNG 进口价格上涨期间，但燃气平均单价有下降趋势，合约供给用户的燃气价格也处于下降趋势中。② 新进入者的自由化市场占有率，自从自由化开始后，从 2001 年的 2%、2002 年的 3.8%、2003 年的 5%、到 2004 年的 7.6%，处于不断扩大中。其他燃料转换率的信息较难掌握，但值得关注的是大宗用户比例
较高的工业用燃气销售量，从自由化开始的 1995 年至 2003 年的 8 年间，顺 226
利地增长了 1.72 倍。

当然，这并不完全都是自由化因素的作用，而是自治体合并等诸多因素综合作用的结果，而且公营燃气企业的业务转让、民营化等也很活跃。

日本的燃气市场自由化，虽然在（包括已实现自由化的家庭用户的）供给者变更率等数据上缺乏像英国那样的戏剧性成果，但从一般燃气企业的情况来看，在目前时点上，拥有数倍资本的电力公司是主要的新进入者。关西电力与大阪燃气激烈竞争的场景，对全国都产生了巨大的影响。再从天然气管道建设的情况来看，正在进行（或计划中）燃气管道延伸建设的，除东京、大阪、东邦等一般燃气企业外，还有帝国石油、静冈燃气、东京燃气合资设立的南富士管道有限公司，中部电力、大阪燃气合资设立的管道公司等。至于 LNG 基站，除了像关西电力的泉北那样由单个企业建设的以外，还有以水岛牵头多家企业联合建设 LNG 基站的构想。正因为过去在燃气管道与 LNG 基站方面几乎不存在“设备竞争”，因此不考察自由化对这些基础设施建设市场的影响，就来谈什么自由化成果，不能否定有为时尚早之感（顺便提一下，与日本一样进口燃气比例较高的德国，从当时的旧能源业法开始，公用事业规制就只有供给合约用户，而没有高压管道设备等的业务规制，所以数家企业乱设管道的情况绝不罕见，特别是在西北部这种情况尤为突出）。

2. 燃气零售自由化评价的实例

下面，来看一下对燃气自由化评价的实例。

（1）日美报告书

2005 年 11 月 2 日的“关于日美间规制改革及竞争政策倡议给两首脑的第四次报告书”中列举了已实行的规制改革措施，如为促进管网的扩充采取的相关必要措施（公正回报率的提高）、信息隔离以及为禁止对托送消费者
227 的歧视性待遇等导入了相关规则（《燃气业法》第 22 条之 4）、制定了第三方利用 LNG 基站的相关准则等；并提出了今后拟采取的措施，如建立市场监督机制（设立市场监督小委员会）以观察和核查改革的效果等。可见，对日本政府的燃气规制改革是给予了肯定评价的。

（2）市场监督小委员会

在 2006 年 6 月 5 日的综合资源能源调查会电力业分会城市热能分会第 2 届市场监督小委员会的报告中指出，关于“电力及燃气业领域里的争议等案件”，主要是因为过去对合约理解不充分导致内管工程费的减免等事例（将通过文件形式进行行政指导来应对）；关于“托送供给业务相关

行为规制”的执行情况，在信息的目的外使用及禁止歧视性待遇等方面，还未发生过此类情形；在禁止内部相互补贴方面，存在一些各部门收支计算上的错误，但影响金额都较小（将通过行政指导来应对）。关于托送供给业务行为规制执行状况调查结果，登载在同年 5 月 11 日的资源能源厅的 HP（主页）上。

（3）产业结构审议会竞争环境建设小委员会

2006 年 11 月，产业结构审议会新成长政策分会竞争环境建设小委员会提交了经能源研究团队审议的名为“平成 17 年度燃气市场的竞争评价”的总结报告。正如同年 8 月研究团队报告的副标题“天然气、城市燃气市场竞争报告”所示，作为该年度竞争评价对象的，在零售市场“主要是‘8 家大型城市燃气公司与大宗城市燃气用户’的零售交易”；在批发市场主要是“国内市场上的大城市燃气公司与中小城市燃气公司等 139 家公司的天然气批发交易”。

报告书（11 月小委员会版）中，关于前者，即对零售市场的竞争评价，主要关注以下四点：① 企业之间围绕现有需求的竞争的确保；② 在与其他能源的竞争中相互替代性的详查；③ 关注地域间竞争状况的差异；④ 城市燃气公司经营效率提高后对用户的适当返利。关于后者，即对批发市场的竞争评价，主要关注以下两点：⑤ 激发对于中小城市燃气公司具有重要意义的批发市场的活力；⑥ 为缩小内部价格差而进行的批发市场的竞争。关于其他研究课题，列举了⑦ 地域差的影响分析和⑧ 促进与规制领域中其他能源的竞争等两点。 228

在此，想坦率地就上述报告书中的评价指标提出一些疑问。如属对上述报告书的误读，敬请谅解。

首先，关于第②和⑧条，如果是石油的话，因需求地点不同故必须要有库存，但电力及燃气则无此必要。多种能源之间，如果设备、器具能通用的话则没有问题，但是像全电化与燃气（或煤油、LPG）的灶具、热水器等，缺乏器具上的可替代性。此外，全电化或燃气的热电联供或燃气燃料电池等真正实现系统化的话，需要巨额的初期投资。在这样一种情况下，除了部分产业用外，存在“相互替代性”的空间可谓极小。再将电力与城市燃气作比较的话，没有电灯的地区几乎不存在，而城市燃气（包括燃气管道），连横滨那样的大城市都还有未开通的角落，其普及度亦无法与电力相比（如果经济效益上可行的话，也可以液体状态用油罐车或内河船运来供给），远未达到可以向所有的工厂、办公场所和全体国民供给的状况。从上述状况而言，包括 LPG 在内，只要没有形成全国性的“气体能源”网络，就谈不上“与其他能源的竞争”，将其与电力、石油相提并论。

关于第③和⑦条中所说的地域间竞争状况的差异，大概是因为头脑中总忘不了关西电力对大阪燃气的那场局部竞争战吧，但那场竞争是起因于企业战略、企业文化等特殊的“竞争环境”，即使拿到全日本来开展大讨论恐怕也很难产生建设性成果。

关于第④条中所说的城市燃气公司“经营效率化”成果的分配，存在着诸如股东、员工、自由化用户、规制用户等诸多的利益相关者（stakeholder），但却没有明确的分配规则。在这样一种现状下，哪怕附加上“竞争法上的”之类的修饰语，要客观地评价分配正确与否，恐怕也是极为困难的。

第⑥条是基于内部价格差是起因于批发市场竞争不充分的假说。不能否定内部价格差与原料费（采购价）的价差是其成因之一的可能性，但设
229 想通过批发市场的竞争→原料费（采购价）降价→原料费（采购价）全国均一价→内部价格差消除，这恐怕只是一种过于乐观的方式。应当先行对各家中小燃气公司的费用结构、用户结构（是否拥有良好的用户）、用户密度、与其他能源的竞争状况（距竞争激烈地区的远近）、燃气管道已使用年限、采购价格谈判能力（除数量外，距批发企业的网络远近）等因素进行解析。

3.5.4 关于今后的自由化需研究的课题

1. 要求更全面的多元视角

今后需研究的课题之一，是包括家庭用需求的燃气市场的完全自由化（自由化率达到 100%）。在关于这一自由化的讨论中，如借用《能源政策基本法》（平成 14 年［2002］法律第 71 号）的表述，“作为市场原理的应用”“对于能源市场的自由化等……经济结构改革”，要求能确保稳定供给（第 2 条）以

及环境适应性（环境保护）（第 3 条），“必须充分考虑前 2 条的政策目的”（第 4 条）。其中，从环境问题，尤其是防止地球温暖化的观点出发，不仅是日本，各国都希望进一步普及和扩大天然气的使用，因此在自由化的逻辑上不太会成为争论点，但剩下的“确保稳定供给”（第 2 条）则会成为重要的论点。

在燃气市场的上游，确保国产天然气的生产及来自海外（由于尚未实现国家间输气管道进口）的 LNG 即液化天然气的稳定进口是自由化的必要条件。假如这点被动摇的话，就不可能有下游的燃气零售市场的自由化。目前世界最大的 LNG 进口国就是日本，但据对今后 10～15 年的预测，美国将成为第一，在亚洲，中国和印度的进口量将会剧增，在欧洲 LNG 的进口也会增加，不难预料将会出现全球规模的 LNG 争夺战。如果是那样的话，就不能只顾着埋头讨论下游的自由化。作为下游的问题，在讨论第 3 次法律修订的过程中，除了在先行实行燃气完全自由化的美国佐治亚州及英国等一些国 230
家发生了从小用户侧来看的问题外，还发生了美国加州的电力危机、安然公司的破产等，由此“自由化与供给稳定性”问题逐渐浮出水面。特别是后者，由于包含着各种因素和观点，难以简单地作断定，受篇幅所限，本节不作深入分析。

实行完全自由化、完全取消零售价格规制的话，一旦出现批发价格暴涨时，在以前收费认可制下一般燃气企业向用户价格转嫁的时滞、通过企业努力改善经营来消化等缓冲机制被去除了，其结果，企业会立即将批发价格的上涨转嫁给零售价格（加州电力危机时，3 家大型民营企业中，其中一家就是这么做的），而另一面则是用户的悲鸣。如果反过来人为地冻结零售价格的话，即使是过渡性的，可能出现的最坏的情况就是企业破产（加州电力危机时，剩下的 2 家大型民营企业就属此类情况），必将会面临这样的两难困境。

2. 进一步自由化的主要议题

2007 年 3 月，综合资源能源调查会城市热能分会燃气政策小委员会制度运作研究团队，以“今后燃气业制度改革的研究课题”为题，将今后需研究的议题做了梳理。由于笔者也是团队成员之一，可能会有人说是自卖自夸，但还是想将以往曾在审议会上提出过的有待研究的议题以及有必要开展新的研究的议题等，作一提纲挈领的归纳整理。本节并非完全拘泥于上述报告，只选择一些自己认为重要的议题作些阐述。

（1）扩大自由化范围？

231 目前，包括家庭用户在内已实现燃气零售市场完全自由化的，即使在美国也仅有少数几个州，在欧洲，按 EU 的第 2 次指令，将争取在 2007 年度实现所有成员国的完全自由化，但未必能顺利推进。完全自由化的实践是从 1998 年开始起步的，充其量也就 10 年左右的时间。例如在德国，在法律上 1998 年就已经完全自由化了，但由于进口依存度很高，至今在上游基本上不存在竞争，尤其是在家庭用户自由化成果指标（供给者变更率等）方面，并没有看到应有的成果。另一方面，作为完全自由化进程中第一棒的英国，上游的北海油气田对于下游自由化环境的营造曾经做出了很大贡献，但到今天，英国却沦为了燃气进口国，多次出现价格飞涨。还能是曾经的“千年王国”吗？今后，自由化的真实价值可能会受到质疑。

幸运的是，日本可以从上述自由化先行国家那里吸取很多经验教训。“市场至上”主义者另当别论，燃气市场自由化说到底只是实现某种目标的手段或工具，燃气市场自由化本身不应该是自我目的。从这些自由化第一棒国家的实践来看，完全自由化的目标或目的是什么？这些目标实现了吗？如果是失败的或者是不完全成功的，其原因是什么？自由化成功的必要条件是什么？等等，都要求我们以这些国家或州所处环境为背景进行客观冷静的分析。希望能够借鉴考察所获得的经验教训，结合日本的国情构建一个“没有疏漏”的制度。

（2）第三方接入——→拆分？

新进入者向大宗用户供给燃气时，所有设备都要由自己出资来建设恐难以承受，所以，要利用一般燃气企业、电力公司、国产天然气企业现有的燃气管道、LNG 基站等基础设施。这就是所谓基础设施“第三方接入”的议题。正如在 3.5.2 节中也曾论述的，按《燃气业法》的规定，一般燃气企业的管道自不待言，电力公司、国产天然气企业等作为“燃气管道企业”也负有让第三方接入（即托送供给）的义务（第 22 条、第 37 条之 8）。另外，LNG 基站则可以通过谈判来处理第三方接入。目前，各家企业都通过自己的主页等公布了使用条件。

此外，《燃气业法》还规定，一般燃气企业必须实行燃气管道托送业务与零售部门的会计分开（第 22 条之 3）、禁止不正当地使用因托送供给所获信息、禁止歧视性待遇等（第 22 条之 4），由此实现所谓“分离”中的“会计分离”和“功能分离”。电力公司、国产天然气企业等（第 37 条之 8）“燃气管道 232
企业”（第 2 条第 6 款）也须参照执行上述规定。

EU 第 2 次指令中纳入了“法律上拆分”的内容，要求将托送供给部门（管网部门）独立出来另行设立公司，但用户在 10 万户以下的企业则可“豁免”，不要求实施上述拆分（在日本 200 多家的一般燃气企业中，用户超过 10 万的仅 40 家左右）。对于上述法律上拆分的规定，可通过控股公司方式中的另设子公司来应对。欧洲委员会竞争总局还时不时地暗示下一步将实行“所有权分离”。如果是国有企业的话，这也许还有可能，但如果强制性地让民营企业实行所有权分离的话，可能会有障碍，因为此举涉嫌侵犯所有权和经营自由。如果强制性实施的话，则违反 EU 条约及成员国国内法，预料会遭到民营企业的坚决反对（甚至引发诉讼）。

重要的是在现行框架下，（包括公司内用户在内的）内外无差别的、公平的托送供给实现了没有？如果说还不充分的话，是否只有通过“法律上拆分”等措施才能保证实现？“法律上拆分”等措施难道就没有副作用吗？等等，希望不要只是观念上的演绎，而是冷静地结合实际情况进行充分研究。

（3）普遍服务 233

现行的燃气业法，没有设置像电力业法第 19 条之 2（最终保障条款）那样的规定，但对于一般燃气企业的“供给义务”（第 16 条）规定的适用对象，可以理解为也包含已实现自由化的大宗用户。因此，无论是大宗用户选择供应者失败时，还是与新进入者解除或终止合同时（所谓回归需求），都应当将其等同于供给义务范围内的用户来处理[139]。3.5.2 节介绍的答询中规定，即使在本年度将自由化范围扩大至 10 万立方米时，“对一般燃气企业继

139　经济产业省资源能源厅燃气市场整备课，原子能安全保安院安全课，商务信息政策局安全课.《燃气业法解说》. 行政出版社，2004：59.

续科以供给义务是合适的”。

假设市场实现了完全自由化，上述体系还能维持吗？如果仅凭让一般燃气企业继续承担供给义务这一现行体制来确保普遍服务的话，一般燃气企业就必须通过内部相互补贴来继续对不盈利的地域或不盈利的顾客提供服务，这就会形成与新进入者之间的“不对称规制”，这种状况合理吗？如果一般燃气企业因内部相互补贴的不断提高而导致经营破产了，又该由谁来收拾烂摊子呢？

再将目光转向欧美，公用事业导入竞争后，首先在电信领域实施了确保普遍服务的机制，这点与日本的情况相同。作为普遍服务的对象应当包括哪些服务？由谁来承担普遍服务义务？补贴机制及补贴核算方法是什么样？由谁来负担？等等，各个国家的情况都不一样。英美燃气市场的普遍服务，带有浓厚的保护社会弱者的色彩。

234 在日本燃气业，如果一般燃气企业经营破产的话，相邻的一般燃气企业会通过吸收合并等方法进行救济以渡过难关。今后，随着竞争的推进，如何确保普遍服务将成为一个非常严峻的问题，但世界各国目前甚至还没有进入摸索阶段。

(4) 托送费计算方式的再探讨？

关于日本现行的燃气托送收费，在 3.5.2 节中已有探讨，采用的是按平均费用计算的“邮资费率表方式（邮票方式）”。前述制度运作研究团队认为，现行的核定方式是有问题的，“应该让收费价格反映边际费用”“应考虑距离、地区、燃气流量等”，为了激励管道企业应当导入“价格上限制”等，各种议论百出。

笔者认为，在日本，无论是燃气托送的距离还是管网，大体上都局限在一个较窄小的范围内，因此对于新进入者来说，更在意的是目前这种计算方法通俗易懂（可核算性高），且透明度高，因此具有一定的合理性。而且还有不可忽视的一点，即不太会产生地区间价格差（对这一点经济学者可能会有不同看法）。

作为可供选择的方案，在第一阶段，首先要考虑的是继续维持还是废止“成本原则”？第二，若继续维持“成本原则”，是否要寻求不同于现行方式的替代方式？第三，若废止“成本原则”，托送费是完全由市场调节、实行完全自由化，还是采用某种替代方式？

作为上述第二阶段（即继续维持成本原则的情况下）的替代方式，如果是在燃气流量极为单纯，只与输送费用成比例的前提下，距离制可能较有说服力。此外，在欧洲，入口/出口价目表（entay-exit tariff）模式逐渐成为一种常用方式，但通常需要构筑系统流量模型。需要对各种方式的利弊得失进行认真研究权衡。

作为上述第三阶段（即废止成本原则的情况下）的替代方式，托送费 235
（规制）的全面自由化，即使在欧美也没听说过，不过也是一种选项。但是，只要燃气管道设备间的竞争激化到托送费价格可以由市场决定的那一天没有到来，托送费（规制）实行全面自由化就为时尚早。

另外，关于价格上限制，正如在英国等国的实践中所暴露出来的那样，也存在效率系数（$-X$）等问题，但值得研究。

（5）燃气管道的建设

日本地形具有山地多、平原少的特点，且国产燃气田仅分布在新潟、千叶等极少部分地区，尚未形成像欧美那样的从国内油气田或进口国的油气田直至消费地的燃气管网（国际管网）。另一方面，通过扩大各企业的供给区域来扩充输气管道这样一种“渗透”方式也有其局限性，因此，还出现了希望能导入公共资金、建设“国家管网”以充实社会资本的呼声。

记得在曾作过 1992 年答询的城市热能分会燃气产业基本问题研究小委员会（笔者是委员之一）中，有种呼声很强烈，认为虽说平田教授提出的建设连接东盟各国的管道网络的宏大构想有些超前，但至少可以在日本的太平洋沿岸带状地带，特别是千叶至广岛福山市之间建设输气管道。答询结束后，也进行了可行性研究，但在不知不觉中无疾而终了。

从 2007 年时的情况来看，以东京燃气公司与大阪燃气公司的“渗透式”管道延长计划为代表，贯通帝国石油、东京燃气、静冈燃气三家公司管网的南富士管道公司（已实现），大阪燃气与中部电力合作的输气管道建设计划、中部电力与东邦燃气合作的 LNG 基站间输气管道建设计划等，多项投资计划排得满满的。这些计划实施的结果，虽未能达到 100%的覆盖率，但连接千叶至福山的设想渐渐不再是梦想了。

如上所述，民间正在采用超越广义的“渗透”范畴的方式，积极稳步
236 地开展燃气管道投资。然而，在前述制度运行研究团队里，“公共干预论”却有复燃的苗头，这不得不让人感到有点可畏。当时正处于“财政重建”时期，不可能有充裕的国库资金用来充实社会资本，因而应尽量发挥市场的作用。况且（也可能是干预方式的原因）当时正在对官方干预水坝、高速公路等社会资本投资进行重新评价。在这样的情况下，为何还要主张公共干预，实在难以理解。

主张公共干预论者声称，并非是要重提“国家输气管网构想”的旧事，只是说将“投资限定在有连接必要的地方”。由于没有提示具体的实例，很难想象具体是指怎样的场景。如果该论者是担忧某些地域之间可能会成为管道投资的空白地带的话，其实，只要不存在联合起来“不对管道连接投资”的消极投资联盟行为，毫无疑问，自然会有民间企业出手（是某一方企业，还是第三方暂且不论）进行“管道连接”投资。希望打着“公共产品”旗号、孕育着不顾经济效益来进行管线投资风险的“公共干预论”者，能够严密地限定相关要件后再重新提出。

3.5.5 留待研究的其他一些课题

1. 多样化的天然气供给形态

作为天然气的输送或供给形态，以往的国产天然气、LNG（气化、压缩后）通常都是采用燃气管道的方式。但近期出现了一些新的方式：① 从LNG基站用油罐车从陆上运输至（一般燃气企业为批发销售设立的或作为本公司中转基站设立的）辅助基站或用户所在地，然后在那里进行气化的方式；②（为向一般燃气企业批发销售）将未经气化的液化天然气通过油轮直接从海上运输的方式。前者也就是通过油罐车来进行大宗供给的方式，必须要有气化设备，因此，通常都认为，这种方式主要是用于对一些尚未铺设燃气管道地区的供给。其实不然，即使在一般燃气企业的供给区域内，只要与管道供给方式进行比较，在价格上更有优势、在经济效益上更为有利的话，（新进入者）就有选择油罐车运输方式来进行
237 LNG供给的空间。这种“LNG液体销售”可谓是一种新的供给形态。

在此基础上还出现了先在“LNG辅助基站”进行气化，然后通过管道供给的方式。

管道供给具有LNG液体销售所不具有的好处（可在短时间内大批量输送，同时还具备有限的贮藏功能），因此可以预料，管道供给不可能被LNG液体销售所取代。在目前时点上，如暂不考虑安全规制的话，液体销售不受公用事业规制，这也许是它的有利之处。之所以会出现新的输送方式、新的供给方式，“需求是发明之母”，这也是“市场智慧的产物”。

2. 多样化的燃气管道企业

第3次燃气事业法修订当时，作为燃气管道的所有者，除了一般燃气企业外，还有电力公司、国产天然气企业等，所以创设了“燃气管道企业”概念。其后，出现了新的管道企业类型。如3.5.4节中所述“南富士管道有限公司”，其自身并不拥有燃气，只是供出资者，即归帝国石油、静冈燃气、东京燃气等公司所有的燃气在管道中往来输送，属“纯粹的管道所有者公司”，也就是纯粹的“管道（出租）公司”（类似于运输业中的“道路”）。至于中部电力与大阪燃气合作的广域管线，会采用怎样的经营形态、使用形态，目前还无法预料。对于这些新出现的管道企业，是将它们作为“燃气管道企业”禁锢在目前的框架内，按现有的规制，让它们承担向第三方托送供给的义务、须将内外无差别（非歧视性）的托送条件提交备案（对备案的条件还可命其变更）（依据第37条之8规定参照适用第22条）？还是从投资回收的角度考虑，通过对一些规制的弹性解释、灵活运作来寻找一种折中的方法？比如说灵活运用第22条第3款但书的规定（容许适用托送合约以外的条件），再比如说对同条第4款第1项及第2项规定的要件作尽可能狭义的解释（极力“缩小”解释）等[140]。总之，需要研究如何找到最好的解决办法。

3. 氢燃气管道供给的可能性 238

“21世纪是氢气的时代”这句话已经说了很久了。假定说，通过管道向用户提供氢燃气的话，应该怎么处理？是否完全不存在与现有的12A、13A

---

140 经济产业省资源能源厅燃气市场整备课，原子能安全保安院安全课，商务信息政策局安全课.《燃气业法解说》. 行政出版社，2004：80－81.

城市燃气管道通用的可能性？在氢燃气中是不是要添加气味？等等。作为外行有太多的不明之处，所以要在目前阶段来解释或讨论立法问题，恐为时尚早。

4. 结束语

对上述新课题群的解读，远未能达到“转换思路”的境界，但欲速则不达，回归行业规制的“本源”才是捷径。也就是说，对诸如“没有规制的弊端是什么？”“对产业实行规制的话其规制的目的是什么？”“该规制的目的与规制的手段、形式、强弱之间是否有相关关系？是不是违反比例原则
239 （有无有过度规制）？”等问题，需要进行充分的探讨、验证。因为是“假设”，所以以检验表的形式制作了一张表。以这些问题为线索，通过充分的考察，希望得出的结论尽可能不是简单的所谓“规制的失败”或“市场的失败”（表3－4）。

表 3－4 对能源行业规制的形态

	市场准入·业务活动							合约内容			
	法定垄断	指定	供求调节许可	许可	登记	备案	非规制（自由）	备案	附有变更命令备案	认可	法定条例
业务进入											
业务退出											
设备投资											
业务活动											
进入上游											
批发销售											
零售											
托送											
合同内容											
合约制作											
个别合同											
复合型服务的提供											
融资											

注：1. 与业务活动相关的垄断禁止法、消费者保护法、环境法、安全保安规制等，不在本表对象之内。

2. 除出于行业法的法律目的的相关规定外，还需注意宪法上的相关规定，如经营自由（第22条、第29条）、国民安全性确保义务（第13条、第25条）等。

第3篇　政府规制产业法

242

第 4 章　政府规制产业法论

开题

原出处："现代经济社会中的公企业与法"正田彬 金井贵嗣 畠山武道 藤原淳一郎《现代经济社会与法——现代经济法讲座 1》（三省堂，1990）。

首先，对相关概念作一辨析。原出处标题中的"公企业"，狭义的仅指经营主体为公共机构的企业，行政法学、经济法学中使用的"公企业的特许企业""公共企业"是指经营主体为民间的企业（4.1.3 节）。本章标题中采用的"政府规制产业"，与美国的"公用事业"是同义语，与上述"公企业的特许企业"并没有太大的差别（狭义的规制产业）。本章的基本出发点是拟从经济性规制的强弱来论述经济规制，因此采用的是广义的"政府规制产业"，其外延要比公用事业更广，是作为广义的政府规制产业来使用的。

笔者研究生时代的恩师、在其家乡度过余生的神户大学山田幸男教授（已故）曾在国有化、公社化时代出版过专著《公企业法》（有斐阁，1957 年），而处在民营化、放松规制时代，应当如何来继承并改写《公企业法》？笔者也试图在本章中作一些探索。

自美浓部达吉博士以来，通常都认为"公企业"提供的服务具有"生活必需性"和"垄断性"两个指标（公用事业的特殊性质），其中的第二个指标即"垄断性"，即使不放松规制，利基市场（译者注：指某些细分市场或小众市场）或替代服务间的竞争无疑已使得其行业"垄断性"发生了动摇。山田氏提出的一个新观点，即"公企业"具有"社会经济性义务"（4.1.2 节），如要刨根究底的话，也可以将其理解为等同于前者，即"生活必需性”，但缺乏决定性的判断素材。

本章在参考了当时的政府规制产业论（公用事业论）的研究成果(4.1.2节)的同时，也运用了一种新的方法论，就是将对过去所说的政府规制产业（公用事业）所实行的经济性规制的中心部分或者说是核心部分的两项规制，即“市场准入规制”与“收费价格规制”置于“政府规制”的中核地位。考虑到各个规制产业的规制在不断变迁，所以将各个行业的“市场准入规制”及“收费价格规制”进行了归类（4.3.1节及4.3.2节）。最后，以上述两项指标为横轴，以规制的形态、强度等为纵轴绘制一个规制矩阵（4.1.3节）的形式完成了本章的论述。此外，还需补充说明的是，上述两项指标将来会陈旧过时，因此，仅作这样的分析论述是不充分的，也许需要寻求更为合适的、能体现规制手段的指标，再次重构规制的基本框架。

本章作为企业主体论（即组织形态论），也涉及公私分担论和民营化论(4.2节)，此外，还探讨了上述两项指标以外的其他一些行业规制（4.3.3节）。让笔者感到自负的是，文中对于当时所提倡的基础设施的所有与运营的分离（如铁道运输行业中的运营公司与轨道公司的分离）的电力行业版的论述部分（4.4.2节），是领先时代的。关于送配电设备的所有与送配电运营管理分离的可能性，包括所谓的分业经营是否合适等，都是今后需研究的课题之一（参见“悄悄进行的所有权分离——欧洲电力和燃气业的新火种”能源月刊，第39卷第11号23页，2006年）。发电设备所有与发电设备运营的分离，让人联想起发展中国家送电设备建设中的BTM（Build，Transfer Maintain）方式（藤原淳一郎编《亚洲基础设施——21世纪的展望》，第3、6页“序章”庆应义塾大学出版会，1992年），从融资和维修保养的角度来看，在日本，在自发电层面也许也有这样的实例，但在大规模发电设备方面还没听说过有这样的先例。

244 已故远藤博也教授就本章单行本给笔者写的回信仍留在记忆中。笔者在单行本中认为，以往的行政法学的理论框架与现实之间存在着反差，远藤博也教授在信中对此作出了善意的反应：“在《行政法Ⅱ·各论》中未曾注意到（这个问题），今后修订再版时一定会展开深入阐述”。但远藤教授未及修订本出版就去世了，对此甚感遗憾。

本章执笔后，在部分章节的注释中引用了舟田正之的论文，共6处，引自舟田正之所著《信息通信与法律制度》（有斐阁，1995 年）第一编《“公共企业”的概念与“法制度”》和第三编《组织法的诸问题》。土佐和生在其所著“电信产业与经济法”（日本经济法学会编《经济法的理论与展开》，第 252、267 页，三省堂，2002 年）一文中认为，“两项指标（市场准入限制与收费价格规制）仍然很重要，它将传统理论中所说的‘垄断性’和‘生活必需性’的各项要件换了一种表述以供实定法上的分类”，并将根岸哲、舟田正之、岸井大太郎等人的观点以及笔者的见解归纳起来，断言“他们均认为，对有关静态的（公共企业）业务范围的讨论带来冲击的就是现实中的放松规制政策的推进”。对于他的这一观点，前半部分暂且不论，至于后半部分，至少从笔者个人认为，它不是一种静态的分析，而是主张应充分考虑到规制的动态变化，据此绘制矩阵进行分析的框架。本章执笔后，就类似主题进行研究的还有岸井大太郎《日本公用事业法的历史展开与规制放宽及规制改革》（法学志林，第 97 卷第 4 号第 1 页，2000 年）、《行业法与消费者——“竞争性公用事业”与普遍服务》（日本经济法学会年报，第 29 期第 48 页，2008 年）等。

作为本章研究对象的行业中，由于民营化及放松规制等因素，不少行业的市场准入规制、收费价格规制等已大幅修订或取消了。因篇幅所限，这里只能选择一些典型行业进行分析。

作为“法定特定者或完全垄断型”的邮政事业，原来属国家专管的公共事业部门，经历了公社化，目前已实现了民营化。虽说邮政事业股份有限 245
公司的邮政业务是垄断的（邮政法第 4 条），特别是书信类邮件的递送依然是垄断的，但《关于民间企业从事书信递送的法律》（平成 14 年法律第 99 号）打开了市场准入的可能性。不过在全日本范围内尚未有市场进入的先例。原属“法定主义”的邮政收费，也已改为大臣备案制（《邮政法》第 67 条）了。

关于“需求调节型”的电力行业，正如第 2 篇第 3 章 3.4 节开题中所述，对约 60%的用户（在制度上）赋予了供应商选择权。对 50 千瓦以下的用户依然实行地域垄断，因此在电力业法（以下简称“电事法”）规定的一般电力企业（十大电力公司）许可基准中依然保留了供求调节条款（“电事法”第 5 条第 1、5 款），而对新进入者从事特定规模电力业务只实行简单的备案制（同法第 16 条）。对于家庭用户等尚未实行自由化的用户的收费定价，依然维持了合约许可制（同法第 19 条第 1 款），但如果是下调电价的话，只需简单的备案即可

（同条第3~5款）；对已实行自由化的用户的收费定价，无论是电力公司还是新进入者，在法律上均无规制。关于燃气业，也如第2篇第3章3.5节中所述，与电力业一样，已对约70%的用户实行了供给自由化，燃气业法（以下简称“燃气法”）保留了一般燃气企业许可基准中的供求调节条款（“燃气法”第5条第1、3款）、大宗供给备案制（同法第37条之7之2、第37条之7之3、第38条）、对家庭用户等非自由化用户的燃气收费合约认可制（同法第17条第1款）、燃气费下调备案制（同条第3~5款），对自由化用户的燃气费（制度上）不实行规制等，这些都与电力业相同。

关于运输业，包括出租车在内的一般汽车客运业（道路运输法第3条）市场准入许可中的供求调节条款被取消（同法第6条，但在第8条中设置了“紧急调节措施”）。此外，曾经针对出租车行业实行的“同一地域，同一运费”的行政规定也被取消，实行多重运费。

在电信领域，由于电信业法（以下简称“通信法”）的修订，取消了第一类、第二类的业务区分（参见第2篇第2章2.2节的开题），实行登记制或备案制（“通信法”第9、第16条），关于通信费等合约条件，对提供基础性电信服务的企业实行合约备案制（同法第19条），只对拥有第一类指定电信设备的NTT东、
246 西（日本）2家公司的特定电信服务费实行“价格上限规制”（同法第21条）（参见多贺谷一、冈崎俊一编著《电信业法修订版逐条解说》第39页以下，电信振兴会，2005年）。表4－1给出了“政府规制产业”概念。

“任何行业都不会永远是（公用）事业”。

表4－1　“政府规制产业”概念

业务主体 学科领域	官（公）	民（私）①
行政法	公企业	公企业的特许企业
经济法	——	公共企业
经济学	——	公用事业
经济学 法律学	——	政府规制产业（狭义）②

注：①“民（私）”栏目下的4个概念是指的同一类企业。

②广义的“政府规制产业”中，除本表外，还可包括弱经济规制的一些行业。

4.1　日本的“政府规制产业法”论

4.1.1　以往的“公企业法”学说史

（1）第二次世界大战前，美浓部博士将“公企业”定义为“国家或公共团体为了特定的公共目的而经营的企业，不以权利的行使作为其本质”（美浓部达吉，《行政法撮要・下（修订版）》，第 120 页，有斐阁，1928 年），并认为，作为公企业特权的企业垄断权“未必意味着国家自己去经营……也可能是特许给（私人）经营”（该书第 144 页），这种“国家将属于自己的企业经营权特许给他人经营的行为”称为“公企业法的特许”（该书第 195 页）。在美浓部博士那里，作为行政法的各分支理论体系，包括“警察”“保育”“（与无形财产权、矿 247 业权、渔业权等相关的）法政”“财政”“军政”等五个方面，“公企业”是与公物、公企业的特许、私企业的保护、公用负担等一同被作为“保育”概念之一（同书第 114 页）。此后，美浓部博士又对公企业概念作了修改：“所谓公企业法，是指为了特定的社会公共目的，国家或公共团体亲自行使经营权，或私人企业基于国家授权行使经营权，不以权利的行使作为其本质”，将“公企业的特许”也包含在内了[141]。美浓部博士还将行政作用区分为内政、外交、财政、军政等四大部门，其中与内政相关的行政作用可再进一步区分为“警察法”“保护及管制法”“公企业及公物法（或保育法）”“公用负担法”等四类，而公企业是在这样一种分类体系中作为一种分类概念来使用的[142]。由此可以推论，上述“公企业”概念，要比日常用语中所说的“公企业”概念广得多，涉及道路、河流、港口、都市计划、货币、社会保险、教育事业等（同书第 127—128 页）。

第二次世界大战后，田中博士沿袭了该理论的总体框架，例如他在 1966 年的教科书中，就曾将行政作用法体系区分为“警察法”“规制法”“公企业法（或给付行政法）”“公用负担法”“财政法”等五类。但在该

141　美浓部达吉.《日本行政法　下卷》. 有斐阁，1940：576.

142　美浓部达吉.《日本行政法　下卷》. 有斐阁，1940：3－7.

教科书中，废除了在那以前的“公企业的特许”概念[143]，对“公企业”概念进行了重新梳理，“将具有较强公共性的企业泛称为公共企业”，并将其定位于作为“规制法”之一的“公共企业规制法”中，认为只有国家或公共团体等从事的企业才是“公企业”，这是该教科书的一个特征[144]。

248 有学者对美浓部、田中两人的学说提出了批评，认为他们两人都试图用“公企业”概念来穷尽并说明（作为行政作用法体系中的）所有非权力作用，这是非常困难的[145]；并且还批评说，田中的学说根据经营主体是公还是私，将“公企业”与“公共企业规制法”分离，导致以往的“公企业”概念成为一个空壳[146]。

（2）另一方面，渡边博士提出了以“交换经济性”或“对价性”作为要件的“公企业”概念。即在广义上，“所谓公企业，是指通过获得一定的对价来提供劳务或财产，以直接满足一般国民的精神或物质需要的福利性行政作用”，狭义上是指上述定义中的“基于职责同时又基于营利的考虑所进行的部分”[147]。山田幸男博士又进一步发展了这种观点，认为“所谓公企业，是指‘国家或公共团体以社会公共利益为目的直接经营的企业’”，并将收益性（收益目的性或盈利目的性）作为“公企业”概念的内涵，并认为“加上（公企业）的特许企业，就构成了广义的公企业”[148]。山田学说之所以对狭义的“公企业”概念附加了“收益性”要素，其背景是当时以所谓独立核算制为前提，设立了以 3 家公社为代表的特殊法人。

249 在那之后，起始于渡边、山田两博士的上述“公企业”概念，得到了多数学者的支持。

（3）通过考察第二次世界大战前的学说中是按怎样的标准来判断私人从事某项业务的经营是否符合“国家在保留自身权利的前提下，将经营一定业务的权利赋予他人的行为”，即“公企业的特许”的，可以了解到第二次世

143 田中二郎.《新版行政法·上（全面修订版）第 2 版》. 弘文堂，1974：123，126.

144 田中二郎.《新版行政法·下Ⅱ（全面修订版）第 1 版》. 弘文堂，1970：299，328，330，337.

145 今村成和.《行政法讲座第 6 卷》. 有斐阁，1966：166.

146 远藤博野.《计划行政法》. 学阳书房，1976：76，84.

147 渡边宗太郎.《全面修订版日本国行政法要论·下》. 有斐阁，1955：96.

148 山田幸男.《公企业法》. 有斐阁，1957：49.

界大战前学说的另一个侧面。

美浓部博士认为，是否属于“公企业的特许”，“不能只根据规定的字面上来确定，要就该行为的性质作出判断”，作为判断基准，即假定没有法律规定，私人认为该经营活动理所当然是可以从事的，这属于“警察限制”；而假定没有法律规定，私人认为该经营活动完全不可以从事的，则属于“公企业的特许”[149]。但是，这一标准感觉是在用问题来回答问题。之后，美浓部博士发展了自己的理论，认为作为区分两者的判断基准，①“法律将某种业务作为国家的业务，并将其保留为国家的权利，这是因为该业务属于为实现公共利益所必需的业务，将其交与自由竞争的私人，放任其营利性经营是不合适的……因为是国家业务，所以应当断定其必然具有公共性质，且事实上具有垄断的倾向”；②“对于国家而言，为使其与公共的目的相适应，负有应当履行该项业务的义务”；③“从事该项业务应服从国家的特殊监管”；④（并非所有情况下都适用的共同原则）应规定国家或公共团体拥有收购权等，并认为“应当将上述几点综合起来考察”。运用该标准具体来看的话，地方铁路、轨道（交通）、运河、自来水、燃气、电力等就属于该类业务，而“像汽车制造、钢铁业、石油业、肥料制造等，在业务性质上不具有公共垄断的性质，没有根据认为只能基于国家的特别授权才可经营，因此 250
仍属私人业务”[150]。

上述美浓部博士提出的四项判断基准中，第三项基准有“特殊权力关系”论的色彩，在第二次世界大战后受到了批评。除此以外，笔者认为值得特别关注的是第一个基准中的“公共性质”和“事实上的垄断倾向”等两项指标。因为如果将前者（即公共性质）理解为意味着“服务的必需性”的话，则上述两项指标就与经济学上历来作为“公用事业”内涵来阐述的“服务的必需性”“自然垄断性”相对应的。但美浓部是否真的是受到“公用事业”论的影响而提出“公企业的特许的指标”的，笔者没有可供判断的资料。

另外，将“垄断性提供生活必需给付的企业”作为“公共企业”概念

149　美浓部达吉．公企业特许的法律上的性质．法学协会杂志，1914，32（2）：212－213．

150　美浓部达吉．《日本行政法·下卷》．有斐阁，1940：650－653，658．

构成要素（即① 生活必需；② 垄断性提供；③ 企业）的北村教授，也在一定程度上受到“公用事业”论的影响[151]。此外，还有从事实务的（当时供职于）递信省的远藤氏的观点，他认为“正是某种业务的性质，才是区分该业务应属公企业还是私企业的最根本的要义，至于法律上是否有明文规定实行业务垄断，或命令其必须履行该业务则是判断其业务性质的第二个层面的基准……某种业务是向社会大众提供不可缺少的生活必需品的，在社会观念上，人们认为其业务经营得好坏或其供给条件是否恰当能决定性地制约公众
251 利益，因而是具有垄断性的，从而要求国家像对铁道、轨道（交通）、供水等一样，对该业务的履行加以干预的话，就应将其视为公企业”[152]。几乎是同一时期，当时的递信省电力局长在负责旧电力业法修订准备工作的临时电力调查会特别委员会提出，“当前，在理论上相信确立供给区域垄断可以避免因竞争导致的重复投资以及其他弊端，鉴于以往的实践，目前应立即实行垄断制……”，他的这种备受关注的观点，应该也是受到公用事业论或公用事业规制论的影响[153]。

（4）第二次世界大战后，在法律学者中，对于美国公用事业规制的研究渐趋活跃，而积极地将此项研究导入“公企业的特许”论的是山田幸男博士的“（公企业的）特许企业”论。正如在（3）中所看到的，山田博士认为，关于“公企业的特许”，过去在法逻辑上是以该业务的“国家垄断”为前提的，而在经济学上则是以“自然垄断”为核心的，是将“公企业的特许”作为“保障地域性的垄断经营权，使企业可以合法地从事经营，同时
252 又能更好地让其履行经营义务”[154]。（当时的）垄断禁止法第 21 条（规定了对于自然垄断固有的行为适用除外）、劳动关系调整法第 8 条第 1 款（规定了“公用事业”作为紧急调节、争议行为事前通知义务等的适用对象）等都是作为“自然垄断”或公用事业规制论在实定法上的依据[155]。关于“特许

151 北村五良.《公共企业概念的重要性（4·完）》. 国民经济杂志，1930，49（6）：936－937.

152 远藤后一.《现代法学全集第 14 卷·电力业法及燃气业法》. 日本评论社，1929：306－307.

153 递信省电力局.《临时电力业调查会特别委员会议事要录》（修订咨询），1930：17.

154 山田幸男.《公企业法》. 有斐阁，1957：74－76，87，152，191.

155 山田幸男.《公企业法》. 有斐阁，1957：89.

企业”的外延，除了历来被作为“公企业的特许”的电力、燃气、自来水、地方铁道、轨道（交通）、道路运输等行业外，山田博士还将银行业也列入了“特许企业”。其论据是“关于银行业是许可企业还是特许企业的问题，其决定因素是（对银行）存在着有关主管大臣对企业经营的积极监管的规定，而该监管规定对于所谓警察许可的业务是不存在的”[156]。但是，连银行业也纳入特许企业的观点理所当然地招来了许多异议。不过，山田的观点，严格地来说，是认为“具有自然垄断倾向的公用事业，在日本实定行政法上是作为公企业（如日本国有铁道、日本电信电话公社、地方公营企业等）或作为特许企业（如燃气、电力、地方铁道业等）的，但在实定行政法上应当作为公企业（如日本银行、公库、公团等）来解读的，或应当作为特许企业（银行、保险业等）来解读的远不止上述这些……其范围的确定要考虑特定国家的社会经济条件，在形式上则应通过实定行政法来规定”，因此，即使存在不属于“（自然垄断的）公用事业”的“特许企业”也没关系。如果是这样的话，那换成“地域垄断”后，“特许企业”概念的内涵该如何来界定？如果按照上面有关银行的论述，以是否存在“积极的监管权” 253
作为判断基准的话，那（当时的）石油业法上的石油炼制业又该怎么看待呢？仅仅分为“警察许可”与“公企业的特许”这种二分法本身是不是就有问题呢？留下了很多的疑问。

以山田博士的“（公企业的）特许企业”论为契机，以“国家垄断”这种“天赋国权”为基础构成的传统的“公企业的特许论”进一步遭到批判[157]，其结果，出现了许多不同的学说，如（1）中所述，田中博士主张用“公共企业”取代“公企业的特许”，此外，还有主张以“公企业的许可”（杉村敏正的观点），或以“公用事业许可”（原田尚彦的观点）来取代“公企业的特许”[158]，认为并不是只有公企业的特许和警察许可两者择一的选择，作为中间领域，还可以设立“准公用事业或寡头垄断事业”（岸根哲观点）或“统制许可”“调节许可”等范畴[159]（原田尚彦、远藤博野的观点）等。

---

156 山田幸男.《公企业法》. 有斐阁，1957：84－85，189，196.
157 今村成和.《行政法讲座第6卷》. 有斐阁，1966：176.
158 原田尚彦. 特许企业的意义. Jurist 月刊. 有斐阁，1964（300）：114.
159 根岸哲.《规制产业的经济法研究・第Ⅰ卷》，1984：231－232.

另一方面，关于“特许企业”的范围，今村教授认为，“特许企业规制，对于内含自然垄断的性质，与公众的便利密切相关的行业……当然要实行管制”，但“最终，（应将哪些作为特许行业）这是立法政策上的问题，未必非要具备自然垄断性质这一要件……即使对企业活动实行了高度规制，但未同时赋予垄断经营权的就不是特许企业”，据此将银行、仓库、石油炼
254 制行业等明确地从特许企业中排除了[160]。在此以后，将“垄断性”作为“特许企业”的标志之一成为很多学说的一个共同点。

（5）即使不是像美浓部、田中两学说那样的作为行政作用法体系的“公企业法”，而是像山田的观点那样，将“收益性”置于“公企业法”概念的核心位置时，也有一个有待说明的问题，即应当如何来说明“公企业”与“（公企业的）特许企业”的关系。对此，今村教授作了明确且通俗易懂的分析：“公企业是国家或地方公共团体经营的企业，对它的法律规制可以理解为是对行政实行立法管制的一个环节；而相对于此，特许企业是对公共性很强的私人企业实行法律规制的一种方式，……虽不能发现两者的关联”，但“两者之间有密切的关系”：“① 对于公共性强的行业，某些情况下国家或公共团体会作为公企业亲自来经营，某些情况下也会作为特许企业实行高度规制（如铁道行业）；② 公企业由独立法人来经营时，特别是利用股份公司的形式，采取公私混合经营的形态时，与特许企业基本上没什么区别（例如，依据［当时的］日本航空股份有限公司法设立的日本航空股份有限公司，就可以视为是公企业的一种形态，但作为航空法上的航空运输企业，它又是特许企业）；③ 公企业处于垄断行业时，在法律规制的适用关系上，与特许企业并没有实质性的差别（可查阅有关邮政行业、电电公社、国铁等实现民营化前的邮政法、公众电信法、铁道营业法等）”[161]。

4.1.2 政府规制产业（公共企业）的概念

（1）如 4.1.1 节中（4）所述，将该行业的“垄断性”作为“特许企业”或“公共企业”的标志之一是很多学说的共同点。例如，远藤教授基

---

160 今村成和.《行政法讲座第 6 卷》. 有斐阁，1966：181，184.

161 今村成和.《行政法讲座第 6 卷》. 有斐阁，1966：184－185.

于传统的公用事业论，通过两项标准，即所提供的服务对于公众的日常生活是不可缺少的，即“生活必需性”，在垄断条件下更便于提供该类服务，即“垄断性”，构成了“作为公用事业的公企业”概念。关于前者即“生活必 255
需性”列举了以下一些特点：① 产品或服务的需求缺乏弹性；② 产品或服务的不可转移性；③ 产品或服务受设备场所的制约性等。关于后者即“垄断性”，列举了以下理由：① 该类产业多属于设备密集型产业，固定设备投资巨大且不可分割，故不适合自由竞争，加上产品或服务的不可转移性而导致的地域垄断性；② 由于管道设备等需要占用公用土地，或不得不强制性地利用私人土地而导致的垄断性；③ 由于需求缺乏弹性、产品或服务内容的均质性、设备受场所的约束、固定设备投资巨大等因素，竞争会由价格竞争走向毁灭性竞争，迟早不得不通过垄断来平息，即所谓的自然垄断性；④ 作为“应该从其他技术上的理由来说明的”，如邮政、电信、电话等要求提供全国统一的服务等[162]。舟田教授则认为是“从事的业务是提供被认为对于公众生活必需的产品或服务，且在法律上被容许垄断的企业”，提出了生活必需性、垄断性、企业性等三个要素[163]。

另一方面，将“垄断性”作为唯一指标的是根岸教授的观点。根岸教授认为，向竞争原理寻求政策原理的规制立法是垄断禁止法，而向计划原理寻求政策原理的规制立法是“公共企业”法，但后者也是在容许“垄断”的同时，通过直接规制来确保实现理想的预期效果，两者最终是指向同一个目标的，主张应当将“公共企业”规制作为“应能发挥竞争的替代功能、有意识地对‘在法律上被允许垄断’的企业实行的规制”来把握。根岸教授认为，去除“生活必需性”指标，仅把“垄断性”作为指标是“明确的且符合逻辑的”，其理由是，①“生活必需性”是“因时因地而变化的、相对的”，②“垄断禁止法弃置垄断，是不问该企业提供的给付是不是公众日常生活所不可缺少的，是从无论怎样的情况都不希望出现垄断的立场出发来 256
阻止垄断的形成……，是从确保能带来与竞争同样的结果这一观点出发而实行规制的”；③ 以电力行业为例，“既提供公众日常生活不可缺少的给付，

162　远藤博也.《行政法Ⅱ·分论》. 青林书院新社，1977：156，159－162.

163　舟田正之.《国际电信相关法治的研究——KDD 创业 25 周年纪念论文集第Ⅱ部》. 国际电信电话，1979：87.

也为一般产业提供基础性给付……但并没有将两者区别对待，而是要服从统一的同一的规制”[164]。

舟田教授的观点则恰恰相反。他的（虽然也将垄断性指标作为概念的要素之一，但）重点是放在“生活必需性”上。对于根岸教授作为去除“生活必需性”指标的论据，舟田教授一一作了回应。对于第一点，“具体而言，虽然考虑到电力、燃气、自来水等成为生活必需品的历史性变迁是必要的……城市化及科学技术的发展……生活必需品的范围在不断扩大”，但绝不应该将其作为相对性的东西来看待；对于第二点，垄断禁止法就是要阻止人们所不希望的垄断的形成，这也是规制本来的目的，指出这一点是“正当”的。但对于具体的规制目的“就是为了确保能带来与竞争同样的结果”这一点，“因给付的产品或服务的性质及社会评价不同，规制方式也不同……对于生活必需品，可以存在不同于市场经济逻辑的规制方式，即可以按特定政策依据对该产品或服务的判断所确定的价格或收费来给付”；对于第三点，舟田教授认为“恰恰可以从中得出这样一个政策原理，即应当从公共企业的各种活动中，将真正与生活必需品相关的那部分业务从其他产品中分离出来加以规制”[165]。因此，承认公共企业向消费者提供生活必需的服务具有特别的意义，可以从“公共企业所从事的各项业务，既是在发挥广泛的社会形成功能，同时也向每一个消费者直接供给这一点上，找到规制的特殊根据”[166]。

（2）近来，引起广泛议论的，就是以往的“特许企业”论都将所谓的
257 “自然垄断”作为其概念构成的核心，但行业的垄断性瓦解了，“自然垄断”论也动摇了，这在运输业中表现得尤为明显，这就迫切要求重新认识以往的概念构成。

与此相对应的学说观点大致可以分为以下三类。①不改变原来的概念，“垄断性”仍然作为核心概念继续维持。如果坚持这个立场的话，除非将已失去垄断性的业务从“公共企业”或“特许企业”中剔除出去，并重新归

---

164 根岸哲.《规制产业的经济法研究·第1卷》. 成文堂，1984：172－174.

165 舟田正之.《国际电信相关法治的研究——KDD创业25周年纪念论文集第Ⅱ部》. 国际电信电话，1979：98－100.

166 舟田正之. 公共企业法的规制原理——以运输业法令为中心. 经济法学会年报，1981（2）：57－58.

类为“准公共企业”或“准公用事业”，否则这一观点就可能陈旧过时了。②将垄断性作为概念的要素之一，同时从“生活必需性”的视角去寻求规制的终极目的（舟田教授）。由于自然垄断的动摇，该行业仍属于有“部分竞争”契机的“公共企业”，还是随着全面竞争的推进转变为“竞争性公用事业”[167]，要根据其结果来处理。磯部教授也认为，“最根本的还是要从通过 258
生活必需品的给付以实现生活权保障这一点来寻求规制的终极目的。但与现代城市社会的高度复杂化相对应，生活必需品给付等于生活权保障的实质已变化为更具广泛性且更具复合性了……也就是说，现代意义上的生活必需品给付，只有通过形成公共性的国民生活或社会环境才能充分进行”。因此，可以推定他的观点与舟田教授是相同的[168]。

上述观点可以说基本上都是维持了原来的指标，只有与这些指标相一致的才属“公共企业”，不一致的则归类为“准公用事业”或“竞争性公用事业”等其他范畴。

（3）还有观点认为，为了应对上述情况，应该要像哥白尼提出日心说一样，来个大逆转，彻底打破旧有的概念结构，重塑新概念。最鲜明地提出这一观点的是山田幸男博士。

山田博士指出了现状的复杂性，认为“在日本，目前，自然垄断这一公共企业要素能够得到完全认定的，可以说，只有电力、燃气、邮政、电信、电话、广播电视和自来水等行业。相对于这样一些行业，运输业，如（当时的）日本国有铁道所表现出来的那种极端情况，在旅客及货物运输方面，自然垄断原理在财政上‘败’给了自由竞争原理的抬头……在经济学上，作为古典的公共企业要素之一的自然垄断原理本身，其动摇的程度已使得其在现代社会中早已不再成为决定因素了”，基于这样的认识，山田幸男建议：“作为探索性理论，如果自然垄断（等于地域垄断）这一逻辑早已不能充分有效发挥作用的话，作为这种理论的替代物，是不是应该将‘负有在合理利 259
润下持续经营特定业务或企业的社会经济性义务’作为现代公共企业概念的内涵来构建（山田幸男，“关于公共企业的若干考察”田中二郎古稀纪念《公法理论·下Ⅱ》，

167　一濑智司. 电信新时代与公用事业概念的新动向. 公用事业研究，1986，38（2）：39.

168　矶部力.《岩波讲座基本法学 7·企业》. 岩波书店，1983：316.

第 2187—2188 页，有斐阁，1977）”。

对于上述“在合理利润下持续经营特定业务或企业的社会经济义务”这一新指标，不禁很自然地产生了下面一些疑问。① 以往的公用事业规制是在承认垄断经营权的情况下，对企业科以供给义务（不过，医师法第 19 条规定了医生诊疗义务、旅馆业法第 5 条规定了旅客住宿义务，尽管没有赋予垄断地位，但都认定其具有提供服务的义务）及持续从事业务的义务（作为市场准入规制的另一面，则意味着不得自由退出）的。而上述新观点，在业务垄断权没有保障的情况下，却要求企业履行“持续经营义务”，这从何谈起？② 其所说的“合理利润”是不是指的通过行业法上的收费认可制度、以法律形式加以保障的成本加“合理利润”？（如果由市场决定的话，是不保证所谓合理利润的）。③ 作为其外延，是否包含学术讨论中称之为“统制许可”或“准公用事业”的（当时的）石油炼制业？④ 更为根本
260 性的问题是，根据上述“社会经济性义务”的含义和内容，很可能与“公共企业”的另一个指标，即“公共性”或“生活必需性”完全是同义词。假定两者是同义词的话（对错暂且不论），那就成了单一指标；如果与“公共性”不是同义词，而是另外的指标的话，那它究竟意味着什么？两者怎样区分？两者的边界在哪里？等等，这些都是问题。笔者认为，山田学说中的“社会经济性义务”概念按其展开的方法，可能与舟田的观点即将重点放在“生活必需性”上的观点极为相近。“社会经济性义务”概念，能根据时代的变化伸缩自如，在此意义上是一个富有弹性的概念，这是它的有利之处，但作为区分受规制行业和不受规制行业的基准，不得不说，这一概念很难作为一种
261 区分基准来发挥功能。山田博士能够不拘泥于以往的理论结构，而是顺应时代的变化，提出全新的设想，对此笔者深表敬意，但遗憾的是，山田博士未及具体展开上述设想便去世了，因此，博士的真实想法究竟是怎样的？笔者的上述疑问或者说感想是否偏离了他的本意？等等，至今不得而知。

4.1.3 “政府规制产业（公共企业）法”论的含义

1. 新的研究方法

经济学上是如何看待上述“自然垄断”的动摇的，这是探讨“公企业

法”概念的前提，因此，先对主要的相关研究作一概述。

（1）以往的自然垄断论是将因巨额“固定费用”产生的“规模经济”作为重要指标的。对此，有观点认为，应将以往的纯粹“固定费用”与“沉没费用”（即资本一旦投入，就被完全固化在投资标的上，而不能转用于其他领域的费用）相区分，焦点应聚焦于后者，即固定费的“沉没费用性”上。也就是说，只有不可转为他用的或成为机会成本的“沉没费用”才可能成为现有企业所拥有的、相对于新进入者的竞争优势，从而，“沉没费用”就成为一种市场进入壁垒。如果不存在足够的“沉没费用”的话，该市场就是“可竞争市场”，至少以排他性的特许经营形式来构筑市场进入壁垒是缺乏合理性的，这就是所谓的“可竞争市场论”[169]。

（2）（假设像电信业那样的）提供多种服务的企业中，一家公司同时提
供多种服务的全部成本要比数家公司分别提供这些服务的成本总和更低，即 262
“次可加性”成立的话，说明一家公司“综合生产的经济性”，亦即“范围经济”成立，就越接近于自然垄断[170]。

（3）（像电力业那样，生产、流通，即发电、送变配电、供电的全过程）全部由一家公司垂直一体化经营，即所谓的“整合的经济性”[171]。

（4）（像电力业、电信业那样）在服务地域具有固定性的网络型服务供给行业中，如果是由多家企业分别拥有的话，相对于垄断性供给，市场交易费用可能会增加，这就可能为垄断奠定了基础[172]。

上面列举的四种研究视角，相互之间未必是一种排他性的关系。

2. 对不同“规制企业”的再探讨

运用上述近期的经济学分析方法进行分析时，该如何评价过去在日本被作为政府规制产业的“公企业的特许企业”或“公共企业”（经济学上称之为“公用事业”）的各个行业呢？

（1）电力行业被认为是“费用的沉没性”较高的行业，电信行业（交

169　藤原淳一郎. 电力市场中的垄断与竞争——日德法热电连供自发电的比较. 公用事业研究，1986，38（1）：81－83.

170　南部鹤彦.《电信・经济学》. 日本经济新闻社，1986：121－122.

171　矢岛昭. 围绕电力业放松规制提出的问题. 能源论坛，1987（06）：35－36.

172　南部鹤彦.《产业组织与公共政策的理论》. 日本经济新闻社，1982：193，209－212.

换、线路部门）也被认为存在较高的“费用的沉没性”，而运输业中的道路运输、航空运输均被认为不存在较高的“费用的沉没性”。因而，运输业可
263 交由市场机制来调节。特别是当电力公司进入电信市场时（可以有多种市场进入方式，如兼业、新设公司、投资、向电信企业或CATV企业出租送配电线路、电杆等各种形式，但）从结果来看，是电力流通设备被用于多元目的。也就是说，用于送配电的“沉没”设备的全部或部分又全部或部分成为用于电信行业的（沉没）设备。此外，假定利用电话的非通话时间从事有线广播（技术上可行但目前尚未被规制当局允许）的话，从结果来看，电信的流通设备也被用于多种目的。在上述两种情况下，主体业务的“费用沉没性”无疑是得到了部分释放，但是否因此就能否定“费用沉没性”尚不明确。

（2）尽管自然垄断已经动摇，但山田博士指出，“关于电力、燃气行业，自然垄断（等于地域垄断）的逻辑仍贯穿在法律中”，与供水行业并列为“自然垄断的最后堡垒”。暂且先聚焦“电力业”的情况作一考察。将电力业分为发电、送电、配电三个领域时，发表的分析结果表明，对日本发电部门的“规模经济性”是持有疑问的[173]，至于送变电部门和配电部门，有一种假说认为，如果结合远离消费地的大规模发电厂送电时的送电线路长途化，以及大城市架空电线地下化等因素考虑的话，送配电部门的规模经济性也很模糊[174]。另外，还有学者发表了对包括发送配电部门和一般管理部门在内的
264 企业经营整体的规模经济性分析的结果，认为在九大电力公司中，只有前三家公司的规模经济性是肯定的[175]。

那么，按照4.1.3节所述新的分析视角，电力业的垄断性还能被认为是正当的吗？对此可作如下梳理。首先，关于电力业的“费用沉没性”，从发电及送配电部门总体上来看（排除送配电部门的设备转用于电信业务的可能性）可以将其视为是肯定的[176]。其次，关于电力业的范围经济性，

---

173 伊泽裕司. 自然垄断理论与电力业——火力发电的费用函数. 电力经济研究，1983，17：1273.

174 大藏省财政金融研究所研究部编.《（软经济后续发展研究会报告书）能源体系的新展开》. 大藏省印刷局，1986：41－44.

175 新庄浩二，北坂真一. 电力业的规模经济性计测. 能源经济，1989，15（5）：25，33.

176 南部鹤彦.《电信・经济学》. 日本经济新闻社，1986：77.

假定将电力业视为基本上属单一产品的话，其范围经济性难以成立[177]，但从电力业是单一主体拥有并运营生产部门与输电部门的角度看，其“整合的经济性”不就可以成立吗？基于这一推论正在进行实证研究，但结论似乎未必就是肯定的[178]。因此，作为暂定的结论，电力业是否仍然具有自然垄断性，取决于“整合的经济性”能否成立，如果不能成立的话，可以考虑像第二次世界大战期间分为日本发送电与 9 大配电公司那样，按部门来进行分解，即“送配电部门属自然垄断，但发电部门则为竞争市场”[179]，作为一直较为极端的观点，认为配电部门是否具有自然垄断性也是有待探讨的课题。也就是说，连作为自然垄断“最后堡垒”的电力业其自然垄断性能否成立都存在问题，今后大幅度（部分或全部）引进竞争并非完全没有可能。

颇有意思的是，作为美国学者的一种分析方法，Shepherd 将传统的公用事业部门分为“垄断为主”和“部分或潜在的竞争为主”的行业，作为前者“垄断”的例子，列举了短途电话服务、地域性配电业务、地域性天然气配给业务、基本邮政服务、有线电视、城市交通、上下水道、码头等行业，作为后者“竞争”的例子，列举了长途电话服务、特殊邮政服 265
务、铁道、水路运输、供气管道、航空、广播、医院、卡车运输等行业。Shepherd 还将公用事业及公用事业规制的生命周期分为四个阶段：① 基本上属竞争型的创业初期阶段，在该阶段，为了对其规制往往会颁发特许证书；② 随着行业的快速成长，就像电话取代电报一样，以往的业务往往被新业务所替代，属行业规制开始阶段；③ 业务稳定期，规制也进入稳定实施阶段；④ 转变为“非自然垄断”状态，为适应竞争，规制被取消阶段。按此分类，进入到第四阶段的行业有铁道（轨道）、卡车运输、航空、广播电视、电报等。而电话、天然气、有线电视、电力业则处于再规制或放宽规制的准备阶段（表 4－2）[180]。今后，对日本的公共企业或公用事业也应当开展此类研究。

177　阿波田禾积．对电力业放松规制的考察．公用事业研究，1987，39（2）：5．

178　矢岛昭．围绕电力业放松规制提出的问题．能源论坛，1987（6）：35－36．

179　矢岛昭．围绕电力业放松规制提出的问题．能源论坛，1987（6）：36．

180　Shepherd，*id.* 343（Source：Bonbright，Danielsen，Kamerschen，*id.* 556－558.

266 **表 4－2 公用事业的生命周期设备（美国）**

	第一阶段/年	第二阶段/年	第三阶段/年	第四阶段/年
人工燃气	1800—1820	1820—1880	1880—1920	1920—1950
天然气	1900—1910	1910—1950	1950—	
电报	1840—1850	1850—1916	1916—1930	1930—
铁道　总体	1820—1835	1835—1910		
客运			1910—1935	1935—
货运			1910—1960	1960—
电力	1870—1885	1885—1960	1960—	
市内电车	1870—1885	1885—1912	1912—1922	1922—
电话　市内	1875—1880	1880—1947	1947—	
长途	1880—1890	1890—1960	1960—1983	1984—
航空	1920—1925	1925—1960	1965—1975	1975—
电视	1935—1947	1947—1965	1965—1975	1975—
有线电视	1950—1955	1955—1975	1975—	

注：出自 Shepherd 1985（Source：Bonbright，Danielsen，Kamerschen：Principles of Public Utility Rates 2nd ed. p.557）。

3.“政府规制产业（公共企业）法”论的含义

（1）“自然垄断性”的处理

假定仍像过去那样，将“自然垄断”置于核心地位的政府规制产业或“公共企业”概念可以确立的话，其外延（即属于该类的产业）大概就只有“通过管道或电线提供服务、线网或管网的构建伴随着‘沉没费用’，且网络以外的供给是不经济的且没有竞争力的，因此通过该网络的供给具有经济性”的电力、供水等行业了。而且，就像在电信行业中所看到的那样，由于技术革新的发展，如电力业中燃料电池、屋顶太阳能光伏发电等得以普及的话，转变为竞争性行业的可能性也并非完全不存在。

但是，如 4.1.1 节（4）中所述，山田博士也曾容忍不属于立法政策上“（自然垄断的）公用事业”的“公共企业”存在。当然，经济学上的概念
267 并不一定非要与法律学上的概念保持一致，但将“自然垄断性”以外的企

业也包含在“公共企业”中的话，其概念的内涵就必然要遭到质疑了。因此，山田博士又提出了用是否存在“积极的监督权”来解释。另一方面。今村教授对于什么是“公共企业”的问题，认为这是一个立法政策上的问题，对于概念的内涵，明确认为只有“被赋予了垄断经营权”的企业才能作为“公共企业”。假定按照上述山田博士的旧观点，是否存在实定法上的“积极的监管权”是决定因素，而按照今村的观点，则有无实定法上的“垄断经营权的赋予”成为决定因素。

尽管作为政府规制产业或“公共企业”概念中最大公约数的“自然垄断性”已难以有效，但仍继续维持这也是一种选项。或者像山田的新观点那样（不如说是转变为了“公益性”），建立一个全新的指标，也不失为一种选择。但无论是哪种选择，都必须明确是从怎样的视角、以什么为目的来确立政府规制产业或“公共企业”概念的。视角、目的不同，当然概念的内涵、外延都会不一样。

（2）重新分类的可能性——按“规制”的强弱来分类

无论“经济法”的概念类的中心课题是要寻求什么，但对于既要建立以垄断禁止法为中心的竞争市场秩序，作为例外又存在适用除外制度之一的“自然垄断行业”（垄断禁止法第 21 条）这样一种（当时的）垄断禁止法的框架本身应该没什么异议。因此，首先可以设定这样一种观点，即把“公企业的特许企业”或“公共企业”限定为垄断禁止法适用除外制度之一的“铁道业、电力业、燃气业及其他在性质上必然成为垄断的行业”，来检验其法律特色。虽说是适用除外，但在现实中只是意味着不违反私人垄断的禁止（同法第 3 条），除了该行业固有的行为外，仍然可能成为垄断禁止法的适用对象[181]。此外，还有学者认为，虽然说是“自然垄断行业”，但只是法律上所容忍的垄断，与“依据行业法令的适用除外”（当时的垄断禁止法第 22 条）之间的差看作是相对的[182]。如果这样来看的话，即使将当时的垄断禁止法第 21 条的适用对象附以“公共企业”的名称，也并没有什么太大的意义。 268

接下来从广义的政府规制产业的观点进行分类。“政府规制产业”概念

---

181 正田彬.《全面修订版垄断禁止法Ⅱ》. 日本评论社，1981：211－212.

182 今村成和.《垄断禁止法（新版）》. 有斐阁，1978：196.

通常是当作“公用事业”的同义语来使用的[183]，但这里想作更为广义的理解，即在除了行政警察许可或安全性规制等所谓社会性规制以外的经济性规制的意义上来使用。舟田教授的分类中，相当于包括了“公共企业”（过去的“公用事业”）和“除此以外的规制产业”（如银行、证券、保险、石油炼制等）[184] 等。而根岸教授的分类法，则是从市场准入规制的视角，分为“公用事业或自然垄断企业”“准公用事业或寡头垄断企业”，恰恰与舟田分类中的“公共企业”“除此以外的规制产业”相对应。

笔者基本赞同上面两种按政府规制的强度来进行分类的方法。如果像山田那样，试图用一个尺度重新分类的话，无论如何都难以做到，总体上会是怎样的一种体系？有可能反而会变得含糊不清。因此，笔者认为，仅用两三种类型，对所有的政府规制产业进行分类显然过于粗暴，而按照规制强度的各个等级细分为若干个类型可能更为合适。

对于上述分类应当要考虑的第一点，是实定法以及行政运作的变迁。最
269 显著的例子，例如，随着作为行政改革措施之一的日本国有铁道的民营化，日本国有铁道法、地方铁道法等被废止，制定了铁道业法；随着电电公社民营化，制定了电信业法等，这些都不仅仅是民营化这一经营形态的变革，同时还放松了对这些行业领域的规制。而且，正如在其他章节中所论述的，作为一种总体的趋势，对公用事业的兼业规制或投资规制，都在渐渐趋向于放松。第二点，简单的一句“行业规制”，实际上包含了诸如市场准入规制、价格规制、合约规制、设备规制、数量规制、兼业规制、会计财务规制等诸多方面，而且各部行业法所实行的规制细目也存在差异。从这一点来说，通过考察各自是采用怎样的规制项目或手段作为“公共企业”的核心指标来进行分类的，基本上也就能知道各自的体系了。

例如，若按市场准入限制，即按垄断性的强弱为标准来分类的话，对1990年时的政府规制产业或“公共企业”可分解为或重新分类为：地域垄断性极高的“上水道型”、历来地域垄断性就很高，但可以部分引进竞争原理的“电力型”、由地域垄断性服务和接近于规制下的竞争性服务构成的

183　舟田正之. 有关公共企业法的法制度论序说. 立教法学，1988（29）：116.

184　舟田正之. 有关公共企业法的法制度论序说. 立教法学，1988（29）：90.

“电信型”、虽存在该行业范围内的地域垄断但面临着来自同行业或其他行业竞争的“燃气型”、从地域性考虑接近于寡头垄断的“铁道型”、从地域性考虑实行市场准入限制，但是否达到寡头垄断程度尚存疑义的“陆运及航空型”等类型。此外，历来被作为“公共企业”或“准公用事业”的银行、证券、保险、石油炼制，以及虽不能列入“公共企业”，但实行距离限制的酒类销售业、稻米销售业、公众浴场等也可纳入考察的视野范围。

为了使分类有意义，应将另一指标，即“对服务收费实行直接管制以及对可容许报酬率实行限制”的被规制行业作为“公共企业”概念的核心。因为按自我判断及计算的价格进行交易会受到限制，而且利润率甚至在有些情况下投资活动也受到限制，这是被规制企业与“自由企业”在企业活动上明显 270
的不同之处。当然，是否被要求某种市场准入规制或手续无疑也是重要的指标，但由于这些可能只是针对新进入企业的一些很宽松的业务规制，且是与上述要件组合运用的，在此意义上，也可将其作为上述要件的附加要件来看待。

如以价格规制或市场准入规制为横轴，以其他规制内容（项目）及其强度、形态等一起为纵轴的话，就可以较为完整地对现行实定法上的规制类型进行分类了。而在此基础上，选取怎样的范围作为狭义的政府规制或“公共企业”较为合适，则恐怕要根据不同时点来探讨了。接下来需要考虑的就是，根据现实市场上的垄断程度，对各项规制的内容、形态是否存在合理性，也就是在该时点上现行实定法的合适度进行验证。但遗憾的是，由于时间有限，本章中不得不放弃对上述经济规制重新分类的具体操作了。本章只是指出今后还需研究的方向，希望有年轻的研究者进行深入研究。

（3）“公企业”与政府规制产业或“公共企业”

如前面 4.1.1 节中探讨的那样，行政法学上的“公企业”概念中，存在着由行政实施的狭义的“公企业”以及也包括让民间来实施的狭义的政府规制产业或“公企业的特许企业”或“公共企业”在内的广义的“公企业”概念。其中，“公共企业”是政府对民间经济活动的规制，无疑是属行政作用法的问题。另一方面，狭义的“公企业法”，如美浓部所言，本来是作为构筑行政作用法体系的概念而提出的，但自山田以后，由于用“经济性”指标进行了浓缩，变成只限于行政直接经营或通过由公社、公团、事业团体等从事经营这样一种意义上来使用了，因此，从其强调主体是（广义的） 271

行政这一点来看，已经带有组织法的色彩了。

一个是关于某种业务是由行政来实施、还是由民间来实施，或者是由公私混合来实施的问题，即属于组织形态论的场景；另一个是将具有（地域垄断性等）“公共企业”性质的国营或公营企业也可包括在内的场景，在这两种场景中，狭义的“公企业”与“公共企业”存在着交集点。如果剔除这一交集点的话，两者在行政法学上则有各自不同的分析视角，两者是不是就不能共处了呢。

在以下各节中，笔者并不想拘泥于过去的行政法学上的分析，为了能有机地说明狭义的“公企业”与政府规制产业或“公共企业”，尝试从“某种意义上的行政对经济市场的干预”的视角出发，对政府规制产业或“公共企业”及狭义的“公企业”进行分析。在这里，关于政府规制产业或“公共企业”的概念，笔者是在“存在着某种市场准入限制和价格规制的市场上的企业”这一意义上来使用的，因此，只是单纯对价格进行干预的政府规制，如农产品就排除在对象外了。另外，即使对于公众生活是必不可少的服务，只要没有实行上述意义上的规制，也将排除在对象外。具体而言，在4.2节中主要分析组织形态论，4.3 节中主要论述与企业形态无关的政府经济规制（业务规制），最后 4.4 节是对今后的展望。

272 4.2　组织形态论（经营主体论）

作为行政对市场或经济活动进行干预（或给予影响）的方法，除了行政对私人企业的经营活动实行经济规制这一途径外，还存在着行政直接经营或通过公社、公团、事业团体（独立行政法人）等特殊法人来经营等途径。如 4.1.3 节中所述，本章主要考察的是以市场准入规制和价格规制为中心的经济规制，但在本节中首先就作为经济规制的替代手段，或者说与经济规制手段一起、共同对经营主体实行行政干预的问题。

4.2.1　公私分担论（行政守备范围论）

（1）人们常常会议论，某项业务应是“公（国家）”的任务还是“私

（民间）”的任务，如果属公任务的话，则主张该业务应当由国家等行政主体来经营。例如，以能源行政领域为例，石油储备究竟是国家的任务还是民间（石油企业等）的任务？再如，放射性废弃物的处置处理究竟是国家的任务还是民间（电力公司等）的任务等，这些问题常常会被讨论。但实际上这些问题涉及几个方面，既有“业务主体（组织形态）”方面的问题，即业务（实施）主体是国家还是民间（或者是公私混合，即所谓的第三部门）的问题，还有“费用负担”（资金）方面的问题，即不管是由哪个主体来实施，该业务所需的费用是由国家（国家财政）等来负担还是由民间资本（或者是由国家资金和民间资金双方共同）来负担的问题。此外，还涉 273
及（如放射性废弃物的处置处理过程中可能出现的）“损害赔偿责任”等问题。但人们在讨论时未必会将它们分开讨论，例如，关于石油储备，简单的一句“国家储备”，但实际可以有多种选择，除了（当时的）石油公团直管方式（现行的《独立行政法人石油天然气金属矿物资源机构法》（平成 14 年［2002］法律第 94 号）规定，石油公团的业务，是依据国家的规定从事国家石油储备的管理业务（第 11 条第 10、11 款））外，还可以有通过作为第三方部门的储备法人来进行、征用民间油罐等方式。

再以提供经济活动及国民生活不可或缺的服务的电力供给企业为例，可以看到，第二次世界大战前，除私营的电力供给企业外，还有公营的电力供给企业，第二次世界大战期间，被整合为日本发送电股份有限公司和 9 大配电公司，在第二次世界大战后的重组中又进一步构筑了所谓的“9 电力体制”，只剩下电力批发业务是公营的了[185]。另一方面，在燃气业领域，除了民营企业外，即使在今日还存在着公营燃气企业。此外，供水业原则上为公营。

从以上事例中可以得出这样的假说，“某项业务的企业主体究竟应当是‘公’（国家或公共团体等）还是‘私’，即企业主体的组织形态，未必有其逻辑必然性，而是立法政策上的问题”。从宪法第 22 条和 29 条并不能就企业主体得出某种逻辑必然性的结果这一点上，也可推导出这一命题。

185　电力政策研究会.《电力业法制史》. 电力新报社，1965：193－228，278－279，286－287，336.

274 也有观点认为，应按照“补缺性原则”和“公共性原则”，对行政可成为企业主体的情况划出明确的界限。前者即所谓“补缺性”原则，是指如果民间企业自主提供的服务已经很充分的话，行政就不应当介入，只有当该领域中不存在民间企业或民间企业的供给不充分的情况下行政才可介入。后者即所谓“公共性原则”，是指行政介入的领域必须具有“公共性”，即应当具有全体国民或居民均可利用、服务的稳定供给、综合行政的确保、反映民意等“利用的平等性”“提供服务的可持续性”等特征[186]。但是，就连该观点的提出者自己也承认，上述两项原则，“给立法和行政留下了非常大的自由裁量空间……能在多大程度上成为常识意义上的‘法理’有很大的疑问”[187]。而且所谓“公共性原则”，通过对民营公用事业企业实行业务规制，也完全能达到同样的目的，以此作为“公”企业主体论的依据是很脆弱的。再进一步对所谓“补缺性原则”进行分析的话，第二次世界大战（战前及战中另当别论），既出现过像公社设立高峰期那样积极设立“公”企业主体的时期[188]，也有像当今这样的民营化、放松规制的时期（不过，在地方公共
275 团体层面上，如果把第三部门方式也包括进去的话，可以说还是原来的状态），在不同的时期，在认识上发生了180°的大转换，“补缺性原则”不被认为是一个可以作为行政守备范围论或阻止行政庞大化论来充分发挥功能的原则。从而，上述关于组织形态是立法及行政自由裁量问题的假说是完全可以成立的[189]。

（2）理论上的问题暂且不论，先来分析一下行政自身成为企业主体究竟有哪些好处。在社会主义制度下，重要的生产资料等应实现国有化或公有化这样一种思想观念除外，行政对于国民或居民来说究竟有哪些实际的好处？笔者能够想象到的是：① 由于资金是国库或自治体的，议会对企业管制可以更加容易；② 可以避免唯利是图、利润追逐型的经营；③ 可以通过行政内部的管制手段对企业活动实行强有力的规制；④ 如果出现亏损的话，可以考虑通过一般会计（译者注：政府的一般收入账户）来填补，等等。但是，

---

186 矶部力. 行政主体的经济活动. 公法研究，1982（44）：237，245－246.

187 矶部力. 行政主体的经济活动. 公法研究，1982（44）：246.

188 山田幸男.《公企业法》. 有斐阁，1957.

189 舟田正之.《现代行政法大系第7卷》. 有斐阁，1985：277.

这些有利方面实际上总是与不利方面紧密相伴的。关于第一点，简单来说，议会的相关委员会开会时，企业负责人可能要连日出席会议，或随时准备出席会议，不能在企业现场处理业务，例如（原来）国铁的亏损线路。由于议会以及议员过多的干预，容易导致企业经营活动自由被剥夺；关于第二点，由于对高效率经营缺乏有效的激励，容易导致经营的低效率；关于第三点，由于存在外部的强有力介入，容易阻碍经营的自主判断；关于第四点，如果以独立核算为前提的话，企业就很难生存，然而却能轻易地得到亏损补贴，很容易造成大锅饭式的经营。况且，即便是民营企业，通过对公用事业收费价格（及财务）实行规制，前面列举的关于行政成为企业主体的好处中的第二、三点好处，也完全能实现，而且关于第四点，（除了上调收费价格外）还可以采取对社会政策性收费实行政府补贴等手段。

从上述分析中，笔者认为，如果是基于曾经的国家（社会）主义或社 276
会主义的价值观，视民营为“性本恶”或敌视民营，国营公营或公社至上，这种情绪化的议论另当别论的话，企业主体经营形态论是一种极具技术性的，而且是相对性的区分。

4.2.2　组织形态（企业主体）的类型

（1）作为组织形态，在国家层面大致可分为三种基本类型：① 国家直接经营方式，如（1990 年当时的）四大现业部门（邮政、国有山林、印刷、造币）（译者注：现业部门是指国家或地方公共团体从事的非权力业务）；②“特殊法人”方式，如（原国铁、专卖、电电等）公社、公团、事业团、公库（之后的独立行政法人）特殊公司等；③ 纯粹的私人企业（即民法或商法上所说的法人）。在地方公共团体层面大致有两种类型：④ 地方公共团体直接经营方式（地方公营企业）；⑤ 由地方公社或官民公团出资（第三部门）的间接经营方式等。此外，国家或地方公共团体只是单纯持有上述③私人企业股份的，不纳入上述分类。

从企业主体设立所依据的法律来看，可以分为以下几种类型：① 个别作用法中规定必须国营的（如旧邮政法第 2 条）；② 个别作用法中就设立依据作出规定（如依据原电源开发促进法第 3 条设立的“电源开发股份有限公

277 司”）；③ 依据单独法设立。单独法中规定了（包括特殊公司）关于该特
278 殊法人的设立、出资、业务活动内容、国家的监管权等（如旧石油公团法、旧日本道路公团法、关于旅客铁道股份有限公司及日本货物铁道股份有限公司法、日本电信电话株式会社法等）；④ 法律设定一般基准，实行设立认可制的（例如依据旧广域临海环境整备中心法设立的中心）、⑤ 不是按单项特别法，而是按民法或商法的有关规定设立的（如所谓第三部门、地方公社等官民共同出资型以及纯粹由民间资本设立的民法或商法上的法人）。

（2）关于地方公共团体对企业主体所进行的出资，对于该地方公共团体的出资占四分之一以上的法人，监察委员会可以对其进行审计（《地方自治法》第 199 条第 6 款（现为第 7 款）[以下简称“自治法”]；同法实施令第 140 条之 3（现为第 140 条之 7））。此外，对于地方住宅供给公社、地方道路公社、土地开发公社（及地方独立行政法人），以及由该类地方公共团体出资 50% 以上、按旧民法第 34 条（现为依据第 33 条设立的一般社团及一般财团）设立的法人、股份公司、旧有限公司等，该类企业负责人在被授予有关预算执行调查权的同时，也负有向议会提交经营状况说明文件的义务（自治法第 221 条第 3 款、第 243 条第 3 款第 2 项、实施令第 152 条第 1 款）。如出资“属违法或属不正当公款支出”，可能会引发居民要求进行审计（自治法第 242 条）或居民提起诉讼（自治法第 242 条之 2）等争议。

（3）关于道路、河流、电力、水道、燃气、电信等线路、导线、管道等
279 基础设施，在讨论企业主体之前，它们是否具有经营性本身就可能是一个有争议的问题。如以道路为例，对于国道、地方道路等，在由国家或地方公共团体以直营的方式来经营（道路占用除外）的情况下，如果不向消费者征收一定费用的话，就会缺乏“经营”性，（山田幸男观点中的“独立核算制”作为指标有些过于刚性，因此）只要使用某种对价性或收入性等意义上的“经济性”指标，就不属于“公企业”概念，而成为单纯“公共产品”或“公物”了。但是，原来的日本道路公团是可以对包括高速公路、国道在内的道路进行新建、改建、收费的（民营化前的旧道路整备特别措置法第 2 条之 2，第 3 条、旧日本道路公团法第 19 条第 1 款第 1 项），首都高速公路公团、阪神高速公路公团、本州四国连接桥公团、地方道路公社等也都是可以收费的（旧各单项设立法以外，还有民营化前的旧措置法第 2 条第 3 款、第 7 条之 2、7、12）。但由于（旧措置法第 4 条、第 7 条之 5、9、16）规定，公团对收费道路的管理为“费用征收期间到期日

为止”，因此，到期后将免费使用，届时就成为单纯的公共产品或（免费的）公物了。在国外，如美国、法国等，也有部分道路的通行是收费的，但德国的高速公路在1990年时就是免费的。是否要对部分道路实行受益者负担原则，使其具有“对价性”或“经营性”？如果要使其具有“经营性”的话，是过渡性的还是永久性的？出资形态（政府资金抑或民间资金）、投入资本（包括财政投融资的政府资金、向民间金融机构贷款、公社债券等）如何安排？等等。对这些问题可以有多种选择，是政策性极强的问题。

然而，关于道路的企业主体形态（是行政直接经营或间接经营还是完全民营等），道路法第3条预设的道路种类分为高速公路、一般国道、地方（都道府县）道路、市镇村道路等，此外，土地征用法里也只是设定了依据道路法建设的道路（征用法旧第3条第1款），因此，完全有理由认为，历史上也 280
好，还是实定法也好，道路只能是国营或公营的（包括公团、公社），民营道路是排除在外的。但如果消除过去那种“道路公权”的观念，完全由民间来经营（收费的）私人道路，如果不利用土地征用法，虽然取得所需用地会有困难，但（如果有关线路、收费认可制等前提条件都能满足的话）还是有考虑的余地的。在此须关注的是横跨东京湾道路建设采用的模式，即原日本道路公团在取得道路建设许可后，与（地方公共团体也参与出资的）民间公司签订建设协议，道路工程由民间公司建设，完成后将道路设施交付原日本道路公团，但道路的管理仍按协议继续由民间公司管理（涉及公权力行使的部分除外），原公团按30年分期付款方式支付工程款。要推广普及这种模式也许不太容易，但（如果完善相关法律制度，如导入线路、收费认可制并纳入土地征用法适用对象中去的话）将其作为一种实现完全民营化的可行手段来定位也未尝不可。

4.2.3 民营化

1. 民营化的意义

“民营化”这一词往往在多重意义上被使用，但这里将其定义为“是指一种组织的变革，即‘公’放松对企业主体组织（资本或财产所有权、人事权等）的干预程度，在经营上赋予（包括中间形态的‘公私混合’中的） 281

‘私’更多的自治权”。如果从设立所依据的法律来看，如（国铁、电电、专卖等）三家公社向特殊公司转制，再如像日本航空那样，由（依据日本航空株股份有限公司法设立的）特殊公司向（依据昭和 26 年［1951］法律第 92 号该法被废止）商法上的普通公司转制等。像这样从依据个别公法设立到更接近于民商法上的法人，可谓是“民营化”的代表性案例。此外，有些虽不像上述案例那么富有戏剧性，如电力批发企业的电源开发股份有限公司（以下简称“电发”）那样，虽然仍保留了旧电源开发促进法规定的特殊公司的形式，但出售了部分政府持有的股份（政府的持股比例下降），并实施了放宽人事管理权规制（依据法律第 18 条的修订，由任命制改为认可制），按民营化的定义，这也可以视为一种“民营化”形式。1983 年临时行政调查会（以下简称“临调”）在答询中表示，近期的这些民营化很重要。临调的答询暂且不论，冲绳回归本土后，依据冲绳振兴特别措置法，作为特殊公司设立的一般电力企业——冲绳电力，因昭和 63 年（1988）的法律修订，关于设立冲绳电力的规定、对冲绳电力的监管规定等被删除，政府
282 持有的股份也转让给了民间，由特殊法人转制成为民间公司。“民营化”并非日本独有的现象，众所周知，在英国，特别是铁道、电力、燃气等行业曾被国营或公营化，第二次世界大战后，在工党内阁下，国有化进一步波及很多重要产业，但在保守党撒切尔政权执政时期，推进了公社等的民营化，最具代表性的就是 1984 年的电电公社（BT）、燃气公社（BGC）的民营化。1989 年时，电力业也处在民营化的前夜。

2. 民营化的目的

从 1982 年的临调基本答询去探寻三家公社实行民营化的意图的话，在答询中，作为推进行政改革的观点之一，提出了“① 要从重点放在对民间的指导、规制、保护的行政，转向以激发民间活力为根本，重点放在方向定
283 位、调节和补缺等方面的行政；② 政府直接经营的业务中，通过民间部门的发展，对一些适合自主化、企业化经营的业务将实行民营化”。对于三家公社的经营现状，表示“由于政治性干预、监管机关的介入、经营惰性等因素，阻碍了它们的企业性，甚至本应发挥的公共性也受到损害”“有必要建立一种新的机制”。基于这样的认识，认为“① 要从外部制约和干预中解放出来；② 建立自主责任体制；③ 促进劳动者的自觉性；④ 让劳资双方都能

朝着效率的提高及新的业务拓展迈进……必须进行改革，实行民营化或近似于民营化的经营形态”[190]。

也就是说，“临调”认为，因考虑到业务的“公共性”而采用了公社这一组织形态的企业，其经营的低效率并非是小修小改就能解决的。这是临调基于对现状的认识而提出的观点。但不可忽视的是，对临调的观点也有持反对意见的，认为仍应维持公社制度，只需对其进行改革就足够了[191]。

毋庸置疑，虽然通常都统称为三家公社，但三家公社的情况是不一样的。被称为“万年亏损”的“日本国有铁道”，其业务本身均已处于成熟期，客运业务面临着民营铁道、汽车客运、飞机、私家车等的竞争，货运业务则苦于航空货运、卡车运输等的竞争，背负着巨额累积债务等，需要果断摆脱这种恶性循环；而在作为新兴市场的、具有广阔发展前景的国内电信市场上处垄断地位的“电电公社”，由于鼓励新参与者进入市场，市场将被置于竞争状态下，以目前的公社形态恐很难应对市场的变化；为确保税收收入
这一国家财政目的而实行的烟草专卖为主要业务的“专卖公社”，为实现对 284
外国烟草的市场开放并与之竞争的政策课题，采用特殊公司的组织形态比采用公社制可能更为有利。可见，经营形态的转换对于这三家公社各自具有不同的意义。

一般来说，对于国内产业，越是国家主导型的国家，采取国有或公有等特殊法人组织形态，（全部或部分）实行公有的程度就越高，但随着技术革新的进步，其结果，有些行业，如国铁，渐渐成为夕阳产业，而有些行业则与此相反，像电电公社那样，可能会出现新的业务，面临新的竞争，以原来的企业形态恐难以应对新的业务，因此，民营化的主要目的，可以理解为就是要激发企业的活力。

3. 民营化的成果

下面来考察一下民营化的成果。

（1）政府通过出售股份（如果是公社的话，在转制为特殊公司之后出

190　临时行政调查会事务局监修.《临调基本建议——临时行政调查会第3次答询》. 行政管理研究中心，1982：15，94－96. 另，关于3家公社的改革，参见：一濑智司.《现代公共企业论》. 东洋经济新报社，1989：3.

191　原野翘.“民营化”与“公共性”的确保. 经济法学年报，1986（7）：19，25.

售；如果原来就是股份公司的话，立即就可以出售）作为国库收入，有助于国家的财政重建。这虽然是民营化的次生效果，但也不可低估。英国是这样，日本在电电公社实行民营化时也是这样。

（2）原来的三家公社在实行民营化后，对企业主体的收费规制发生了怎样的变化？在公社时代，依照财政法第3条“凡法律上或事实上属于国家垄断行业的专卖价格或服务收费，必须一律按照法律或国会的决议来制
285 定”的规定，以及上述规定适用除外的《关于财政法第3条特例的法律》的规定，卷烟的定价、电信电话、国铁的客运及货运基本费率等，都属价格法定。原国铁民营化后，被北海道、东日本、东海、西日本、四国、九州等6家旅客铁道股份有限公司（JR）和日本货物铁道股份有限公司继承，与受原地方铁道法规制的其他民营铁道一样，作为铁道业法中所规定的第一类铁道企业，适用收费认可制。原电电公社（1990年时）与电信业法中所规定的其他第一类电信企业同样，适用合约认可制。原专卖公社的卷烟垄断权被日本烟草产业股份有限公司（JT）继承（烟草业法第8条），卷烟的销售价格实行大臣认可制（烟草业法第9条第1款，同法附则第2条，烟草专卖法及卷烟定价法被废除）。

（3）再来看一下民营化后对企业主体（除收费规制外）的其他规制发生了哪些变化。由于原来的这三家公社成了特殊公司，因此有必要对各部特殊公司设立法作一考察，还应与原公社时代的规制形态进行比较。此外，由于特殊公司法与行业法是“双系统”，因此尤其需要比较在相关特殊公司法中对原国铁与原电电公社的规制设置了哪些与同行业其他企业不同的规定，这点尤为重要。以1990年时的《日本电信电话株式会社法》（昭和59年法律第85号）为例，针对NTT设置了“有助于确保该服务在日本全国范围内广泛稳定的供给”的职责，而该规定在电信业法中是没有的，并且针对NTT还设置了对其他企业未作规定的兼业规制（第1条第2款）、业务计划认可制（第11条）等规定，这可能会成为一个有争论的问题。此外，对于是否因政府持有三分之一以上的股份（第4条第2款），“国家还可通过行使股东权利来实行规
286 制”也将成为争论点[192]。一般认为，在NTT实行了民营化以后，邮政省对

192 舟田正之. 特殊法人组织法的诸问题. 公法研究，1988（50）：230-231.

NTT 的规制变得更加严厉了，这纯属行政实际运作上的问题，还是日本电信电话株式会社法或日本电信法的规定或解释上的问题，也是一个重要的论点。但这里只是提出问题。

4.3 行业规制论 287

本章中，将市场准入规制和价格规制（或两者同时）置于政府规制产业或“公共企业”概念的中心（4.1.3 节），因此首先以这两项规制为中心对经济规制作一概述。

4.3.1 市场准入规制

1. 实定法上市场准入规制的各种类型

按市场准入规制，也就是按行业的法定垄断性强弱对政府规制产业或“公共企业”进行分类时，按实定法上规定的方法来进行分类是一条捷径。

（1）法定特定者或完全垄断型

法律上垄断型最强的无疑是“法定特定者或完全垄断型”，即在法律上特别指定可从事该项业务的企业，限定只有被指定企业才可从事该项业务。这一类型通常被国家或公共团体所垄断，因此也可以称为“公有垄断型”[193]。如邮政业中的（邮政公社化、民营化前的）“邮政”业务必须是国营且业务垄断，这是由法律规定的（邮政法第 2、5 条）；专卖公社民营化前，属国家专卖的烟草及盐的制造、销售、进口等由原专卖公社垄断（烟草专卖法第 27、28、29 条第 2 款、盐专卖法）。暂且将该种类型称为“邮政型”。对于（原电电公社及作为特殊公司的国际电信电话股份有限公司时代的）“公众电信业务”，国内公众电信业务由原电电公社垄断，国际公众电信则由国际电信电话股份有限公司垄断，这虽然没有明文规定，但实定法是以垄断为前提来制定的[194]（参 288
见原公众电信法第 1 条），暂将此类称为“电电型”。原铁道国有化法（明治 39 年

---

193 今村成和.《现代行政与行政法的理论》. 有斐阁，1972：110－111.

194 根岸哲.《规制产业的经济法研究第Ⅱ卷》. 成文堂，1986：258－259；铃木实.《通信法体系》. 行政出版社，1986：418－419.

[1906] 法律17号)第1条规定，“供一般运输用的铁道全部归国家所有，但以某一地方交通为目的的铁道不在此限”，将国铁以外的铁道限定在地方交通功能，规定了铁道业的国有。按此规定诞生了国有铁道（第二次世界大战后，依据日本国有铁道法第1、2条，诞生了作为公法上的法人的日本国有铁道），对于政府铺设铁轨制定了“铁道铺设法”（大正11年[1922]法律第37号），暂将此类称为“国铁型”。按规定应由市町村经营的业务中有“公共下水道”（下水道法第3条第1款。同条第2款中规定，都道府县经与相关市町村协商可以经营跨地域的下水道），暂将此类型称为“下水道型”。对于废弃物，产业废弃物以外的“一般废弃物”的处理也属市镇村经营的业务（废弃物处理法第6条第2款（现为第6条第之2第1款））。对于公共下水道的使用可以征收“使用费”（下水道法第20条第1款），但也有像废弃物处理那样不收手续费的“无偿型”业务，后者“无偿型”的应不属于本研究的对象。相对上述业务规制较为宽松的是“水道”，规定“原则上由市町村”经营，市町村以外者只有在“取得市町村的同意后”方可经营（水道法第6条第2款），还规定了“地方公共团体可以强制收购地方公共团体以外者的水道业务”（第42条）。此外，在水道经营的许可基准中还规定了“不得与其他水道企业的供给区域重复”（第8条第1款第4项），明确规定了地域垄断。暂将此类称为“水道型”，比水道业更为宽松的是工业用水道，地方公共团体从事该类业务时只需简单备案即可（工业用水道事业法第3条第1款），但对其他主体则实行许可制（同条第2款），许可要件里还附加了“该工业用水道业务的开展符合工业的一般需要”（第5条第1款）的规定，暂
289 将此类型称为“工业用水道业务型”。

（2）法定垄断型

其次是“法定垄断型”，即在法律上并不指定企业、但对于该业务允许地域垄断。最具代表性的就是依据波茨坦公告对电力业和燃气业实行规制的原公用事业令（昭和25[1950]年政令第343号）。该令规定“（公用事业）委员会，对于根据一般需求供给电力和燃气的公用事业，无论前款如何规定，均不得给予两家以上以同一地区为供给区域的公用事业许可”，即禁止重复许可[195]。暂将此类型称为“公用事业令型”。

---

195 电力政策研究会.《电力业法制史》. 电力新报社，1965：344.

（3）供需调节型的市场准入规制型

一般而言，在许可或认可要件里都设置了供需均衡原则，常常可以看到，由于该原则的运用，会导致垄断或寡头垄断的产生。这里需要考虑的是，（曾经的）垄断禁止法规定了对于“从事铁道业、电力业、燃气业以及因其业务性质必然会导致垄断的其他行业的经营者……的行为”适用除外［第 21 条（现已删除，条文上移）］。此外，如何理解劳动关系调整法（以下简称“劳调法”）第 8 条关于“公用事业”定义的规定？至少将所列举的那些行业作为狭义的政府规制产业（公用事业）来理解有没有问题？后者即劳调法是从劳动争议调整这一劳动法的特定视角所作的归纳，与这些行业的市场准入规制是否具有合理性应该没有直接的关系。关于垄断禁止法，把市场准入规制可以视为正当合理的典型行业恰恰是这些行业具有自然垄断性质，而自然垄断性业已动摇（4.1.2 节和 4.1.3 节），对于垄断禁止法列举的上述三行业，即使有论据推论其地域垄断的正当性，也未必能成为决定性因素。

（1）设有供求均衡条款的行业中，在实务上，一般认为实行地域垄断的典型例子是电力业和燃气业。1951 年，联合国军占领下的电力业重组的结果，形成了北海道、东北、东京、中部、北陆、关西、中国、四国、九州等
“（一般供给）9 电力体制”。次年即 1952 年，原公用事业令因和平条约生效 290
而失效，经临时处置法过渡后，终于在 1954 年制定了燃气业法、1964 年制定了电力业法。和平条约生效当时的一般电力企业，除九大电力公司外，还有香川县的伊吹村、北海道利尻郡町村的电力合作社[196]。现行的电力业法与公用事业令不同，未设置有关一般电力（供给）业务法定垄断的规定，但是否要设置法定垄断供给实际上是从第二次世界大战前就一直延续下来的问题，在制定现行的电力业法时，政府在国会答辩中表示：“法定垄断这种形式，暂时中止……但作为现实问题，为避免出现设备重复，仍会将其作为许可的基准”；关于特定供给，“……在不扰乱秩序的范围内”是允许的[197]。1990 年时的电力业法在许可基准中规定，“在一般电力业，不得因该业务的开展导致该供给区域内全部或部分供一般电力业务用的电力设施出现明显过

196　《第 1 届电力业分会议事速记录（第 1 次）》. 东京电力所藏，1953：29 - 30.

197　众议院商工委员会议录，昭和 39 年 6 月 3 日，第 8 - 9 页.

剩”（法律第5条第3款），“从一般电力业的现状来看，据判断，除了尚未通电的区域，如再新增电力设施的话，供一般电力业务用的电力设施基本上都会
291 出现明显过剩，对于已通电区域，暂时肯定不会考虑重复给予一般电力业务许可。因而，在政策运作上还会跟以前一样，继续维持一区域一企业原则，但在规定上，同一区域2家企业并存还是可能的”[198]。现行电力业法开始实施时，事实上已经形成了9电力体制，而9家电力公司中任何一家公司的供给区域内，几乎都不存在所谓的“空白区域”，所以可以预料，在实务上也不会出现因新的一般电力业务申请而成为问题的情况。在实务上，倒不如说对一般电力企业以外者（如批发电力企业或自发电设施所有者）从事所谓特定供给（第17条）的宽容性问题以及产业用、商业用自发电的普及等问题显得更为重要。如果暂且抛开上面所说的近期实务上的一些问题，以供求均衡条款为线索，当时（1990年）在实际运作中，该行业的垄断是被允许的。暂将此类称为“电力型”。

较电力业法更早制定的燃气业法也删除了原公用事业令中的区域垄断条款，并就其理由作了说明：“很难断言说2家以上燃气企业的并存在任何时间、任何情况下都必然阻碍公众所期待的公共利益，在有些情况下甚至还会有助于公共利益的增进。对于像这种尚存有判断余地的事项，通过法律建立统一的一地区一企业制度，恐有压制宪法保障的基本人权之一的职业选择自由之嫌，因此，在制定燃气业法的时候，删除了原来（公用事业令中的）法定垄断条款，代之以设置避免燃气业重复投资及过剩投资的基准（第5条第3款），只限于在有可能出现重复投资或过剩投资的情况时才不给予重复许
292 可”[199]。笔者认为，这可能是因为燃气业与电力业的不同性质所产生的差异，燃气业没有像电力业那样进行过行业重组整合，除少数几家企业外基本上不存在跨区域经营的情况。但同时又表示，在实际运作上，“至今一直按照本条款（第5条第3项）规定的基准，在行政运作上贯彻了一地区一企业原则。在具有区域扩张倾向的一般燃气企业相互之间给予重复许可，即使借鉴过去

---

198 资源能源厅公用事业部计划课监修.《电力业法解释例规集（增删式）》.行政出版社，1980：96.

199 资源能源厅公用事业部燃气业务课，燃气保安课监修.《燃气业法解释例规集（增删式）》.帝国地方行政学会，1988：308.

的历史经验，通常会损害公共利益，因此，今后在运作上仍将严格遵守一地区一企业原则”[200]。但是，关于燃气业需要注意的是，因 1970 年燃气业法的修订，通过导管提供液化石油气（LPG），且在一个园区内的供给点达 70 户以上的小规模燃气供给，作为新设置的“简易燃气业务”被纳入了行业规制的对象（法律第 2 条第 3、4 款，第 37 条之 2）。其结果，供需调节不单单只是一般燃气企业相互之间或简易燃气企业相互之间的调节问题，还产生了一般燃气企业供给区域内的简易燃气业务（第 37 条之 4 第 3 款）、一般燃气企业在主管延伸工程完成前从事的过渡性简易燃气业务（第 5 条第 6 款规定“视为一般燃气业务”）、一般燃气企业申请设定的供给区域内已存在简易燃气企业等情况下的调节问题[201]。可见，同一行业内部也存在着竞争，暂将此类称为“燃气型”[202]。

其他与能源相关的还有石油管道业。首先，由主管大臣制定包括管道大致路径及目标完工年度在内的“石油管道基本计划”（第 3 条第 1 款、第 2 款第 2 项），企业必须按各条石油管道系统取得许可（第 5 条），取得许可的要件是申请内容必须符合上述基本计划（第 7 条第 1 款）。由此来看，可将其视为实际上是通过基本计划来实行市场准入规制的。暂将此类称为“石油管道业务 293
型”。再考察一下作为能源供给业务的供热业务。《热供给业法》（昭和 47 年［1972］法律第 88 号）基于该业务“提供的是日常生活及经营活动不可缺少的冷暖气等热利用相关的服务，且由于其经营设施的特殊性需要垄断或准垄断来进行提供，在这两点上与其他营利性企业不同”这样一种认识，故实行“按各供给区域”许可制（第 3 条）[203]。许可要件中，设有供给能力的规定，即“该供热企业的供热设施能力能够满足该供给区域对热供给的需求”（第 5 条第 2 款，依据本条括弧内的规定，对公营企业不适用供给能力要件），但对于该供求调节条款作了如下说明：“考虑到在其他供热企业的供给区域内申请重复设置供给区

200　资源能源厅公用事业部燃气业务课，燃气保安课监修.《燃气业法解释例规集（增删式）》. 帝国地方行政学会，1988：308－309.

201　资源能源厅公用事业部燃气业务课，燃气保安课监修.《燃气业法解释例规集（增删式）》. 帝国地方行政学会，1988：167－168、310、312－314、1865－1871.

202　关于 1994 年以后的燃气规制改革，参见本书第 2 篇第 3.4～3.5 节。

203　资源能源厅公用事业部计划课编.《热供给业务解说》. 通商产业调查会，1973：47.

域的情况不太会发生，所以未明文规定‘设施过剩’标准”[204]。暂将此类称为“热供给型”。

旧石油业法规定的石油炼制业许可要件（石油业法第3条）中规定，通过对照大臣制定的“石油供给计划”（第3条）的供求均衡原则来实行市场准入规制（第6条第1款）。当然，从石油的流通来考虑，不像电力业或燃气业那样伴有供给区域。暂将此类称为“石油炼制型”。

（2）1990年时，在运输业中，航空运输业实行按航线发放执照制度，执照的发放基准规定“不得供给过剩”（原航空法第101条第1款第3项），一般汽车运输业的执照发放基准规定：“① 该业务的开展相对于运输需求是恰当
294 的；② 不得因该业务的开展导致该运输线路或该业务区域内的运输供给能力与运输需求不均衡”（旧道路运输法第6条第1款第1、2项。另，第45条第2款的特定汽车运输业的许可基准及第45条之2第1款的免费汽车运输业的备案要件里，不适用供求均衡原则），旧通运业（译者注：以前日本铁路货运的一种辅助运输业务，主要从事发货人或收货人与货运车站间的相关运输业务）执照发放基准中规定：“必须与一般的需求相适应”（旧通运业法第6条第1款第1项），一般旅客定期航船业按航线发放执照，发放基准中规定：“不得因该业务的开展导致与该航线相关的全部运输供给能力相对于总需求出现明显的过剩”（旧海上运送法第4条第1款），港湾运输业的执照发放基准中规定：“不得因该业务的开展导致港湾运输供给量相对于港湾运输需求量出现明显的过剩”（原港湾运输业法第6条第1款第1项），等等，均存在有关供求均衡原则的规定。运输业原本就跟通过电缆或管道以门对门形式直接与用户持续性地连接在一起的电力、燃气业不一样，
295 （包租车辆、出租车、快递等除外）通常，用户需步行去中转地点，而且还具有相互间的服务可替代性相对较大、市场进入或退出的费用（沉没费用性）也较低等特点，因而，即使行业法上设有供求均衡条款，也不太会实行区域垄断性的市场准入规制，而是采用较为宽松的市场准入规制，这一假设应该能成立[205]。供求均衡原则在实际运用过程中，会随时间和情况的不同而各不相同。例如，对于航空业，1970年代时，日本航空（JAL）运营国际航

---

204 资源能源厅公用事业部计划课编.《热供给业务解说》. 通商产业调查会，1973：53.

205 根岸哲.《规制产业的经济法研究第Ⅰ卷》. 成文堂，1984：234.

线与国内航线、全日本空运（ANA）运营国内干线与地方航线（及短途、国际包机）、东亚国内航空［TDA，后与 JAL 合并改名为航空系统（JAS）］运营国内地方航线（将来还包括国内干线），实行的是按不同公司分别适用不同基准、重点在于经营领域调节的所谓“45・47 体制”（所谓 45・47 体制，是指昭和 45 年 11 月 20 日的内阁批准案及昭和 47 年 7 月 1 日运输大臣的通告）[206]。而对于公路运输法上的一般汽车运输业（公交车、租赁客车、包车、出租车、专线货车、区域性货车），“可视具体情况灵活运用‘供求均衡原则’，有时实行的是严控市场准入、抑制竞争（如对专线货车）的政策，有时实行的是鼓励市场准入、促进竞争的政策（如对包车、出租车、区域货车等）。对于包车、出租车、地域性货车等，按照通告的规定，法定供求均衡原则基本上处于冻结状态，因此，有观点认为，所谓的执照制实际上近似于许可制”[207]。

（3）再来看一下随着三家公社民营化而放松规制后的一些行业法。 296

首先，由于国铁改革，原来用于规制民营铁道的地方铁道法被废止（铁道业法附则第 2 条），原国铁与民铁均适用铁道业法。该法将铁道业务分为三类：第一类，自建轨道从事运输的；第二类，利用第一类或第三类企业建设的轨道从事运输的；第三类，自身不从事运输业务，只是将轨道线路供第一类或第二类企业使用（第 2 条第 1~4 款）。在分类的基础上，在执照发放基准里规定了需求均衡要件，“该行业提供的运输能力不得与运输需求量不相均衡”（第 5 条第 1 款第 2 项）[208]，暂将此类称为“铁道业型”。

其次，因电电改革，制定了新的电信业法，废止了公众电信法（电信业法附则第 3 条）。该法将业务分为两类：第一类，设置电信线路等设备，提供电信服务的；第二类，自己不设置电信线路等设备而提供电信服务的（第 6 条第 1~3 款）。在分类的基础上，对第 1 类业务的许可基准中规定了供求均衡要件：“不得因其业务的开展导致其所从事业务的区域或区间的全部或部分供电信用的电信线路设备出现明显过剩”（第 10 条第 2 款），并作了如下说明“考虑到一地区一企业制度，即确立所谓地域垄断制度缺乏合理性，应该可以采取更

206　关岛久雄编.《现代日本的公用事业》. 日本经济评论社，1987：160.
207　外间宽. 规制行政——以汽车运输业规制法为中心. 公法研究，1984（46）：144，151.
208　铁道业法研究会编.《逐条解说铁道业法》. 第一法规出版社，1988：38.

为灵活的措施，仅限于‘明显过剩投资’的情况下才不予许可”[209]。暂将此类称为“电信型”。

297 最后，专卖公司的改革，制定了新的烟草业法，废止了烟草专卖法（烟草业法附则第2条），卷烟制造业的垄断权被民营化后的日本烟草产业（公司）所继承（第8条），对专卖制度也作了改革，（进口）卷烟的特定销售与卷烟的批发销售实行登记制度（第11、20条），卷烟的零售则实行许可制（第22条）。

（4）有些规制不同于市场准入规制这种纯粹的经济规制，而是出于特殊的法律目的而实行的。例如，对于酒类销售业，拒发执照的理由包括“被认为经营基础薄弱的情况下”［酒税法原第10条第1款第10项（目前另有规定）］、“为保证酒税税收，有必要维持酒类供求的平衡”（同条第11款）等，据此在实务中设置了距离限制，就是出于确保酒税这一财政上的理由而实行的。同样是出于确保烟草税收的目的，规定在以下几种情况下，可拒发卷烟指定零售人执照，如“营业场所的位置……不合适”“预定的销售量达不到公社规定的基准，以及其他明显不合适的”“经营基础明显薄弱”（旧烟草专卖法第31条第1款第3、4、6项）等，并实行距离限制。在专卖制度废除后的烟草业法中，关于零售许可申请不予许可的理由基本上是原封不动地照搬了上述规定（第23条第3、4款）。但对后者（即烟草业规制）的定位认为是“为避免因制度改革对小微零售业者产生重要影响，出于社会政策或经济政策的目的”，与此相比
298 较，对酒类销售业实行距离限制是否合宪则被视为是有问题的了。其次，大众浴场本是出于公众卫生目的而实行的行政警察许可，但通过议员立法，在许可条件里增加了“合理设置”条款，即所谓的距离限制（公众浴场法第2条第2款），对此该如何评价也是个问题。在目前时点上，假定上述市场准入规制正当的话，浴场收费价格就有可能成为物价管制令的规制对象，加之家庭浴室的普及、非浴场经营者开设的投币式淋浴房等因素，浴场经营变得很困难，转业或歇业的情况频频出现，因此上述规制可以理解为具有促进稳定经营的社会经济性规制的因素（参见最高法院判决平成元年3. 7判例时报第1308号第111页）。

209 电信法制研究会编.《逐条解说电信业法》. 第一法规出版社，1987：44.

（5）有些虽未明文规定供求均衡条款，但实际上是在实行着某种供求调节。可能因为是战前的法律的缘故，无论是旧地方铁道法（大正 8 年［1919］法律第 52 号）中的执照条款（第 12 条），还是轨道法中的“特许”条款，均未明文规定执照或特许的取得基准。但是，在学术讨论中民营铁道往往被认为是具有代表性的特许企业之一，从法律对它的定位，即作为铁道国有制的例外、是“以一地方的交通为目的的铁道”（铁道国有化法第 1 条但书），并设置了购并条款（地方铁道法第 30 条规定由政府收购、轨道法第 17 条规定由公共团体收购）来看， 299
不难想象还是被作为市场准入规制来运用的。还有人指出，“地方铁道法第 36 条规定，因政府铺设的铁轨邻近地方铁道或与之平行，致使地方铁道企业在该区间的经营难以为继时，政府应补偿其因停止营业产生的损失”[210]，由此亦可证明上述的判断。暂将此称为“地方铁道型”。

仓库业（经营性仓库）与上述行业不同，作为仓库业规制的依据，是为了防止仓库企业对港口、铁道等的仓库资源滥用垄断权。但是，实定法上的许可要件里只规定了“仓库的位置、结构或设备相应于保管的物品种类不符合运输省令规定的基准时，或给其他仓库企业切实履行业务造成障碍时”（仓库业法第 5 条第 4 款），事实上，仓库业的新进入者也在增加。暂将此类称为“仓库型”。

（6）上述研究中未涉及的市场准入规制，还有广播（包括有线电视）、金融（银行、证券、保险）、包括（目前已被废除的）稻米批发及零售业务许可（旧粮食管理法第 8 条之 3）等在内的农产品、蚕丝等领域，但各个领域都存在一些固有的特殊性问题，因篇幅所限，不便作深入分析，这里只能割舍了。

2. 市场准入规制的法律形式 300

从上面的分析中可知，市场准入规制是与对该业务的经营许可或认可制相联系的。许可或认可，在实定法的使用上被区分为指定、执照、许可等，市场准入规制的强弱，如按通常的术语用法来理解，指定最强，其次分别是执照、许可。但实定法上的术语未必都能准确地反映市场准入规制的强弱。如对铁道企业实行的是“执照”制，而对典型特许企业的电力企业实行的

210　美浓部达吉.《日本行政法・下卷》，有斐阁，1940：661.

却是“许可”制。

另外，登记制、备案制一般只是规定资格要件，原本不应该包含在本来意义上的市场准入规制概念中的。但是，对新设加油站实行的是登记制（旧称《挥发油销售法》第3条，现称《关于确保挥发油等品质的法律》第3条），（曾经）同时还规定对于不服从大臣对（每家加油站的销售额过小、出现过度竞争的）指定地区新设登记申请的指示（如要求压缩设备）的，可以不予登记，即把“过度竞争要件”作为拒绝申请的可选理由来规定（原第6条第2、5款）。此
301 外，（旧石油业法时代）对石油进口业实行的是备案制（石油业法第12条），但在行政运作中除了主要经销商和1家商社外事实上是被“禁止”的。历来石油化工业界要求进口石脑油、汽油的呼声一直很高，且国外也有产品出口的要求，但按《特定石油产品进口暂定措置法》（昭和60年法律第95号）的规定，经登记的业者只可进口限定的3种轻质油（挥发油、煤油、轻油）。

由此可得出结论，不仅要分析实定法上规定的法律形式，而且要对各实定法规定的市场准入要件以及行政运作的实际状况进行分析才是最重要的。

3. 竞争的可能性与实际状况

对实定法上的市场准入规制进行分类之后，将继续对法律上实行市场准入规制的行业在现实中同行业企业间及不同行业间存在怎样的竞争可能性及竞争的实际状况作一概述。

（1）法定特定者或完全垄断型行业中的竞争

（旧）邮政的三大业务中，汇兑储蓄业务、简易保险及邮政年金这两项业务，存在着与民间金融机构的竞争自不待言，即使是（曾经）由国家垄断的“邮政业务”，与通信手段相互间的竞争（如电话、传真等）、与包裹快递企业间的竞争也渐趋激烈。此外，利用新干线或摩托车递送商务文件的业务也很能博得人气，但这里也隐含着是否与“任何人都不得以递送他人的亲笔文书为经营业务”的规定（邮政法原第5条，现第4条第2款）相抵触的问题。

302 关于“电电”，值得注意的是，在旧电电公社及旧公众电信法时代，就已开始部分放松规制了，数据通信业务中的专用线路使用规制的放松已经在实施。

关于原“国铁”，众所周知，在客运方面，与首都圈的一部分以及东

京、大阪、神户一样，已出现了与之竞争的线路，存在着与民铁间的竞争。此外，还存在与航空、高速客运、私家车之间的竞争。在货运方面，存在与航空货运、汽车货运之间的竞争。

关于“供水”，如果自来水公司拒绝供水的话，虽说并非完全没有替代的方法，比如说作为饮料水，可以购买瓶装矿泉水或者自己挖井、雨水过滤等，可用各种方法来应对，但无论是哪种方法，都只能是局部的或局地的，在此意义上可以认为其垄断性还是极强的。

（2）供需调节型市场准入规制型行业中的竞争

关于被认为事实上实行地域垄断的“电力业”“燃气业”，正如前面已经指出的那样，存在着与（自发电或简易燃气业等）同一行业间的竞争，而与石油等其他能源之间的竞争，无论是产业用、商业用、还是家庭用都越来越趋于激烈。随着热电联供进入实用化阶段，以及像预测的那样，将来燃料电池得到普及、可同时提供电能与热能的系统开发的推进，供热变得更为简易的话，除了会影响到电力业外，“供热”行业也会受到影响，不仅在空白地区会面临新进入者的竞争，尤其是在邻近供热区域边界的地方，发生用户争夺战，现有的用户“跳槽”流向其他新进入者，供给区域部分重叠的 303
情况未必一定不会发生。

关于“石油管道业”，东京新国际空港航空燃料管道、国铁燃油管道、关东管道等三项计划中，据说除东京新国际空港航空燃料管道外，其他计划的实施日程尚未确定。

关于“石油炼制业”，有观点认为，石油业法实施的结果，（旧石油业法时代的）民族系中小石油公司及联合炼油企业中都出现了“产销缺口”（炼油能力超过销售能力），而且过剩的石油供给计划与实际需求之间的偏离，导致各家公司均出现设备过剩，过度的竞争及脆弱的经营基础，加之依赖行政的企业体制，这些都使得炼油设备处于饱和状态，二次炼油设备暂且不论，市场准入许可（第 7 条）事实上处于休眠状态。在 1990 年的时点上，正处于放松平常时期规制、分阶段取消行业法上的规制权限这一规划的实施阶段。

关于运输业，原本就容易出现业务间的相互竞争，因此属于正在不断放松规制的领域。在“航空”业，所谓“45・47 体制”已被废除，同一航线允许 2~3 家公司经营。此外，1983 年的临调答询中指出，将进行通运业执照种类的整合、重新评估通运业法及道路运输法这种纵向分割的行业规制等；进而在1988年10月，运输政策审议会物流分会在“关于汽车运输业及货物联运相关业务规制状况的意见”中建议，对汽车运输业废除供求调节规制、将执照制改为许可制、对货运代理业创设横向综合管理制度等；在同年
304 12月的推进放松规制纲要（内阁会议决议）中，决定提交法律草案（货物汽车运输业法、货运代理业法；即所谓物流二法），并进行了审议。在货物汽车运输业法草案中提出，对汽车货运的市场准入规制从基于供求均衡原则的执照制调整为要求提交业务计划，并设有资格要件的许可制，仅对运能过剩区域或区间实行“紧急调整措置”；在货运代理业法草案中提出，将以货运代理业法取代（旧）通运业法（昭和24年［1949］法律第241号），为了对海上运输业、汽车货运业、内河运输业、航空运输业等进行横向规制，将对实行许可制的“货运代理业”及实行备案制的“货运代理中介业”实行统一规范。

随着电电公社的民营化，电信业规制放松后，1990年的时点上，除有三家公司作为第一类业务新进入长途电信服务市场外，东京通信网络（TTNet）、大阪媒体港（media port）等地域性服务公司、包括无线传呼公司也进入了该市场。

4. 小结

通过电线或导管与作为服务对象的消费者直接连接的电力业，被认为是
305 古典意义上的装备密集型产业，是刚性网络型产业的典型代表。翻开该产业的历史，可以发现历史上就曾经历了同行业企业间的激烈竞争。无论在法律上设置了怎样的市场准入规制，如果规制脱离了实际的经济状况，缺乏合理性的话，那就不是“市场的失败”，而是以“政府的失败”告终。无论法律或行政运作上如何保护供给区域垄断，就连作为刚性网络型产业的电话、电力、燃气、上下水道等产业，也不能保证始终处于“无菌状态的区域垄断”。只要是以自由市场经济为前提，就必然会出现利用网络的间隙进行自卫性的自给自足，或诞生新的可替代的服务，可以说这是一种社会常态。特别是当发生了具有划时代意义的技术革新时，出现可替代政府规制产业或公共企业服务的新的商业机会可能性就更大。问题是这种替代手段能否被社会所容许，是使其与政府规制产业或公共企业竞争共存，还是将其扼杀在萌芽

阶段以维持原来的网络，则取决于政策决定。

当然，上述的竞争可能性会因行业而不同。如在 4.3.1 节中亦曾探讨过的“水道型”或“下水道型”，因其服务的可替代性较小，不太可能会出现竞争，但“电力型”和“燃气型”，即使继续维持供给区域垄断，不仅同一行业的企业之间，乃至与其他不同行业（如电力、燃气、石油、供热等行业）的企业相互之间（哪怕是部分的）也会处于竞争状态。随着电电的民营化、竞争机制的导入，“电话”业正在向“电信型”转变，形成了（至少曾经是非常）庞大的 NTT 与新进入者（NCC）对垒的局面。这种形势的变化，也出现在属“公垄断行业”的“邮政型”，无论是国内邮件还是国际邮件，都正面临着与其他通信工具或快递业的竞争。更何况本就属柔性网络型产业的运输业（航空、铁道、公路运输业等），放松对该类产业的市场准入 306
规制，更不是什么不可思议的事了。在此意义上可以说，高强度的市场准入规制今后也许都将逐渐放松。可以断定的是，仍然沿用过去那种市场准入规制来作为新的（部分）竞争环境下的行业规制手段，一定会变得更加困难。

4.3.2 价格规制

如 4.3.1 节中所述，为便于分析，本文在对实行某种市场准入规制的行业进行考察时，将广播、金融、农产品等领域排除在考察对象之外。在此基础上，对于被笼统地称为价格规制或价格干预也可进行细分，第一，作为价格干预的方式，按其形式来分类的话，可区分为法定制、行政官厅认可制、行政官厅备案制等。第二，作为价格干预的形态，可区分为规定收费价格制、规定价格上限/下限制；如再从干预的效果来看的话，还有物价或原料价格的物价指数连动制（自动调节条款）等。第三，作为价格体系，还有按量（一般用户与大宗用户）定价制、按质定价制等。在本节中，凡事先未作说明的，无论实定法上的名称是“运费”“收费”还是“使用费”，均将服务的对价统称为“收费”。

1. 价格干预的形式

(1) 法定原则或条例原则

如在 4.2.3 节中已论述的，“对于邮件、邮政储蓄、邮政汇兑及邮政转账的收费”，以及原三家公社的收费，卷烟的定价、电信电话、国铁的旅客运输、货物运输的基本费率等，采用的都是收费法定原则，即“由法律或国会的决议确定”（财政法第 3 条、关于财政法第 3 条的特例的法律）。邮政业中，“邮件业务”的收费，将第一类邮件（书信、信函）分为定形书信、定形外书信、邮局定制书信；第二类邮件（明信片）分为普通明信片、往返明信片、包裹明信片等，并规定了具体的收费金额（旧邮政法（以下同）第 21 条第 2~4 款，第 22 条第 2 款，此外，关于特例的提价或降价，参见 4.3.2 节）；第三类（取得认可的定期刊物）、第四类（函授教育邮件、盲文邮件等，种植用植物种子、苗、苗木、茎、根、繁殖用
307 蚕种，学术期刊及）市内特别邮件，在向审议会咨询的基础上，由省令按低于同重量的第一类邮件中的定形、定形外的收费金额来确定收费（第 23 条第 4 款、第 26 条第 2 款、第 27 条）。关于包裹邮件的收费，“要考虑……提供包裹邮件服务所需的费用”，经向审议会咨询后由省令规定（第 31 条）。关于挂号、加急、受理时间证明、递送证明、内容证明、收件人付费、特快专递、贺年卡特别邮件等特殊服务的收费，经向审议会咨询后由省令规定（第 57 条第 4 款）。

作为地方公营企业（4.2.2 节）的供水、工业用供水、轨道（交通）、汽车运输（公共交通）、铁道、燃气等的收费（地方公营企业法第 21 条第 1 款），因同时属于地方自治法第 225 条规定的“公营设施利用”的使用费，故属于条例规定事项（自治法第 228 条第 1 款）。地方公营企业同时也是各行业法的规制对象，因此收费还必须遵守各行业法上有关价格许可、认可或备案等的规定。其中，原则上应实行公营（4.3.1 节）的“供水”“工业用供水”“供热”的收费，由公营企业上报备案即可（水道法第 14 条第 2 款（现为第 5 款），工业用供水业法第 17 条第 1 款，热供给事业法第 14 条第 3 款），但公营以外的企业必须取得供给规程（或变更）认可（水道法第 14 条第 3 款，现为第 6 款。工业用水道业法第 17 条第 2 款，热供给事业法第 14 条第 1
308 款）。其他行业，例如轨道（交通）、汽车运输（公共交通）、铁道、燃气的收费与公营企业以外的一般企业完全一样，须按各行业法的规定，向主管大臣上报供给规程（或变更）并取得认可（轨道法第 11 条第 1 款、道路运输法第 8 条第 1 款［现为第 9 条］、铁道业法第 16 条第 1 款、燃气业法第 17 条第 1 款。另外，简易燃气业务的收费依据燃气业法第 37 条第 1 款的规定，参照第 17 条执行）。地方道路公社的收费道路，不属于地方公营企业概念，收费须经议会通过并须取得大臣的许可（道路整备特别措置法第 8 条［现为第 10 条］第 1、2、4 款）。关于“下水道”，依据条例的规定可

以征收使用费（下水道法第 20 条第 1 款，地方自治法第 231 条第 3 款，根据同法附则第 6 条第 3 款，可以强制性征收）。

（2）认可、备案

作为对市场准入规制行业中的民营企业的价格干预形式，收费认可制是最一般的方法，在（1）中已列举了与地方公营企业相关联的、实行收费认可制的轨道（交通）、公交、铁道、燃气等的规定。更准确地说，在道路运输法中，对于公交客车以外的一般汽车运输业（包车、出租车、卡车等）自不待言，对汽车运输代理企业也同样实行认可制（旧道路运输法第 85 条）。 309

此外，铁道业务的收费中，属由运输省令规定的收费，具体而言，“入场费、随身行李费、货物滞留费以及其他运输附带服务费等”部分，只需备案即可，除此以外的“运费及服务收费”部分实行认可制（铁道业法旧第 16 条第 1、3 款，实施规制第 33 条第 1 款），而经认可的收费若要打折的话则实行备案制（法律第 16 条第 4 款）。1990 年时，实行收费认可制的行业，主要有电力、石油管道、航空、（流通二法制定前的）通运、海运中的一般旅客定期航线、船载汽车货运定期航线、不定期客运航线、港口内运输、第一类电信业，卷烟零售的定价（电力业法第 19 条第 1 款，石油管道业法第 20 条第 1 款，旧航空法第 105 条第 1 款，旧通运业法第 20 条第 1 款，海上运输法第 8 条［现为备案制］，港湾运输业法第 9 条第 1 款［现为备案制］，原电信业法第 31 条第 1 款，烟草业法第 33 条）等。

1990 年实行收费备案制的行业主要有：汽车运输业中，不适用供求调节条款的特定汽车运输业务（原道路运输法第 45 条第 8 款）、海上运输业中的市场准入只需备案的定期客运航线业务、定期货运（对外）航线业务（原海上运输业法第 19 条之 4 第 3 款，第 19 条之 6［现已删除］），电信业中的不适用供求调节原则实行登记制的特殊第二类电信业务（旧电信业法第 21 条第 3 款，第 24 条）的收费（第 31 条第 5 款）、仓库（旧仓库业法第 6 条第 1 款）等。由此可以得出结论，在 1990 年时，作为针对民营企业的市场准入规制型价格干预手段，基本上未实行备案制。那样的话，只对公营的“供水”“工业用供水”“供热”的收费实行备案制，这样的做法是否有失公允？恐怕有再商榷的必要。 310

但是，对于卡车运输，1989 年末通过、1990 年 12 月开始实施的《货物汽车运输事业法》（平成元年［1989］法律第 83 号）规定，可能是因为其原则上不实行供求调节型的市场准入规制（4.3.1 节），将认可制改为了备案制（第 11

条第1款），但当该项收费超过合理成本加合理利润之和时、实行了不当歧视性待遇时、有可能导致与其他企业间的不正当竞争时，大臣可命其变更（同
311 条第2款，如违反命令则有相应罚则）；而另一方面，对公营供热企业提交备案的收费，只规定了须与民营企业的收费决定原则相适应，但未设置有关纠正措施的规定（热供给业法第14条第4款）。此外，大臣可以指定可能会出现收费暴涨或暴跌的区域制定“标准运费及标准服务收费”并告示，但对于该行为没有规定罚则等强制性措施。

（3）其他

除了上述方法以外，还有一些较为特殊的方法。如公共浴场的收费是物价管制令唯一的适用对象（物价管制令第4条、关于公众浴场收费管制额的指定等的省令），对于酒类，为确保酒税税收，可制定“基准销售价格”及“限制销售价格”（参见《关于保证酒税税收及酒业协同组合等的法律》，现为第84条第4项），最后，对于（旧石油业法时代的）石油产品的总经销商对特约经销商的批发价，虽不是常态化实行，但可制定“销售价格的基准金额”（原石油业法第15条第1款）。

2. 价格规制的方式

无论是由法律或条例规定也好，还是主管大臣认可也好，可供选择的价格干预方式，无非是规定收费金额，或规定最高上限或最低下限。

312 （1）规定收费（金额）制

先来看一下在实定法上明文规定必须确定收费金额的行业。第一，（邮政公社化或民营化前的）“邮政事业”，如4.3.2节所述，对于第一类、第二类邮件的收费是由法律确定收费金额的。第二，对于供水、工业用供水、下水道、燃气、石油管道等的收费等，规定“收费由法律明确规定定率或定额”（水道法第14条4款第2项；工业用水道法第17条第3款第2项；下水道法第20条第2款第3项；燃气业法第17条第2款第2号；石油管道业法第20条第2款第2项）；对于电力收费，规定“收费根据供给的种类明确规定定率或定额”（电力业法第19条第2款）；其根据是，“收费复杂到近乎恶作剧般的话……不仅消费者难以理解，实际上也容易阻碍公平性”[211]，并规定“原则上按定率制来规定，但最低使

211 资源能源厅公用事业部燃气业课，燃气保安课监修.《燃气业法解释例规集》.行政出版社，1988：586；能源资源厅公用事业部编.《修订版电力业解说》.通商产业调查会，1988：104.

用费实行定额制”[212]“定额电灯按定额规定，对其他项目，基本收费按定额来确定，从量收费的按定率来确定”[213]。第三，对于供热及（旧）第一类电信业务的收费，规定“收费金额的计算方法必须有合理且明确的规定”（热供给业法第14条第2款第2项，旧电信业法第31条第2款第2项）。这样的表述远比“定额或定率”要宽松得多。对于供热业，基本思路是“按各个区域、各种需求 313
形态，应具有多样性，至少对于一般住宅用户应以定额或定率来确定，而且应该是被认为比较合理的，但对于经营用的……有些情况下，统一规定费率可能会有困难，而且，用户对收费体系的构成有相当的认知能力……假定合理地规定了一定计算公式，通过该公式可以明确计算出具体个案的收费金额的话，就不会蒙受不合理的损失。因此，与一个供给区域内通常总是有数量众多的一般消费者的电力业、燃气业不一样，并不特别要求用定率或定额来表示”[214]。对于通运业的收费，“（通运合约中）对于运费及服务费的收取……应明确规定”（原通运业法第21条第2款第2项）也属于类似的规定。本节中将上述收费方式称为广义的“规定收费（金额）制”。

另外，把规定收费（金额）制默认为前提，但在法律条文上，对上述的选择问题保持沉默的情况也不少。除了曾经的第一类、第二类以外的邮件收费（现行法第67条第4款第3项规定了金额确定原则）外，还有地方公营企业法、旧航空法第105条、轨道法第11条、港湾运输业法第9条、旧仓库业法第6条第2款、旧地方铁道法第21条第1款也都是这么做的，连近期的铁道业法第16条也未作明确说明。

为了进一步确保企业能切实遵守按照经认可的确定金额来收费，（是否合理暂且不论）有的采用了明确规定禁止企业收费后部分返还的方法（如铁道运输法第9条［现为第10条］，罚则为129条第2款［现为第98条第4款］；港湾运输业法第10 314
条、罚则为第35条［现为第38条］第3款），有的则规定禁止以含有经认可的收费的供给规程以外的合同条件提供服务（如电力业法第21条，罚则为第118条第3款；燃气

212 资源能源厅公用事业部燃气业课，燃气保安课监修.《燃气业法解释例会集》. 行政出版社，1988：586.

213 能源资源厅公用事业部编.《修订版电力业解说》. 通商产业调查会，1988：104.

214 资源能源厅公用事业部计划课编.《热供给业法解说》. 通商产业调查会，1973：84－85.

业法第 20 条正文，罚则为第 57 条第 2 款，供热业法第 15 条第 1 款正文，对于公营供热企业经备案的收费，依据同条第 2 款参照执行，罚则为第 37 条第 2 项）。但采用后一种方法的并不太多[215]。

与上述方法成鲜明对照的是，有些在实行规定收费（金额）制的同时还预设了关于折扣等的规定，第一，邮政收费。对于（曾经）属法定邮政收费的第一、第二类邮件收费，根据邮政业特别会计亏损的情况，拟以 1 年为限作为特例提高收费的或根据收入状况拟作为特例降低收费的，经向审议会咨询后，可以省令的方式予以实施（原邮政法第 27 条之 4 第 1、2 款，第 27 条之 6 第 1、2 款），不过还规定了在作为特例上调收费时，上调率不得超过物价的变动率（原邮政法第 27 条之 5）。像这样在法定原则的框架内允许结合行业实际情况在一定程度上进行调整的现象受到关注。第二，（现行的第 16 条第 1 款，导入运费上限规制前的）铁道业。（铁道业法原第 16 条第 4 款）规定："在预测不会减少该铁道业务总收入的范围内……规定其适用期间或区间及其他条件……经认可后可对运费或服务费实行一定的折扣。在此等情况下，应呈报大臣备案"，折扣的金额可在"5 折以内的金额"。对此值得关注的是，即使在规定收费（金额）制下也存在一定程度放松规制的动向。

（2）上限/下限收费制

从规定收费（金额）制的角度来看，较为特殊的是（曾经的）一般汽
315 车运输业的收费，（道路运输法第 8 条第 3 款正文）规定"必须规定收费的确定金额"，但（道路运输法第 8 条第 3 款但书中）又规定，对于定班客车及其他一般汽车运输业（出租大客车、包车、出租车、卡车等）中的大臣指定业务"可代之以最高金额及最低金额"。对于定班货车、地域性货车的收费，企业可以在基准运费上下各 10%的范围内自由定价，此外，可自主决定诸如长期合同折扣（15%）等各种折扣率或增额率，就是依据上述但书的规定。但（当时的）实际状况是运费甚至跌破下限的情况也并不鲜见，该规定逐渐成为摆设。

物价统制令是以规定的"管制金额"（第 4 条是依据该管制令的指定，第 7 条是依据其他法令的规定）为前提，规定"不得超过管制金额来签订合同、支付或收

---

215 谷川久.《岩波讲座：现代法 9》. 岩波书店，1966：155－156.

取”（该令第 3 条第 1 款正文），（第 33 条第 1 款）还规定了对违反者的罚则。因此，可以理解为是一种最严厉的价格规制[216]。

（3）展望

由于市场准入规制型政府规制产业或公共企业中产生了竞争，（从 1990 年时的情况看）在规定收费金额制度下，导入了折扣制度（如邮政、铁道等）、上限/下限收费制的基准价格制度（如道路运输）等，可知价格规制已出现了部分放松的动向。（从 1990 年时点上展望预测未来的话）今后，日本公共企业收费规制的方法上可选择的范围将会变得更广。例如，在成本中燃料费占比较大的电力业、燃气业，原料价格或可实行物价指数连动制（自动调节条款）、对电力、燃气业区分产业用、商业用、家庭用等不同用途，特别是对于与其他能源处于竞争状态、市场机制作用空间较大的产业用电力 316 及燃气的价格规制或可取消，或像西德按一般供给规定来确定电费那样，只对最高收费实行规制；也可像英国对电信及燃气、美国对 AT&T 那样，实行收费上限规制（虽然有可能涉及 4.3.2 节所述收费决定原则），等等，不久的将来，这些方法都可能会成为选项，需要加以研究。

3. 收费定价原则

1）实定法上的收费决定原则

（1）对于（从法定主义时代直至今日的民营化后一直在执行）的法定邮政收费，邮政法规定：“收费必须足以抵补有效经营下的合理的费用，以保证其正常经营”（第 3 条），实行的是成本补偿、收支相抵、独立核算原则[217]。与现行法不同，旧邮政法将包裹邮件与第一类至第四类邮件并列，单独设置了“包裹邮件”范畴。同时还对包裹邮件作了特别规定：“包裹邮件 317 的收费，应综合考虑提供包裹邮件服务所需相关费用、物价以及其他经济状况”。但有观点指出，“邮政业是在综合成本原则下实行总体经济核算的”，因此，尽管邮政业总体上是盈利的，但包裹邮件的收支“据推算每年都产生了相当金额的亏损，对邮政业的总体经营产生了很大影响”[218]。

---

216 金泽良雄.《经济法（新版）》. 有斐阁，1980：345.

217 根岸哲.《规制产业的经济法研究第 I 卷》. 成文堂，1984：213.

218 总务厅行政监察局编.《邮政业的现状与问题——看总务厅的行政监察结果》. 大藏省印刷局，1987：74，78.

（2）对于实行条例管理的地方公营企业的收费，（地方公营企业法第 21 条第 2 款）规定，“收费必须公正合理，且须以高效率经营下的合理费用为基础，确保地方公营企业的正常运营”。“公正合理性”是判断收费水平（总收入）及收费体系（在各个用户群之间的分配）合理性、或者说是判断是否提供了与收费相应的产品或服务的重要因素，“成本原则”中所说的成本是不包含经营报酬的，但后面的“正常运营”可解读为是包含经营报酬的。地方公营企业负担的费用可区分为：① 像供水、工业用供水中的消防栓等，从“此类费用的性质”来看，让企业负担是不太合理的费用（同法第 17 条之 2 第 1 款第 1 项）；② 像轨道（交通）行业中的因汽车通行产生的铁轨及轨基的维护、修缮、改良、撤除等费用，让企业负担“客观上存在困难”的费用（同上第 2 项）等，按规定这类费用应由一般会计或其他特别会计负担，但“除依据前款规定由公共地方团体的一般会计或其他特别会计负担的外”（地方公营企业法第 17 条之 2 第 2 款、地方财政法第 6 条正文），实行独立核算制[219]。除上述规定外，由一般会计拨付给公营企业会计的，还有“因灾后重建或其他特殊原因
318 有必要时”的补贴（地方公营企业法第 17 条之 3、地方财政法第 6 条正书）、自愿出资（地方公营企业法第 18 条）等，这些都属于所谓的“划拨金”，除“划拨金”外还可以提供长期贷款（地方公营企业法第 18 条之 2），此外，还有为减轻企业建设投资、运营费以及企业债务利息负担而给予的国库补贴等。从这些资助措施来看，可以说所谓的“独立核算”事实上只是非常有限的。

319 （3）再来看一下各行业法上有关收费决定原则的规定是如何表述的。其中，“应明确规定”收费金额、即有关明文确定收费金额的规定，在 4.3.2 节中已作论述，此处不再赘述。第二次世界大战前就已存在的行业法，如轨道法、旧地方铁道法等法规中，均未设置有关收费决定原则的规定，但第二次世界大战后实行收费（或收费合约）认可制（或近期实行的附带大臣变更命令权的备案制）的各行业法中，（像旧海上运输法那样的例外除外）都设有下述认可基准。另外，对于实行备案制的公营供水的收费，适用地方公营企业法第 21 条，而不直接适用水道法中关于认可基准的规定。

---

219 关根则之.《修订版地方公营企业法　交通业健全化法逐条解说（修订版第 7 版）》.地方财政协会，1987：136－145，149.

① 关于成本原则或公正报酬（合理利润）的规定，第一，“不得超过高效管理下的合理成本”（下水道法第 20 条第 2 款第 2 项）、“比照高效经营下的合理成本，公平且适当”（水道法第 14 条第 4 款［现为第 2 款］第 1 项、工业用水道业法第 17 条第 3 款第 1 项、供热业法第 14 条第 2 款第 1 项，旧电信业法第 31 条第 2 款第 1 项）等，都只规定了成本原则。下水道或上水道，只要能收支相抵，足以补偿成本即可。对于供热，“从（业务）最初阶段……就确定了需求……在相当长的时期，亏损不断积累已成惯例……如果收费是以合理成本为基础来确定的话就足够了”，有意识地未实行公正报酬原则[220]；至于电信业，是否是有意识地不提公正报酬，还是应该解读为所说的“成本”中已理所当然地包含了公正报酬，笔者不得而知[221]。第二，“不超过高效经营下的合理成本加合理利润的范围”（石油管道业法第 20 条第 2 款第 1 项、旧航空法第 105 条第 2 款第 1 项、旧仓库业法第 6 条第 2 款第 1 项）；“高效经营下的合理成本加合理利润”（燃气业法第 17 条第 2 款第 1 320
项、电力业法第 19 条第 2 款第 1 项）；“补偿高效经营下的合理成本，且包含合理的利润”（道路运输法第 8 条第 2 款第 1 项，旧通运业法第 20 条第 2 款第 1 项、港湾运输业法第 9 条第 2 款第 1 项）等，都规定了应包含公正报酬，对于所谓“合理利润”作了如下说明，“足以抵补为筹措企业正常发展所需资金而须支付的合理利息及分红”[222]。

② 关于公平原则，规定“不得对特定对象（消费者、使用者、旅客或货主、货主）实行不正当的歧视性对待”（水道法第 14 条第 4 款［现为第 2 款］第 4 项、工业用水道业法第 17 条第 3 款第 4 项、下水道法第 20 条第 2 款第 4 项、石油管道业法第 20 条第 2 款第 4 项、燃气业法第 17 条第 2 款第 4 项、电力业法第 19 条第 2 款第 4 项、热供给业法第 14 条第 2 款第 4 项、道路运输法第 8 条第 2 款第 2 项［现为第 9 条第 6 款第 2 项及第 9 条之 3 第 2 款第 2 项］、港湾运输事业法第 9 条第 2 款第 2 项［现为第 1 项］、旧通运业法第 20 条第 2 款第 2 项、铁道业法第 16 条第 2 款第 2 项［现为变更命令标准，第 16 条第 5 款第 1 项］、航空法第 105 条第 2 款第 3 项［现为变更命令标准，第 2 款第 1 项］、仓库业法第 6 条第 2 款第 2 项［现为禁止歧视性待遇，第 10 条］、电信业法第 31 条第 2 款第 5 项）。该项规定成为收费体系中特别有争议

220　资源能源厅公用事业部计划课编.《热供给业法解说》. 通商产业调查会，1973：83 - 84.

221　电信法制研究会编.《逐条解说电信业法》. 第一法规出版，1987：93.

222　资源能源厅公用事业部燃气业务课，燃气保安课.《燃气业法解释例规集》. 行政出版社，1988：586.

的一个问题（参见 4.3.2 节的论述）。

③ 水道、电力、燃气、通信业等，均需通过管道、电线等直接与用户
321 连接才能提供服务，对于其中的工程费用负担，如“给水装置工程（管道、水表及其他设备的费用负担区分以及金额的计算）”（水道法第 14 条第 4 款第 3 项后段［现为第 14 条第 1 款］、工业用水道法第 17 条第 2 款第 3 项后段）或“管道、水表（燃气表）及其他设备”、“电表及其他用品以及配线工程和其他工程”（燃气业法第 17 条第 2 款第 3 项后半段、电力业法第 19 条第 2 款第 3 项后半段、热供给业法第 14 条第 2 款第 3 项后半段、电信业法第 31 条第 2 款第 3 项后半段［现为第 19 条第 2 款第 2 项、第 20 条第 3 款第 2 项］），都规定了“需合理且明确确定”。但在实务上会与此规定不同，往往会收取“下水道受益者负担金”或“水道初装费”等，其合法性常遭到质疑。

④ 从限制竞争的观点来看，运输相关行业中都设有“不得引发与其他（一般汽车运输、铁道、航空、仓库）企业之间的不正当竞争”的规定（道路运输法第 8 条第 2 款第 4 项［现为第 9 条第 6 款第 3 项及第 9 条之 3 第 2 款第 3 项］、铁道业法第 16 条第 2 款第 4 项［现为变更命令标准第 16 条第 5 款第 2 项］、航空法第 105 条第 2 款第 5 项［现为变更命令标准第 105 条第 2 款第 3 项］、旧仓库业法第 6 条第 2 款第 3 项）。笔者认为，该规定
322 原本就隐含着一个重要问题，即行业法上的监管权限与垄断禁止法（或领域调整法）的权限究竟处于怎样的关系问题。如对于铁道，设有“就是否为了与竞争线路的铁道企业竞争而不合理地实行低价进行审查的标准”；对于航空，设有“禁止实行近似倾销式的低价运费等”[223] 规定。从成本原则来看，既然收费水平原本就不允许“大出血式的优惠”，充其量也只是在竞争较为激烈的区间（如大阪至神户间、品川至横滨间等）才会实行低价运费。但是，这本是只有在符合关于“不公正交易方法（不正当低价销售）”规定的情况下才应作为违反垄断禁止法第 2 条第 9 款规定、由公正交易委员会来处理的问题，如果实际上是为了避免经认可的收费违反垄断禁止法，而通过本条规定预防性地允许事业规制当局拥有此规制权限的话，那就很容易导致过度介入，这就要求在实际操作中须非常谨慎。与此规定相关，曾发生过

---

223 铁道业法研究会编.《逐条解说铁道业法》. 第一法规出版，1988：139；现代公用事业讲座编集委员会编.《现代公用事业讲座 6・公用事业收费构成论》. 电力新报社，1975：301－302.

颇为引人关注的所谓MK出租车公司事件，即该公司（仅此一家）申请降低运价，而被行政主管机关以行政实际运作上对出租车收费实行“同一区域同一运价原则”为由驳回了申请，从而引起的争论。诉讼的结果，法院认为，该申请即使违反了（事件当时的）“同一地域同一运价原则”，但未必与道路运输法原第8条第2款第1项（成本原则）、第4项（竞争限制）相抵触，故判定驳回申请的处理属违法（大阪地方法院昭和60年1月30日，行政裁判案例集第36卷第1号第74页）。人们不禁要产生疑问，“同一区域同一运价原则”本身是否原本就违反了第1款中的成本原则？

⑤ 作为应特别考虑事项，还作了如下规定：“鉴于旅客或货物的运费和 323
服务费的承受能力，不得给旅客或货主利用该项业务造成困难”（参见旧道路运输法第8条第2款第3项［现为第9条第6款第1项］、旧铁道业法第16条第2款第3项），“不得给消费者（旅客或货主）利用该项业务造成（明显）困难”（石油管道业法第20条第1款第5项、航空法第105条第2款第4项［现为第2项］）（不过，前两项法律规定的是明确的收费认可标准，而后两项法律规定的是合约认可标准）。对于航空，“（运价）应考虑到国民经济状况，要求应尽可能让更多的人能够利用”；对于铁道，“从确保和保护消费者便利的观点出发，将运费及服务费的计算是否考虑到消费者的负担能力作为审查的标准”[224]，但是对于该规定也有人批评说，这只是个“在收费以外，由国家或地方公共团体给予政策性援助就能解决”[225] 的问题。这在收费体系中多少也算是有点意义的规定吧。

另外，虽不属收费决定原则，但在认可基准里还规定了：“须合理且明确规定关于企业（及使用者、供给的接受者）责任的事项”（水道法第14条第4款［现为第2款］第3项前段，工业用水道业法第17条第3款第3项前段、石油管道业法第20条第2款第3项、燃气业法第17条第2款第3项前段，电力业法第19条第2款第3项前段，热供给业法第14条第2款第3项前段、旧电信业法第31条第2款第3项前段）。

2）收费成本的构成要素

“成本”的构成应包括哪些要素，实定法上并没有直接规定，以电费为例，按电力业法规定的决定原则，作为内部标准，规定了“供给规程收费价

224 现代公用事业讲座编集委员会编.《现代公用事业讲座6・公用事业收费构成论》.电力新报社，1975：139.

225 碓井光明.关于公用事业的定价.经济学刊，1981（70）：37.

格计算要领”，燃气业按燃气业法规定的收费决定原则，也制定了“燃气收费价格计算要领”。电力企业的总成本是由用于业务的固定资产折旧费、人
324 工费、燃料费、维修费等营业费用，法人税、事业税、固定资产税等各种纳税款，经营报酬等项目的总额构成。燃气企业则是由“（营业费用+营业外费用）-收入扣除+按经营报酬及分配利润缴纳的税额”等构成总成本。

按照公正报酬原则，在承认经营报酬的情况下，经营报酬的确定方法有以下两种。第一，“累加方式”，即按资本构成计算出应付利息、红利、盈余公积金等加总得出总额；第二，资产价值比率法，即投入业务的真实且有效的企业资产的价值乘以一定的报酬率得出的金额。对于可纳入计算基数的资产价值，有两个标准，即“真实且有效”，这是在美国首先被采用的标准，是指是否属被规制企业“所使用的而且是有效用的”资产（用于兼业部门的资产除外），公司的投资决策是否“谨慎”等。在日本最初采用的是“累加方式”，1970 年以后，后者，即资产价值比率法被用于电费的计算，后民营燃气的燃气费、（从旧地方铁道法时代开始）大型私营铁道、民营客车、定班客运船（部分）等也采用了这种方法。另外，关于报酬率，（1990 年时）电力、燃气等基本上都大致固定在 8%左右，但在调整收费定价时，结合各家公司的经营状况以及当时的一般经济状况（如利率、物价上涨率）等出现变动应该也是合理的。如果因出于政策上的考虑，一味压低收费上涨
325 幅度或扩大降价幅度，使得报酬率因政治性因素而降低那就有问题了。

即使允许地方公营企业也应该有经营报酬，但一般认为“计入的报酬率没必要向民营企业看齐”。对于采用累加方式的公营燃气企业，应付利息可以计入，但非新设的公营企业，可以按固定资产账面价值“乘以不超过 2%的比率得出的金额计入”[226]。另外，也有观点认为，“对于公营（公交客车）企业，应不允许利润”[227]。

作为实务上的问题，有必要指出的是，计算成本时理所当然采用的都是预测值，但从结果上来看，如果对汇率的预测、燃料价格的预测，以及对经济的预测、供求的预测等与实际情况不一致的话，收益就会产生很大的误

226 北神智，山中昭荣.《自治行政讲座 9・地方公营企业》. 1986：158－159.

227 现代公用事业讲座编集委员会编.《现代公用事业讲座 6・公用事业收费构成论》. 电力新报社.

差。如果出现那样的情况，就会面临两个需要研究的问题：第一个问题，是发布收费价格变更命令（例如电力业法第 23 条、燃气业法第 18 条、热供给业法第 16 条、石油管道业法第 21 条、轨道法第 11 条第 2 款［现为第 3 款］、铁道业法第 23 条第 1 款第 1 项、旧航空法第 112 条第 2 款、旧仓库业法第 6 条第 2 款等的规定）还是由企业自主提出修改定价申请？在实务上似乎更倾向于后者。第二个问题，预测值与实际值之间出现的误差有多大？作为结果给企业带来的超预期利润或损失有多大？在下次申请收费定价修订时能否对这些进行追踪分析，并将分析结果应用于接下来的审查？或者说是否只需要一次性审查就足够了？

其次，想指出的是消费税转嫁的问题点。1989 年 4 月，消费税法（昭和 63 年［1988］法律第 108 号）实施，同时，法定邮政收费（第一类邮件、第二类邮件）改为可由省令来确定和征收了，且收费价格中包含应转嫁给消费者的那部分（消费税）金额（即所谓的“含税”价，邮政法附则第 93 条，另外，还废止了作为地方税的电力税和燃气税）。民营公共事业企业都取得了含消费税的收费价格调整认可。以电力为例，消费税有点类似于按“电力销售量”为征税基准的电源开发促进税（电源开发促进税法第 5 条第 1 款），由于该税是可计入成本的“各种税收”之一，消费税也同样可以计入成本，将它们 326
加在一起进行收费价格调整是符合逻辑的。另一方面，地方公营企业的收费调整的条例修订，各自治体都遇到了阻力难以推进。有质疑认为，即使消费税是成本要素之一，但本来的收费是不包括消费税的（不含税），如果作为纳税义务人的企业（消费税法第 5 条）在以前的收费收入范围内能够承受消费税的话，还有必要一一去进行收费价格调整吗？不过，因为是价外税，如果是持续性合同关系（如电力、燃气、水道、使用定期乘车券的铁道、公交客车）以外的合同关系，觉得尾数的处理太过麻烦而不进行收费价格调整的情况也许会有。

4. 收费体系

将总成本分摊给各个用户或使用者，并按不同的用户群分别确定收费，就是“收费体系”。有种观点认为，从前述收费原则的成本原则和平等条款出发，希望实行“个别成本原则”，所谓个别成本原则，就是先按各个用户群分别计算出成本，然后与该成本相对应地来分摊总成本，事实上，电力收费就是采用个别成本原则的典型例子。也有观点认为，这不正是地方公营企业所希望的吗？但笔者认为，上述个别成本原则，未必是实定法上的“成本原则”中所含的法律要求，倒不如说是与“公平原则”相关的问题。其理由包括：第一，不能否定在非“不正当”歧视范围内、出于社会政策考虑而实行差别收费的必要性；第二，不能全面否定在总成本中进行“内部补贴”的必要性［如（曾经的）NTT 用市外电信费来补贴市内电话费］；第三，从
327 竞争的角度来看，在某些情况下，适当降低一些如存在竞合线路等的收费也是必要的。前文中所论及的“鉴于旅客或货物运费和服务费的承受能力，不得给旅客或货主利用该业务造成困难”，“不得给消费者（旅客或货主）利用该项业务造成（明显）困难”等规定，在某些情况下，即使该规定有让政策性收费合法化的嫌疑，但也可以发挥其作用。笔者绝无为政策性收费唱赞歌之意，笔者认为，即使选择以个别成本原则作为基本基准的收费体系，对于其价格差是否是合理意义上的差别价格，也须根据个案的具体情况作出判断。在某些极端的情况下，也可能与个别成本原则正相反，（像原国铁那样）实行统一收费制或均一收费制的。但正如下水道法中规定的“必须对应于排水的数量及水质以及其他如使用者的使用形态等是恰当的”（第 20 条第 2 款第 2 项），旧航空法规定的“必须考虑该业务提供的服务的性质”（第 105 条第 2 款第 2 项）等规定，从这些规定也可以推论，实行合理意义上的差别收费是可以考虑的。还有一种可能是较为极端的观点，认为可以从国防、缓解人口疏密程度或国民福利的角度来为原国铁的统一收费寻找理由，如果这个观点可以成立的话那完全是纯粹从政策性角度出发的收费体系，该政策能在多大程度上获得支持，或者其手段、程度是否合理，都是应该仔细斟酌的。

作为按各个不同行业分别来研究的事例，第一，将下水道的收费与自来水使用量挂钩的收费体系（如横滨市），乍看似乎是有合理性的，但如果有人只用井水，或井水自来水混用的话，那就是全部或部分无偿使用下水道了，就可能会产生不公平。第二，经常成为非议对象的是电力或燃气等行业中的大宗用户的协议收费价格（供求调节协议、产业用 LNG 协议等中的价格）较一般家庭用户的价格还要便宜。从个别成本原则来看，这似乎理所当然是合理的，但是能对此作出有足够说服力的说明而且能得到普通民众的充分理解吗？（简单地说，大宗用户的需求增加具有降低总成本的效果，因此，这是一种对一般家庭用户有利的制度，如果这一点可以得到验证的话，那就

容易被接受了)。第三，在诸如电信等提供多种服务的行业里，在其构筑的收费体系中成本是如何在各种服务之间分摊的，这可能是一个不透明的问题。在这种情况下，可实行部门会计制度，按各种服务分别计算成本，只要实行个别成本原则，也许可以构筑一个至少在某种程度上较为机械式的收费体系。原电信业会计准则规定了制作“各业务部门损益明细表”的义务（准则第 5 条第 13 款，但该准则附则第 2 款中，还规定了“目前……暂不执行”）。在（着眼于保护当前股东及当前客户的）［旧］商法、（着眼于保护当前投资者或股东及将来的投资者的）［旧］证券交易法、（着眼于企业健康发展和保护用户或使用者的）行业法等各个领域中，对于包括部门会计在内的各种财务报表的要求，在程度和内容上存在差异可以说是必然的。NTT 按服务类型对 8 个部门的损益情况进行了信息披露。今后该公司的收费体系会发生怎样的变化？或者对于其他的公共企业会产生怎样的波及效果？笔者还将继续关注。 328

4.3.3　其他的行业规制

当然，市场准入规制及价格规制并不是行业规制的全部，除市场准入规制及价格规制外，还存在对所提供服务质量的规制、供给义务（合约缔结义务）、会计财务规制、兼业或投资规制等各种经济性规制，这里不可能面面俱到讨论所有的问题，仅就其中两个比较重要的问题展开分析。

（1）“兼业或投资规制”（如原电力业法第 12 条、原燃气业法第 12 条就是关于兼业规制的规定）。以前的想法是认为企业应当优先专注于主业，眼睛总是盯着可能会对主业产生不利影响的方面，或该公共企业在市场上所拥有的力量，极力 329
禁止或限制多元化经营。但是正如我们所知道的，行业的垄断性越是弱化，对兼业或投资的规制也越是趋向放松。今后规制的方向，应该是在允许公共企业也可开展多角化经营的同时，构筑一个让用户也能分享多角化经营所获利益的体系。作为具体实例之一，笔者主张可以就下面的方法展开探讨，即作为“仅限于有盈利时的措施”，“将开展多角化经营所获利润（如来自子公司的红利等）的一部分作为任意准备金（任意公积金）保留在公司内部，以保持收费价格的长期稳定（A 选项）；或者在下次计算收费价格时，从成本中扣除这部分因开展多角化经营所得利润，以此来返利于收费”（B

选项）。

（2）所谓“供给义务”，不仅包括必须向已缔结合约的用户持续稳定地提供服务的义务，还包括必须与供给区域内的新增需求申请者缔结合约的义务（如水道法第 15 条第 1 款、电力业法第 18 条第 1 款、燃气业法第 16 条第 1 款、热供给业法第 13 条第 1 款的规定），该义务可解读为是与该公共企业的区域垄断性相关联而产生的义务。也就是说，在允许该公共企业地域垄断的同时，为了限制公共企业相对于用户的垄断力，就要相应地对其实行收费规制、科以合同缔结义务。但正如在 4.3.1 节中所述，随市场准入规制形成的垄断地位事实上也面临着同行业的企业之间或不同行业之间的竞争，而且市场准入规制本身已经放松
330 的话（即使是部分的），那供给义务是不是也应该随之部分放松呢？对此引起了争议。作为一个具体的实例，以电力市场为例，比如说热电联供或燃料电池设置者（以下简称“特定供给者”）以特定供给方式向用户提供电力，出现下面两种情况时，即① 热电联供设置者自己退出特定供给时，② 特定供给者的全体或部分用户对特定供给者的供给服务不满而中止特定供给时，一般电力供给企业对以前的特定供给电力的用户是不是也负有供给义务？作为解决该问题的方法之一，让特定供给者也承担供给义务未尝不可，但如果那样的话，公用事业规制就覆盖到特定供给者了，作为特定供给者的好处也就被抵消了，而且与现实中特定供给者退出时的处理方法也相去甚远。由此又引出了另一个有争议的问题，即③与一般的用户不同，一般电力供给企业是否负有为从事特定供给的特定供给企业做替补的义务？从结果来看，这不是在资助竞争对手吗？

可是，“合约缔结义务”难道仅仅只是与该企业的垄断地位相关吗？即使没有垄断地位，就不能以该服务的性质决定的社会要求或社会义务为由而要求其承担此项义务吗？以下一些规定应可作为参考：① 虽然有市场准入规制但未必能形成垄断的运输业中的承运义务规定（道路运输法第 15 条［现为第 13 条］、原通运业法第 17 条、海上运输法第 12 条、港湾运输业法第 15 条之 2［现为第 15 条等］）；② 由于导入竞争已从垄断状态转变为寡头垄断或竞争状态的旧第一类电信业务企业，仍须履行对服务申请者的“承诺义务”等“服务提供义务”（电信业法第 34 条）；③ 对只需资格要件的医生赋予的“诊疗义务”（医师法第 19 条）；④ 对完全属于行政警察许可的旅馆业，赋予必须提供住宿的义务（旅馆业法第

5 条）。从上述实例中可以得到一些启示，假设在法律条文上仍保留一般电力 331
企业的供给义务规定（电力业法第 18 条第 1 款），但是否可以从过去的“供给区域完全垄断型”下的供给义务（或合约缔结义务）转变为只要有任何一家竞合企业能够提供服务即可呢（在此情况下，最初受理申请的企业是否自动产生供给义务？还有探讨的余地）？即转变为类似于“运输型”或“医师法型”的供给义务（或合约缔结义务）。再进一步结合前面的问题③，即与特定供给者的关系而言的话，由于购买电力的类型不同，有些是“日常备用型”的、有些是视价格高低现货买入“精打细算型”的、有些是为非常时期“保险型”的、还有些是“夜间低谷电购买型”的，等等。对于一般电力企业的电力负荷的影响也不同，因此希望可以考虑这些因素，通过收费制度来抵消对于一般电力企业乃至一般用户的不利影响。

4.4　今后的展望 332

（1）政府规制产业或“公企业法”，看似很简单的一句话，但根据定义方法的不同，其覆盖的领域以及涉及的问题也是极其广泛的。本章中，笔者在关注近期出现的规制放松及民营化潮流的同时，提出了是否可以以政府对市场的经济性规制，特别是“市场准入规制”和“价格规制”为支柱，对以往的政府规制产业或“公共企业”概念进行重构的问题，并作了一些准备性的考察（4.3.1 节和 4.3.3 节）。以正在实行的两项规制为中心来定位政府规制产业或“公共企业”概念，在现实中可能会引起非议，被认为只是一种追随实定法的观点，甚至还会招来批判，认为无批判无原则地把各种繁杂的规制归在一起一揽子讨论是一种轻率的、无意义的行为。但恐怕谁也不能否定，上述两项指标至少对于准确认识现状是极为有用的。再者，如果将来放松规制进一步推进，笔者用来作为政府规制产业或“公共企业”概念指标的市场准入规制和价格规制，在这些相关行业中也进一步放松的话，从而作为经济规制的骨架将会消失，与自由市场的距离就会越来越小，这是笔者确立上述两项指标的依据。另外，还可能会有人批评说，上述两项指标无非只是将过去的自然垄断性（或法定垄断性）和生活必需性两项指标，结合现实中的规制手段，换了一种说法而已。对此，倒不如说是为了能更加准确地进行讨论，采用了更加接近实定法的指标。

通过放松规制，最终废除市场准入规制和价格规制，这可能只是最极端的情况。但即使依然保留规制，规制的形态和强弱还是会发生变化（4.3 节）。特别是随着将来技术的进步和业态的变化，仅靠过去的市场准入规制和价格规制能否保证公共利益的实现？或者换言之，这样的规制本身是否会阻碍公共利益的实现（因此，只需进行安全性等社会性规制）？在目前的时点上要作出完全准确的预测几乎是不可能。笔者提出的两项指标也许将来会成为陈旧过时的摆设，其功能将被终结，需要寻找新的指标来重新构筑规制的理论
333 框架。在此意义上，本章只不过是作为一种暂时性的梳理。在本章中，笔者也在尝试摆脱对现有学术用语（概念）的演绎性思维，通过对实际状态的分析，为归纳性地形成新的概念体系做些准备。

（2）作为今后可预料的变化或需探讨的课题，如着眼于以电线、管道、道路、线路等输送途径为代表的“基础设施”的话，以下一些问题可能是需要考虑的。首先，关于由谁以怎样的形式来建设和管理基础设施的问题，大致可有以下三种选择：① 作为“公共产品”，由国家或公共团体来设置，且无偿使用；② 像收费道路那样，由仅以让人们有偿使用基础设施为目的的企业来进行；③ 像自来水、电力、燃气、电信、铁道等设备被固化的“网络型行业”那样，由企业利用自建的基础设施直接向用户或消费者提供服务。是选择其中的一种？还是将该基础设施作为公共产品，既有无偿使用的，也有有偿使用的两者混合？如果选择后者的话，那么该按怎样的标准在两者中进行分配？（如道路，参见 4.2.2 节）这是第一点。通常，在国有或公有至上的思想，或者企业性本恶说盛行的时期，“公共产品”的比重会提高，但遇到国家财政困难时期或重视民间活力的时期，民营或企业化的比重就会提高。

第二点，有偿或无偿地利用其他企业建设的“基础设施”的企业，从现行法上的规定来看，有道路运输业（道路利用）、第二类电信业（通信线路利用）、第二类铁道业（线路利用）等，今后还可能会迅速增加，“基础设施的所有与运营”的分离也可能会越来越扩大。上述趋势也同样出现在历来“基础设施的所有与运营”一体化的（如电力、燃气、自来水等）行业，显示了与“基础设施”相关的行业总体上正在从“封闭性网络”向更为柔

性结构的“开放性网络”转换。如以 1990 年时的电力业为例，自发电或分 334
散型电源可以比现在更为自由地连接一般电力企业的送配电网络，亦即允许比现在更自由地进行所谓“托送”（电力业法［当时的］第 25 条规定的代替托送供电）。上面描绘的脚本中也存在着某些问题。比如说，以前企业所拥有的基础设施可以精准地用于自己的业务，但以“托送”的名义实行“通行”自由化的话，企业不是就得日常性地预备好超过自身业务所需部分的送配电网络了吗？托送费又该如何计算？更为本质性的问题是，如果基础设施都成为近似于“道路”那样的公共产品的话，极端而论，会不会像上述②中的收费道路或（美国的）输气管道那样，整个行业都只是以供他人有偿利用基础设施为目的，成为毫无吸引力（与以前的该行业比较）的行业？上述这些问题今后都须纳入经济、技术、法律制度中来讨论，笔者自己尚未有清晰的观点，上面描绘的脚本能不能最终形成社会共识，是否会被采用，只能说有待研究。

第三点是与“基础设施与运营”分离相关的问题，以航空业为例，例如飞机那样的设备，虽然与机场等基础设施不同，缺乏像 4.1.3 节中所述的“沉没成本性”，但却需要巨额投资，这样的“非基础设施的设备与运营”
是否可以实行分离？有观点预测，“不难想象，所有必要的资材都要航空公 335
司自己购买的话，在资金上会非常困难……例如，会诞生拥有飞机的公司与航空运输公司相分离的这样一种新企业形态”[228]。这也许还存在一些经济上的或事实上的问题，比如说，在从事航运方面，利用其他公司拥有的飞机是否比航空公司自己拥有飞机从事航运、实行一体化综合性运营更具有经济性？拥有飞机本身是否是具有吸引力的业务？等等。但只要飞机的安全、保安、管理等问题都能解决的话，非运营者拥有飞机这件事本身应没任何问题，无需对仅以拥有飞机为目的的企业实行业务规制。对于像飞机这样的设备，如果所有者与运营者分离的目的主要是着眼于融资功能的话，通过供应商（飞机制造商）、用户（航空公司）、租赁公司等三方关系中的“租赁”、或者向用户（航空公司）贷款等形式就有可能实现，至少不会是太脱离现

228　综合研究开发机构.《展望 21 世纪的航空（NIRA 研究丛书）》. 综合研究开发机构，1989：92.

实的设想。

如果以此观点来类推电力业的话又会是怎样的呢？首先必须对两者作一区分，送配电系统属于基础设施，与飞机那样的因不存在沉没费用性而不可能成为公共产品的“非基础设施”不同。送电或配电设备的所有者与送电或配电设备的各运营者、管理者（部分或全部）的分离虽然属于前面第二点中所述的“基础设施与运营”分离的一种类型，但属于一体化经营的电力业务部分分解型，也是已成为“公共承运人”的送配电企业与借助于其网络的运营者（如自发电或电力销售公司）分离的类型（不过，成为“公共承运人”的送配电企业同时从事部分运营商的业务在制度上也是可行的）。另一方面，作为飞机型的“非基础设施与运营”的分离，第一，发电业务与送配电业务或电力销售业务的分离，是不是属于这种“非基础设施与
336 运营”的分离？实际上，一般电力企业（当时的说法）已经在收购批发电力企业或自发电的剩余电力了，从这个角度看，可以说已经在部分实行分离了。第二，换个角度来看上述关于飞机的事例的话，就涉及发送配电设备（即电力设施）的所有者与发送配电设备的各运营者或管理（加销售）者（部分或全部）分离的话题了，即作为发电设备所有者的公司与作为发电设备的运营或管理的公司（加销售公司）、作为送配电设备所有者的公司与送配电设备的运营或管理公司（加销售公司）的分离。其中，送配电系统是基础设施，有可能成为公共产品，因此，即使送配电设备（硬件）与运营管理（软件）实行了业务分离，但双方仍有可能要受到行业规制。与此不同的是，对于发电的硬件与软件的分离，由于还有自发电的存在，即使还需要有安全方面的规制以及在某些情况下从电力供求角度考虑对设备计划仍不能完全放任，但恐怕也不会是近似于市场准入那样的规制吧。不过，从法律技术层面，发电设备的硬件（所有权）和软件（包括销售在内的运营管理）的分离，按现行法能否毫无争议地实行，恐怕还有待探讨。比如（电力业法第13条）就规定了：“电力企业转让供电力业务用的设备时，或以所有权以外的权利为目的的，须取得通产大臣的许可”，坦率地说，这一规定就可能会成为实行设备租赁制（或租借制）的瓶颈。

（3）与对未实行基础设施与运营分离的、由同一主体一体化地提供服务的现有企业的行业规制相比较，对于新形式的业务，无论是在市场准入规制

方面、还是在价格规制方面，相当程度地放松规制是必然趋势。另一方面，即使对于原来未实行基础设施与运营分离的、一体化经营的企业的规制，在一些有可能导入竞争的产业用或商业用领域以及像家庭用户那样不依赖于该 337
企业就难以享受同质服务的领域，规制的形态也可能会发生变化。按笔者的想法，公共企业规制的最后圣地恐怕就在于一般家庭的服务质量及价格方面的规制。

（4）阻碍市场准入的消极因素之一，就是新进入市场的企业能否享受现有企业享有的公用事业特权。譬如说，设想完全由私人出资建设收费道路时（4.2.2 节），或自发电的所有者为了向远方进行特定供给，因“托送”存在局限性，拟作为自用发电设施架设自己的送电线网时（暂且不论道路法、电力业法是否允许），能否享有土地征用法及各行业法上的公用事业特权就很重要。在此意义上，是否可像战前的旧电力业法（明治 44 年［1911］法律第 55 号） 338
第 17 条那样，对于满足一定要件的，即可参照适用包括公用特权在内的行业法上的部分规定，在认知上将其作为“参照适用业务”也是一种方法。

与“公用特权”相关的还有深度地下空间的利用问题，这里就不论及了。

（5）企业主体论（4.2 节）在多大程度上允许国家或公共团体作为企业主体直接参与市场，这是涉及行政法部分领域的问题，本章只限于对问题的描述。关于以“政府的失败”“小政府”“经济自由主义”等理论为依据的民营化，假定实行民营化后，企业活动出现了许多弊端或所谓的“市场的失败”时，是重蹈国有化或公有化覆辙，还是开辟第三条道路（比如说重构新的行业规制），也是将来需要研究的课题。

339

第 5 章　规制重构时代的政府规制产业法

开题

原出处:“规制重构时代的公用事业法——以电力业为中心”《法学研究》(第 70 卷第 11 号，1997)。

本章虽然是以电力业为核心素材，但主要是分析政府规制产业法或公用事业法因最近的市场自由化、放松规制等，给市场准入规制、服务提供义务或供给义务、公用事业特权等带来了怎样的变化。本文之所以引用一些外国法，不是因为它的客观性分析，而仅仅是将它作为一种“模式”用作探讨的素材。“不应在时代发展中随波逐流，而应努力去关注过渡期问题以及放松规制可能产生的弊端等，这才是赋予研究者的最大课题”，笔者将用这段话来结束本章。

本章执笔后，可以看到由于电信业法（以下简称“通信法”）的修订，电信领域的服务提供义务及公用事业特权发生了明显变化。

关于服务提供义务，会论及一些普遍服务（5.3.2 节）问题。过去，NTT 法第 3 条规定，对于向非营利区域提供基础电信服务（依据通信法第 7 条制定的该法实施规则第 14 条规定，包括用户电话［基本话费、离岛特殊通信、紧急通话等］以及第一类公众电话［市内通信、离岛特例通信、紧急通话等］）的，由 NTT 东、NTT 西两者
340 (以下简称 NTT 东西）通过内部补贴来填补（参见第 2 篇 2.2 节开题）。为将此类亏损外部化，开始实行了“普遍服务基金制度”，即由 NTT 和其他的电信企业共同分担费用，设立普遍服务基金（通信法第 110 条），由普遍服务基金拨款（不足实际金额）支付给作为合格电信业者的 NTT 东西（参见藤原淳一郎＝青木淳一著《普遍服务的现状与课题》，藤原淳一郎＝矢岛正之监修的《市场自由化与公用事业》第 179～281、

286~297，白桃书房，2007。关于今后须研究的课题参见《最终讲义——行政法及能源法或政府规制产业法的课题》法学研究第 82 卷第 7 号第 43、90~91，2009）。

关于公用事业特权，是以修订后的燃气业法为例来展开分析的（5.3.3 节），但较为麻烦的是通信法修订后，限定只有第一类企业可享有公用事业特权，因为第一类、第二类的业务区分已经废除了（参见第 2 篇 2.2 节开题）。不能说不要公用事业特权，但须对私权利加以制约，不能任由其为所欲为，因此，新设置了大臣对业务的认定制度（通信法第 117 条），认定基准与原来的第一类业务同样，包括对财务基础、技术能力（该法第 117 条第 1 款）、业务计划的可行性、合理性（同条第 2 款）等的审查，对于取得认定的企业，在土地征用法第 3 条、道路法第 36 条（关于义务性道路占用）等方面，赋予与原来的第一类业务同等的地位（多贺谷一照、冈崎俊一编著《修订后的电信业法逐条解说》第 201、202、207 页［电气通信振兴会］2005 年）。

5.1 序　　言

笔者在 1977 年时打出了“能源法研究”的旗号。当初并没有特别限定研究的课题，只是在考虑，与其研究外国法，倒不如构筑日本能源法更为重要，故一直在朝充实能源法内容的方向展开研究。成为一大转机的是被安排在 1981 年的经济法学会研讨会上作演讲。在上一年的同学会运营委员会上， 341
会议的统一主题是“政府规制产业与竞争政策”，笔者被安排在了“能源产业”研究。当时因第一次石油危机时的幕后垄断事件，石油业正是备受关注的时期。在上述运营委员会的会议上，笔者正在思考石油法的制定过程、实施及幕后垄断事件等旧事时，是正田彬委员长极力建议笔者去研究电力和燃气两行业。说实话，依据当时的垄断禁止法第 21 条的规定，垄断禁止法对于电力、燃气两行业是适用除外的，因此，关于在这两个行业中“竞争”到底有多少可讨论的余地，笔者完全不清楚。但之后笔者非常努力地通过翻阅日本经济新闻、日经产业新闻等报道，调查了日本这两行业、两市场上的竞争状况、竞合关系，把握了大致的轮廓，同时也与实业界的人士进行了交流和意见交换，全面了解了总体情况，在研讨会上作了报告。

以上述学会上的报告为契机，笔者研究的重点转移到了电力行业规制上。参与了受通商产业省工业技术院阳光计划推进本部的委托、由新能源财团（NEF）进行的关于新能源技术普及条件整备的研究，该项课题研究从1981至1986年，长达六个年度。该项研究最初是由金井贤一教授领衔，后半段是由平田贤教授领衔。笔者除1985年的学术休假外，从最初年度开始就一直参加上述制度分会的研究。如果从（新能源）与电力行业规制的关系而言的话，太阳能光伏发电等分散型新能源发电在电力业法上的定位、分散型新能源电源与电力企业的电力系统的关系（系统连接、备用电源、剩余电力由电力企业购入）等问题，逐渐成为讨论的热门话题浮出水面。此外，1985年时（准确地说是从前身CES研究会的末期开始），笔者还参加了以平田教授领衔设立的日本热电联供研究会的学习会。在这里，既属于分散型电源又属节能设备的热电连供系统的普及与电力业法的关系也成为一个重要
342 的争论话题。由此可以理解为，在1980年代，有关日本电力业规制最大的争论点之一就是分散型电源的定位问题。

1987年时，作为通商产业省资源能源厅公用事业部长的个人咨询机关，
343 组织成立了“热电联供问题研究委员会”，笔者担任制度研究团队的主管。在该委员会的答询中，将民用热电联供向同一建筑物内提供电力作为电力业法第17条规定的特定供给的第五种类型，纳入了特定供给范畴（电力业法第17条规定，作为例外允许非电力企业向用户直接供电）。2年后的1989年，同属公用事业部长个人咨询机关的“二次能源有效利用委员会”成立，笔者也作为委员加入了该委员会。据当时的时事通信报道，最初事务局准备的草案中拟将特定供给扩大至“面”，即二次开发地区等，但在答询阶段修改为建议充分利用尚未利用的能源等。其后，1991年时，作为解决大城市夏季用电高峰的对策，就如何进一步促进电源选址问题以及解决需求调峰问
344 题，在电力事业审议会供求分会中设立了“电力基本问题小委员会”（委员长为日本能源经济研究所理事长生田丰郎），笔者也作为委员加入了该小委员会。在次年1992年的中期答询中，就分散型电源的充分利用问题提出了两阶段试行方案，即当前暂时冻结分散型电源等所谓特定供给对用户直接供给的扩大，首先支持同年1月电力业联合会决定的剩余电力收购清单方案，根据其实施实绩，如收购清单方式确实缺乏实效性的话，再研究直接供给方式。对于上述收购清单方案，特别是在热电联供等的收购基准及收购价格方

面听到许多批评意见，但只要是与太阳能发电相关的，可按电力企业的电力销售价格同价收购（即按电力企业的可避免成本，或按销售价格的 100% 收购），当时这在其他国家是没有先例的。

关于燃气，1991 年至 1992 年，在综合能源调查会城市热能分会里组织成立了“能源基本问题研究小委员会”（委员长为植草益教授），笔者也是委员之一。该委员会与其说是个事先有确定目标的委员会，不如说是“摸着石子过河”探索型的委员会，是个可以非常自由地思考问题、能学到许多东西的委员会。在其中期答询部分内容的基础上，在综合能源调查会城市热能分会里组织设立了“燃气政策委员会”（委员长为植草教授），笔者也加入 345
了委员会及研究团队。1994 年 1 月，该小委员会及分会为实行大宗燃气供给自由化就燃气业法修订进行了答询。

1994 年 3 月，改组后的电力基本问题研究小委员会，依据联合内阁的内阁会议决定，为纠正电价的内外价格差以及放松电力规制，电力业法修订等被纳入政治日程，也可能是这个原因，该小委员会并没有延续 1992 年中期答询的观点，而是提出了一些新的建议，如对部分新增电源实行招投标制、创设特定电力业务等。受此建议影响，1995 年时进行了电力业法的修订。电力业审议会电价分会也建议在收费认可时应导入基准价格核定制、审查经营效率化计划及定期进行收费评估、导入燃料费调节条款等，这些虽都不属法律修订事项，但后来均付诸实施了。1993 年 12 月时，笔者曾为电力业规制改革“描绘”了以下脚本：对从非电力企业处收购电力的收购清单方式进行再研究、继续维持当时的 9（加上冲绳为 10）电力体制，但以放宽特定供给的形式扩大由非电力企业从事的直接供给，以此给 9 电力体制打开一个“天窗”，迫使其提高经营效率。上述 1995 年的改革，虽重点不在特定供给，而在于“特定电力业”的创设，但在扩大直接供给的可能性这一点上，是接近于笔者所描绘的脚本的。而对非电力企业或独立发电商（以下简称 IPP）引进招投标制度，这是超乎笔者预料的。从原来单纯“分散型电源对阵电力企业”的结构转变成了“IPP 对阵电力业者”，或者说是“特定电力企业对阵一般电力企业”的结构，如果从英美电力业规制变化的趋势来看，这一变化可谓是极为理所当然的。

关于招投标制度，投标者之多且投标价格之低廉，超乎人们的预料，在 346

社会上获得了很好的评价，认为这是一个良好的起步。但 IPP 今后能取得多大程度的发展实在很难预料。其原因在于，第一，在美国，依据联邦公用事业规制政策法第 210 条，从可再生能源及热电联供等分散性电源处购买电力，即所谓“电力购买型”已定型，无论其是否有意为之，但从结果来看，采取的是首先鼓励和培育非电力企业（包括部分电力系的）从事分散型电源，然后再在某个时点上，取消过度的保护政策，无论使用什么燃料，都作为 IPP 通过竞争性投标来决定，通过这样的方式来培育电力批发市场上的竞争。但日本走的不是这样的道路，而是一下子就把企业拉到竞技场上，让他们去参与招投标竞争，因此发电业的基础结构还不够深厚。第二，从日本的高地价而言，除非是拥有闲置土地的企业，否则很难进入。假定企业在发电相关技术面上没有自己的优势技术，只要与相关工程技术公司合作的话也许可以克服，但在燃料采购这一点上与欧美不同，在欧美无论是谁都可以利用天然气参与竞争，而在日本，主要的中标者是在石油炼制（包括残渣油利用）和煤炭交易方面都取得不凡业绩的钢铁公司，这是有目共睹的（这种状态本身是不是一种理想状态暂且不论）。今后，要想使 IPP 实现跳跃式地
347 增长，假定能够通过海底管道将天然气从萨哈林送至新潟，与帝国石油公司的新潟——首都圈、石油资源开发公司的新潟——仙台间的石油管道相连接的话，可以想象得到，不仅会给燃气市场带来很大冲击，而且在电力市场上，利用天然气的 IPP 计划也会像英美那样变得十分活跃。另外，如果竞争政策上的一些问题能够消除的话，即使是作为过渡性策略，还可以考虑允许电力公司设立 IPP，让他们也参与供给区域以外的投标，这可使投标更加活跃。如果再进一步的话，还可考虑对包括电力公司本体电源在内的全部电源实行招投标制度。不过，关于招投标制度，在目前阶段对一些根本性政策的研究还略感不足：第一，是不是无须区分用途，无论是用于最低负荷的或是应对中级负荷的，还是应对高峰调节用的，只要发电成本比电力公司的低即可？就算是那样，是不是应该考虑 IPP 的电源与电力企业的电源的功能分担？第二，是不是可以不用考虑发电燃料对环境造成的负荷？

以上大致介绍了笔者自 1981 年以来从事能源法研究的轨迹，同时也围绕日本电力业规制的来龙去脉作了概述。

笔者在原来的文章中就曾预测“本次的法律修订最终只是一个切入

口”，很快在进入 1997 年（准确地说是 1996 年 12 月）以后，佐藤通商产业大臣结合缩小电价国内外价差的政治目标，就发送电分离研究作了发言，加之公正交易委员会也加入了争论，一时间关于电力体制的讨论骤然变得热闹起来了。在此背景下，据报刊报道，政府的电力业改革方案中，对于新增火力发电，出台了充实招投标制度、扩大投标者的政策，把 IPP、电源开发股份公司以及电力企业的自有电源等全部纳入招投标对象，以及对特定 348
电力业的要件放宽等政策。至少这两点都是笔者在原来的文章中作为导入竞争的设想所提出过的。据报刊的有关报道，1997 年 5 月 16 的内阁会议制定的“经济结构变革与创造行动计划”中，结合电价提出了电力政策研究的课题，政府将争取在一年内就电力供给体系的发展目标达成共识。此外，值得关注的是，在 5 月 26—27 日的 OECD 部长级会议的共同声明中使用了“规制改革”一词，对电力业的政策劝告中也指出，如果能够证明“会计分离对于送电线路接入的开放”仍不充分的话，那就必须考虑组织的分离或功能的分离。

1997 年 6 月 26 日，依据《行政改革委员会设置法》设立的行政改革委员会规制放松小委员会发表了《关于规制放松论点的公开（第 6 次）》，就电力业提出了“特定电力业的自由化”“电力零售供给的自由化”“促进发电业的竞争”等三项要求。该委员会设置法于 1997 年 12 月 19 日失效（该法附则第 3 款），同月，规制放松政策也大致作了汇总。

不过，讨论电力体制论或垂直一体化企业拆分论，不应回避对目前正在进行中的英美的电力业结构重组进行正确的总结和评价，不应轻率地加以评论，同时还应考察英美以外的其他国家的动向。另外，对其他公用事业的规制放松进行总结、比较研究也具有非常重要的意义。将发送配电加能源供给 349
垂直一体化地经营是否具有“整合的经济性”？对此如不展开讨论的话，作为研究者来说那就实在太遗憾了。

为了避免过于冗长的议论，虽然稍有些落后于时代潮流之感，但作为将来对电力业进行更深入研究的准备工作，在本章中，笔者还是从“政府规制产业”或“公用事业（规制）法”的视角，对现实中存在的短期及中期性问题进行重新梳理，以备将来作进一步深入研究。

350 5.2 传统的政府规制产业法概要

在讨论政府规制产业法或公用事业规制“重构”之前，在本节中将对传统意义上的该法的内容作一确认。

首先，“公用事业”是经济学上使用的一个专用术语，日本的行政法学中使用的是“公企业”或“公企业的特许企业”或“公共企业”等术语，在经济法上也使用“公共企业”或“政府规制（产业）”或“规制产业”等术语。本章中之所以改称“公用事业”，只是觉得用“公用事业”概念，无论是在便于与社会科学的其他学科领域对话方面，还是对于社会公众通俗易懂方面都更好一些，并无其他意思。

美国在1920年代后半期，从铁道规制起始的州委员会组织逐渐转型为对行业实行横向管理的“公用事业委员会”后，出现了名为《土地及公用事业经济学杂志》（Journal of land Pudlic Utilic Economics，该杂志后更名）及《公用事业［报告］双周刊》［Public Utilities（Reports）Fortnightly］等期刊。最具象征性的是依据1930年的律师协会决议，于1931年在该协会设立了公用事业法分会。此外，在这一时期还出版了“公用事业经济学概论”之类的书籍。由此可以断定，最迟在1920年代后半期美国已确立了“公用
351 事业”概念。笔者虽然曾涉猎对美国电力业规制历史演变的考察，对更具普遍性的、抽象化的“公用事业”概念的历史形成过程也很感兴趣，但尚未着手研究。

本文暂不论及“公用事业”概念形成的历史过程，只对通常所理解的公用事业规制以及规制的反面，即公用事业企业特权项目清单进行确认。

对规制产业或公用事业实行规制的核心在于市场准入规制和收费价格规制。此外，还有服务提供义务、保证服务质量等，作为附带性规制还包括兼
352 业规制等。另一方面，作为公用事业特权的有公用特权。

1980年以后，由规制产业或公用事业企业垄断性提供服务的市场上，由于技术革新、政策上“放松规制”等因素，竞争机制被迅速导入市场，其结果是公用事业企业的地域“垄断”逐渐被弱化，或逐渐失去了“垄断”。在这种情况下，历来对公用事业企业实施的各种传统的规制中，宪法

学上的消极规制以及行政法学上的所谓行政警察规制，即从社会安全角度实行的“社会性规制”的存续另当别论，所谓公用事业规制还能存续吗？或者从另一个角度说对于市场新进入者还能实行公用事业规制吗？等等，会出现一些新的问题。因此，拟在下节中尝试对新局面下的政府规制产业或公用事业法相关的课题作一介绍。

5.3　政府规制产业法的新课题 353

虽说是规制产业或公用事业，但在严格意义上来说，并不是与“竞争”完全无缘的。

（1）即使该行业是垄断性的，但与替代服务之间的竞争是不可避免的。例如就美国的铁道行业而言，在货运方面存在与卡车运输，近期还存在着与航空货运之间的竞争。或者从日本的邮政业来看，尽管邮政法上规定必须实行国有企业垄断（第 3、5 条），但不难想象，它仍然会面临［作为一种市场空隙策略，只要不违反有关“书信递送”（第 5 条第 2 款）规定即可从事的］快递业、摩托车速递等的竞争以及作为技术革新成果的传真、电子邮件等的竞争。笔者曾将此种状态表述为“‘无菌状态的地域垄断’的成立是无保障”。此外，就电力、燃气而言，两行业之间的竞争自不待言，无疑还存在着与其他能源之间的竞合[229]。

（2）受公用事业规制的市场历来都存在潜在竞争者进入的可能性，其中尤以航空业为代表。正如以“可竞争市场”理论为代表的一种观点认为，公用事业服务市场往往都会逐渐趋向竞争性市场（哪怕只是部分的）。尤其是本来就只是在站台上才与消费者发生交集的运输业缺乏垄断性，在英美，放松规制、导入竞争被公认是从运输业开始的。正如在 5.1 节中所看到的， 354
以运输、电信业为开端，开始部分导入竞争机制，这种动向渐渐也波及了电力业。因此，有一种观点甚至认为，古典理论中的“垄断性公用事业”与“竞争性一般私人企业”的分类未免有些过于简单化了，两者的区别并不是

229　根岸哲.《规制产业的经济法研究第Ⅰ卷》，成文堂，1984：7.

质或“类”的差异，只不过是“程度”上的差异[230]。

上述状况，也可从形成于美国的“产业或规制生命周期论”的视角来分析。Shepherd 认为，大多数公用事业的产业或规制的生命周期由四个阶段构成，第一阶段，往往伴随着特许证的授予，虽然是短期的，但却是决定性
355 的初期竞争性创业期；第二阶段，伴随着规制的开始，是快速进攻性的发展期；第三阶段，随着规制逐渐趋向稳定、成熟，该市场出现供给过剩、技术稳定，呈现为防御性状态；第四阶段，规制已无必要，向近似于竞争性的、非自然垄断状态复归的阶段，并且还具体指出，1985 年时，美国的公用事业中，处于第三阶段的有天然气（输送、供气）、电力业、地区电话、有线电视广播等行业；达到第四阶段的有燃气生产、电信、铁道、汽车运输、轨道交通、长途电话、航空、电视广播等行业。1988 年时，Danielsen 和 Kamaershen 认为，上述处于第三阶段的美国的天然气、电力业、地区电话、有线广播电视等，已经具备了向第四阶段的再规制或放松规制阶段转换的条件。另有学者认为，美国的电力业在 1992 年时已经进入了第四阶段。

此外，1996 年 12 月，在密歇根州立大学公用事业研究所第 28 届研究会上，泛能源服务公司的 Rosput 总经理在其所作的“21 世纪的能源（行业）”研究报告中，展示了题为“规制放松生命周期”的图示，该图以美国开始放松规制后的年份为横轴，纵轴上列有航空、通信、天然气、电力等 4 个行业，尝试借助于此图来考察在实行放松规制政策后的一个较长时期内，历年来这些市场上发生的各种事件或变化。具体来说，在“航空业”，1978 年开始放松对航空公司的规制法，6 年后大陆航空公司宣告破产，12 年后泛美航空公司及东方航空公司破产；“电信”业的规制放松，起始于 FCC（联邦通信委员会）对终端设备的规制放松，4 年后（笔者注，可能有
356 误，也可能为 2 年后）依据格林法官的判决，对 AT&T 进行了拆分，8 年后 MCI 与美国电信合并，12 年后 AT&T 衰落，16 年后首次出现依据电信法进行的地方电话公司的合并；关于“天然气”行业，1978 年出台天然气政策法（NGPA），5 年后出台联邦能源规制委员会（以下简称“FERC”）令第 380 号，7 年后（1985 年）出台 FERC 令第 436 号，13 年后出台 FERC 令

230 Bonbright, Danielsen, Kamerschen, *id. at* 18.

636 号；关于“电力”行业，起始于 1992 年的能源政策法，4 年后（1996 年）出台 FERC 令第 888 号。从这张图示可以看出，“放松规制”虽然一句话说起来很简单，但到其产生实质性效果或着手修订规制（像电信那样），大致要花上 12~16 年时间。

在这样的规制转换期，5.2 节中所论及的传统规制产业或公用事业规制及公用事业特权的清单上发生了怎样的变化？今后还会出现怎样的变化？下 357
面想就一些主要论点作一概述。

5.3.1 市场准入规制的放松

将竞争导入由规制产业或公用事业企业提供服务的市场，换言之则意味着取消或放松对这些市场的准入规制。

1. 市场准入规制简史

在讨论市场准入规制放松之前，先考察一下市场准入规制经历了怎样的历史过程、又带来些什么。

在美国的州法中，对于公司设立，在以依法设立为基本原则的一般公司法制定前的阶段，公司是依据个别特殊法设立的。有时会在公司设立特许证书中设置含有州拥有征用权以及收费价格规制等内容的规定，上述的特许经营权（Primary Franchaise）中通常不会给予限制竞争的优惠。企业为架设电线、铺设管道必须从城市自治体取得道路使用等特许，但是在赋予特许的同时也会附加一些业务规制的内容。如果上述特许是排他性的话，其结果，该自治体内从事同一业务的企业进入该市场就会受到限制，具有限制竞争的效果。但实际上，特别是在芝加哥市的案例中，像著名的电力行业那样，非排 358
他性的、竞争性的特许并不罕见，尤其是在企业初创期。但如果从马萨诸塞州燃气电力业委员会的裁决来看，早在 19 世纪后半期，就已经有限制该自治体内同一行业的新进入者使用现有企业道路的趋向。进入 20 世纪以后，随着由公用事业委员会具体实施的州一级层面的规制趋于实质化，无论是现有企业想要扩大供给区域，还是全新的市场进入者，都必须按照州法的要求，证明该行为对于增进公共利益的必要性。由于州法律要求证明对于增进公共利益是必要的，虽然并非完全否定对现有企业供给区域的市场准入，但作为现实问题，除非现有企业未按照公众的需求提供充分的服务或无提供充分服务的能力，否则是不会被允许的。再从新进入者的角度来看，无论是进入现有企业的供给区域还是进入空白地域，作为行业规制，都须受到收费价格规制和供给义务规制等业务规制，因此，还有一个经营上的判断问题，即选择进入该市场在经营上是否合理有利。

在日本，情况也有点相似，以电力和燃气业为例，这两个行业中的地域垄断，就是通过自治体和企业之间缔结的补偿合同中的排他性道路占用条款
359 而形成的。当然正如在三电竞争中所看到的那样，历史上也曾有通过重复许可来促进竞争的情况，但均因国家行业规制上的供求调节条款限制了新的进入者或行政运作上限制重复许可等，最终逐渐发展为区域垄断。

在德国的电力和燃气两行业中，通过自治体与企业的特许合同（相当于日本的补偿合同），或通过企业间的（有时自治体也会卷入）“圈绳定界合同”，即所谓的（供给）区域保护合同，形成了供给区域垄断。值得关注的是，这两项合同，是依据限制竞争禁止法（以下简称“卡特尔法”，GWB）第 103 条规定的对该两项合同适用除外而得以成立的，并非依据联邦能源业法成立的。

2. 放松市场准入规制的时机是否成熟

笔者认为，无论是在欧美还是在日本，运输、电信领域的市场准入规制都在逐渐放松，议论的焦点应聚焦到剩下的电力、燃气两个能源市场。

植草教授曾在 1991 年的著作中分析，“（日本的规制产业中）现在可以判断的是，自然垄断性较强的产业是配电、供水及地区内电信（市内电话）、一定程度上存在自然垄断性的是发电、燃气生产和配送、供热、邮政、第二类电信、有线广播电视、铁道及国内航空（不过由于资源的稀缺性，航空具有自然垄断性）”[231]。教授的上述分析，是验证了对各行业法以及在法
360 律运作中允许（自然）垄断的行业实行经济学意义上的规制的合理性。但是，植草益教授在此后的论文中又表示，“在具有较强自然垄断性的产业领域（特别是送电及配电、市内电话、城市燃气供给、铁道等网络型的产业领

231 植草益.《公共规制经济学》. 筑摩书房，1991：52.

域）还不得不保留价格规制和市场准入规制”[232]。对于上述论述，笔者比较在意的是其中的两点，一是关于“城市燃气”的定位及评价，由于 1994 年燃气业法的修订，大宗燃气供给已实现了自由化；二是对于在欧美已逐渐竞争化、市场化的“市内电话”以及原本就处于竞争中的“铁道”，在目前的时点上，居然还认为其构成“自然垄断”。

关于电力业，植草教授在上述著作及论文中都以“配电”的自然垄断性为前提肯定了市场准入规制，在论文中还增加了“送电”。对于日本的电力业，虽然有对发电环节的规模经济性的实证分析以及对电力企业经营总体的规模经济性的实证分析，但尝试将送配电独立出来，验证其自然垄断性的 361
实例，1997 年的时点上，笔者还未曾见到过，不过，尽管对发电的规模经济性也有否定性的分析结论，但三家大型企业经营总体的规模经济性得到肯定的话，从结果来看，对送配电部门的规模经济性也可能得出肯定性的结论。

上述实证分析的重要性自不待言，期待今后经济学家能作进一步的实证分析。但只要考察一下英美电力业重组的动向，可以强烈地感觉到，至少在英美是暂时撇开实证分析，而是“政策”先行的。在此意义上，仅凭所谓“自然垄断”这种盛气凌人的演绎性理论来阻止送配电市场的准入规制恐怕是极为困难的。

3. 关于“送配电”投资市场准入可能性的探讨

首先，从比较研究的意义上来考察一下 1997 年时“EU”电力业的动向。EC 在 1986 年时设定的目标，是到 1992 年时，建立起一个人、物、服务、资本在区域内可自由流动的区域内市场。但是由于公用事业部门，特别是通信及能源市场涉及“通信主权”“能源安全保障”等因素，受到成员国的抵制，目标恐难以实现。1991 年时，EC 委员会为实现区内电力、燃气的市场化，在经济层面上促进区内电力、燃气交易的活跃化、自由化而制定了“第二阶段”机制：第一，“给发电及送配电线、燃气、管线建设的排他性权利画上句号”；第二，对垂直一体化经营的企业实行拆分。具体到电力企业 362
而言，实行发电送电配电 3 个环节的经营管理分离和会计分离；第三，提倡

232　植草益.《公共规制经济学》. 筑摩书房，1991：38－42.

第三方接入（以下简称“TPA”），即作为大宗用户的配电公司、配气公司可自由接入电力或燃气企业的送配电线网或燃气输气管网，从而可以从廉价电源或燃气田处购入电力或燃气。但是，撇开自由化进程推进中的英国不论，这些措施，尤其是TPA，在欧洲大陆成员国中，要么未能跟进落实，要么是未能得到赞同。此后，电力业和燃气业的进展出现了差异，燃气的进展较为缓慢。因此，下面仅就电力市场而言的话，使问题变得更为复杂化的是，实行独家国有企业体制的法国在1993年时提出了唯一购买者（以下简称“SB”）方案。搬出了法国行政法中人们所熟悉的“公众服务”概念，以电力及燃气的供给具有不同于其他一般服务的“公共性”为论据，具体到电力业，就是只有输电网络的运营者才可以统一购入电力。该SB方案恰恰与用户可自由选择发电商的TPA方案是针锋相对的，两种构想犹如油水不相容。但是法国在欧盟中又是个有话语权的大国，不可能置之不理，因此TPA方案与SB方案两种构想之间进行了磨合，TPA方案修改为不强制要求成员国执行，可由当事者之间、即托送需求者与电力企业之间通过协商决定（以下简称“NTPA”），另一方面SB方案也着手进行了修改（以下简称“MSB”），双方都为达成某种共识作出了持续的努力。最终于1996年12月通过了EU电力市场指令。该指令第17条是（送配电的）接入由双方协商决定的方案，即NTPA方案，第18条是MSB方案，电力市场指令最终选
363 择了让各成员国在两种方案中任选其一（第3条第1款规定，两个体系必须导出同样的经济效益）。

开场白似乎稍显冗长了，话题还是回到自由化“第二阶段”措施的第一点，即废止电力企业对发送配电设备建设的垄断。在指令案构想阶段的说明中曾指出，即使废除了垄断，这些设备的建设“也不能无计划地进行”。但这绝不意味着要实行“供求调节”条款，而是要力求实现区域内（竞争性）电力市场的形成与“成员国国内的总体政策，特别是在能源政策、环境政策、城市田园计划等这样一些由认可系统来决定的一些重要事项”的协调[233]。那么，在1996年指令中，是如何将此宗旨具体化为指令条文的呢？

233　藤原淳一郎．对EC电力市场整合的一点考察——所谓三阶段研究．法学政治学论究，1992（14）：7.

指令第 3 章由有关“发电”的三条规定构成，规定“关于新增发电设备的建设，成员国可在许可制且/或招投标制之间选择。无论是许可制还是招投标制，都必须按客观、透明、非歧视性基准来进行”（第 3 条），在有关许可手续的基准里（第 5 条第 1 款）不设供求调节条款。按笔者个人的见解，如果是实行许可制方式的话，只要事先没有通过协议合同等方式对电力购买需求进行过预测，则设备投资者就是在承担全部风险的情况下开展投资行为的；而如果是招投标方式的话，招投标的前提就是在对供求作某种预测的基础上来招募投标者的，因此，一半的风险转移给了招标方和电力购买者。也就是说，招投标制度，即使说只是缓慢的或者说是局部的，都不可否认它同时具有调节供求的功能。此外，指令还作了如下规定：选择招投标方式的国家，作为前提，须由“（电力）输送系统的运营者或由成员国指定的具有权限的其他机构，至少每 2 年应定期制作对接入该系统的发电设备和送电设备的预测、接入其他系统的需求预测、电力需求与可输送能力的预测，并在国家的监督下予以公布”（第 6 条第 2 款）。“选择了招投标方式的，成员国或由成员国指定的具有权限的机构，须以两项定期预测为基础，制作包括设备更新 364
在内的新建设备一览表。该一览表应将需接入系统的部分计入在内。所需设备按本条规定的手续采用招投标方式来进行分配”（同条第 1 款）。“详细的发电设备招投标手续最迟应在投标截止日 6 个月前在 EU 公报上公布”（同条第 3 款）等。Hancher 教授指出，可能是与草案的时点有关，MSB 下的输送系统运营者与 SB 的分离也不够明确，即便对招投标手续设立独立监察机构，但由于同条第 2 款允许输送系统运营者对发送电设备的需求预测，那会不会变成由中央集权的系统来决定新增设备的必要性呢？这可能会是个问题[234]。

指令第 7 章由关于“系统接入”的 7 条规定构成，其中第 17 条是关于 NTPA 的规定，第 18 条是关于 MSB 的规定，在此基础上第 21 条规定，“成员国在第 17 条及第 18 条规定的手续和权利下，应采取以下措施：① 经成员国公认确实存在的全部发电企业及全部配电企业，在该成员国的领土内，应通过直达线向自有土地、子公司、有‘可要求托送’权限的用户提供电力；② 发电企业及供电企业得到成员国公认时，领土内所有拥有权限的用户都

234　Hancher. *supra* note 43 at 217.

可由上述供给者通过直达线提供电力”（第1款），“成员国应制定领土内直达线建设许可的基准，基准必须是客观、无歧视性的”（第2款），“第1款规定的通过直达线供给的可能性，不影响符合第17条及第18条规定的电力合约的可能性”（第3款），“成员国可以适用第17条第5款或第18条第4款的规
365 定，以系统接入遭拒，或以启动第20条规定的争议解决程序的为条件，给予直达线建设许可”（第4款），“当该许可妨碍第3条规定时，成员国可以拒绝给予直达线建设许可。在拒绝给予该许可时必须给出合理的且实质性的理由”（第5款）。

如上所述，第21条是考虑到NTPA或MSB，规定的适用对象仅限于至需求地点的自有直达线建设，并不是关于与特定需求无关的送配电网络建设的一般性规定。下面的事例虽然说的不是电力，但存在同样的问题。美国天然气市场在趋于竞争化的过程中，大宗产业用户以比地方配气企业（LDC）更低的价格与油气田签订燃气合同，然后借助于州际管网企业的管道将燃气送至城市门户站点，在州内则使用自己铺设的管道。这就产生了所谓绕过地方配给企业的管道及燃气销售的问题[235]。问题是如果考虑到所谓绕道问题，是不是可以限定只有在第4款规定的情形或类似情形下才可给予建设许可？“例如，在现存管网可作为输送设备的情况下，可以拒绝给予新设管线建设许可”[236]。指令在前后条理上，关于制定许可基准的第2款的规定与结合了MTPA或MSB有关许可申请方面的内容，并列举了作为有正当申请理由典型事例的第4款规定的关系未必很明晰。至少可以假设这样的命题：如仅就连接特定需求地点的“自建线路”投资而言，无论该投资对于企业现有送
366 配电网络是具有补充完善的性质，还是与现有的全部或部分送配电网络具有竞合的性质，只要其满足环境规制、土地利用规制等能源以外的其他许可或认可要件，原则上就可以基于自己对风险的判断自由进行投资。因此，作为暂定的结论，是不是可以解读为关于直通线路投资的许可基准设定是由成员国自由裁量决定的。

---

235 藤原淳一郎. 关于美国地方燃气配给公司“绕道”问题的一点考察，《正田彬教授还历纪念论文集·国际化时代垄断禁止法的课题》. 日本评论社，1993：260.

236 藤原淳一郎. 对EC电力市场整合的一点考察——所谓三阶段研究. 法学政治学论究，1992（14）：7.

其次，对于与需求地点没有紧密关联性的送配电线网的建设，应如何考虑？与 EC 委员会 1991 年当时的热情相反，在 1997 年的指令中，并未深入涉及关于送配电线路建设的普遍自由化问题。Kahn 教授曾经论述道："关于自然垄断的确切定义中所含的最让人感兴趣的、也是最有争议的论点，不是期望单一的地方配给系统（single local disttribution systems），而是集中在公用事业的适度跨地域的、全国性的乃至国际性的结构。特别是在通信、发送电及天然气长途输送、新设通航计划、铁道运行等方面，1960 年代和 1970 年代的难题是必须要处理好通过投资计划的整合、跨区域作业计划、适度的竞争来实现经济性等"，并且具体结合美国的州际输气管道，以规模经济性为论据，得出了不能否定竞争性管线存在的结论[237]。再从德国的燃气管道业来看，虽说起因是由于欧洲的大型燃气公司鲁尔燃气公司拒绝托送，导致 BASF 化学公司与俄罗斯的 Gazprom 公司联合设立了温特沙尔（Wintershall）公司，合作铺设管线，与鲁尔公司展开了激烈竞争就是个典型事例[238]。这也说明燃气管道业是否有必要设置供求调节型的规制，不能一概而论。也许会有分析认为，德国的燃气市场还处在潜在的发展性阶段，因此铺设竞争性管道的弊端尚未显现。

再将话题转到日本的送配电线网的建设，在行业的发展阶段上，曾经历过被称为所谓三电竞争的通过重复许可、重复建设配电线路开展竞争的时代，但如果笔者的理解没错的话，在目前时点上，至少在配电线网建设方面 367
已基本处于饱和状态，除非是为了批发托送用或委托托送用而新建直达用户的线路，或企业进行城市电线入地、老旧变电站、老化电线的更新项目外，稍微夸张点说，根本不会考虑进行配电线网的设备投资。那样的话，设想会有新的市场进入者投资配电线网建设这种想法本身恐怕是有点不太现实的。另一方面，就高压送电线路而言，历来都是先确定了从具体的大型发电厂连接需求地的线路后再增强相关设备的，因此，将来输电线网建设成为发电环节招标的附带项目，投标者取得的订单是发电与输电线网捆绑在一起的设想不是没有可能。对于输电线路建设，必须清醒地意识到，收回初期投资费用

237　II Kahn. *supra* note 22 at 126，152.

238　竹田繁. 欧洲燃气产业的无国界化现象考察. 公用事业研究，1992，44（1）：59，65－66.

所需时间远比发电项目更长，因此要考虑设定一个对他人来说具有吸引力的托送费价格是不是有可能（还要考虑一种极端的情况，在初期投资费用收回前中途提前退出的可能性），此外还要受土地权利取得的问题、环境问题等的制约，无疑是一种风险极高的投资。不过，在本州范围内以及本州连接北海道、四国、九州等地的互联干线上或许还存在着一些设备容量不足的瓶颈，如东西日本周波数变换装置（F. C.）就是典型例子。总之，对于现有电力企业的输电线网具有替代性或补充完善性功效的输电线路建设，只要经济上有利可图，不能全面否定还是会有新的进入者（包括外国企业）进入的可能性。在此情况下，是不是还要像过去一样，以基于自然垄断理论的供求调节条款，或以稳定能源供给为由，严格限制新进入者进入该市场呢？这是目前值得探讨的一个问题。

4.“送配电”投资市场准入小结

如5.1节所述，日本的发电环节已开始导入竞争，因此本章着重聚焦送配电进行了一些探讨分析，这里再将相关问题作一梳理。

（1）送配电网络的建设及运营应当由现有企业垄断还是应当允许新进入
368 者进入（哪怕是部分）问题。对于这一点，要在考虑该国送配电网络配置实际状况的基础上，争取对尚未配置的部分导入竞争的观点是对还是错？对此有必要进行讨论。

（2）暂且抛开由谁来承担建设（及运营）的问题，关于送配电线路建设的还有一个问题，是应当继续维持供求调节？还是应当努力实现自由化（即只要满足环境规制、土地利用规制等其他的许可或认可要件，就可将送配电建设完全根据投资者自身对风险的判断）？当然，在考虑这一问题时，同样需要结合该国送配电网络的配置状况。

在对上述论点进行梳理的基础上可进行比较研究的，是1997年时，德国国会审议中的能源相关产业新制度法案。当时，德国的电价比欧洲其他国家都要高，尽管电力企业提出了种种理由来辩解，如国内的煤炭保护政策、较其他国家更为严厉的环境规制、必须承担可再生能源发电电力的收购义务以及昂贵的道路占用费等，但还是受到产业界的猛烈批评。需要注意的是，德国电力市场所处的环境状况与日本有不同之处，由于受EU电力指令的影响，德国将面临实质性竞争时代，加之还有东西德统一后西德与东德各州间的不平衡等问题。但尽管与日本国情不同，但按政府的提案，以往的能源行业法对企业发电、送电设备投资的监督条款（第 4 条）仍被废止[239]。政府对这一提案的理由作了说明，认为“这样的投资监督程序，在遵循竞争原则的系统中早已失去其正当性，会不必要地压缩企业的行为空间。竞争可使企业的行为更具经济性、合理性，因此，以现有的电价规制完全可以满足保护供给规程用户的需要”[240]。另外，还规定了对 110 千伏以上的送电线路计划导入 369
计划核定程序（草案第 6 条第 1 款）。“（制定这一）规定的目的是要通过替代性送电线路建设使得更容易形成竞争”[241]。通过上述一些规定，草案与业务规制型的投资规制模式不同，可以说是一种通过竞争性市场和竞争压力促使企业行为合理化来确保选址可靠性的规制模式。

5. 是否应废止“配电”企业的供给区域垄断

电力行业规制重构的先行者，非 1989 年通过电力法实行规制重构的英国（特别是英格兰和威尔士）莫属。作为发送电部门的原中央电力局（CEGB）除核电部门外（核电部门最初被拆分并被公社化，之后亦民营化了）被拆分为两家发电公司和国家电力供应公司，并实行了民营化，12 家配电局也实行了民营化。后者（国家电力供应公司）是通过股份制来实现脱国有化、发电市场的自由化的，CEGB 的发电与送电的组织分离，再进一步将以前配电公司的功能拆分为配电线路的所有和能源的配售（零售）两部分，送配电线路对第三方开放，同时对于后者（能源配送）的零售业务也分阶段地（1990 年 4 月最大需求 1 兆瓦以上的用户、1994 年 4 月 100 千瓦以上的用户、1998 年 4 月时 1 千瓦上的用户 = 全部用户）逐步取消了垄 370
断，实行了自由化。其改革内容是多样化的、非常广泛的。至最后阶段的 1998 年时，所有的用户都可以自由选择电力供应商。这种将配电网络与能源销售进行拆分的构想，与美国的输气管道与燃气销售的分离有相同之处。

曾在一段时间里将英国模式斥为“发疯”的美国，虽没有完全复制英国模式，但在若干个州里也进行了类似的重构，从这点来看，英国将通常分为发电、送电、配电等三个环节的电力业分为发电、送电、配电、能源供给

---

239 藤原淳一郎. 德国的电力业规制动向. 能源论坛，1995（2）：80、82.

240 BT-Drucks. *supra* note. 57 at 13.

241 BT-Drucks. *supra* note. 57 at 13.

四个环节，并分阶段地取消对最终用户的供给区域垄断是具有划时代意义的。正如本节中引用的植草益教授的观点，植草益教授是一贯肯定配电阶段的“自然垄断”的，但植草教授所说的“配电”是仅指配电网络？还是与英国模式相反，是从“整合的经济性”视角来考虑、既包含了配电网络的所有也包含能源供给或销售两个方面的？这点不是很明确。

日本过去并非完全没有在配电和零售环节导入竞争的构想。例如金井教授曾就“电力供给中的产业用大宗电力”指出，“在预计能够确保实质性竞争条件的情况下，在确定电价时，当然也应当探讨与电力供给的其他领域不同的基准”[242]。实际上，德国的能源业法，合约缔结义务与供给义务（第6条）及收费规制（第7条）的适用对象很早以前就只限于供给规定用户，而产业用用户则是在上述规制适用对象外的。

如上所述，在英国，供给垄断的废止和零售市场的自由化是每4年一个阶段，分三个阶段来完成的。据笔者在1997年5月出差欧洲时看到的新闻报道，当时的状况是，拟于1998年4月启动的完全自由化的准备工作只是371 基本完成，12家公司中，进入6个月的计算机模拟实验阶段的仅3家，多数是要在1年后的1999年才能完成准备工作，还有1家甚至连1999年都来不及完成。虽然没有详细报道推迟的原因，但不管是什么原因，连一向办事准备周密、行为程序化的英国，似乎也因计量表费用及技术等各种因素未能按计划推进。过去每次去英国调研时，听到的都是夸赞英国模式的大合唱，但苏塞克斯大学的研究团队认为，英国之所以能完成这样“一项实验”，是基于英国的特殊国情，即电力需求基本上没有增加，设备已非常充分，且享有丰富的国产能源资源，加上英国的政治要素的作用等。笔者认为这是既抱有好感但又比较客观的分析。

另一方面，在德国，如前述分析中所看到的，特许合同及“围绳圈地”合同属卡特尔法的适用除外，这是在法律上对“供给区域垄断”的支持。但是在前文中提及的德国能源业新制度法案中，删除了卡特尔法中关于上述两类合同适用除外的规定（第103条）[243]。准确地说，由于第103条规定涉及供

242 今井贤一.《现代产业组织》. 岩波书店，1976：349.
243 藤原淳一郎. 德国的电力业规制动向. 能源论坛，1995（2）：82.

水、电力、燃气等 3 个行业的供给区域保护合同的适用除外，“第 103 条及第 103 条 a 对于电力和燃气的供给早已不适用，而对于供水，在联邦法律规定废除之前仍将继续适用”（草案第 2 章）。也就是说，电力与燃气业暂且回归为卡特尔法的适用对象。对于已缔结的现行特许合同，（草案第 4 章，过渡期规定）规定：“现行的特许合同，即使没有了排他性条款，包括特许费在内的其他条款仍可原封不动地存续”。也就是说在法修订版生效的同时，以前的特许 372
合同变成了不附带“排他性条款”的道路占用合同，一下子就丧失了供给区域垄断。可见，德国与英国不同，没有采用分阶段推进的方法。不过，法律修订后，对于具有吸引力的市场，是否会出现新进入者以同一自治体的全部或部分作为供给区域，进行配电线路的重复投资？即使在法律上是完全可行的，但从经济性角度考虑，通常是不太现实的，所以笔者推测，通过对现有企业的 M&A（并购）来进行配电层面的行业重组会相对更加活跃，吸引外资参与的可能性也会更大一些。

5.3.2　服务提供义务及供给义务

如果说服务提供义务、供给义务是从行业垄断性衍生出来的义务，那么进入竞争性时代后，就必然会面临被取消的命运。从 1998 年开始，供给区域垄断被全面取消、转型为全面竞争性市场的英国（英格兰和威尔士）电力市场上，是否应当作为过渡性措施，让在市场上处于优势地位的 12 家配电公司（REC）继续承担供给义务？这成为争论的一个焦点。据 1997 年 5 月笔者在欧洲调查时从电力厅（OFFER）获得的信息，由于 1989 年的电力法明文规定了供给义务（第 16 条），因此，1998 年以后，只要配电公司继续保持公营电力供给者的地位，在法律上就仍应继续承担供给义务。另一方面，向最终用户直接供电的非供给区域企业（具体来说，包括原 CEGB 系的 2 家公司即国家电力公司和电能公司、IPP、供给区域外的 REC 等），虽取得第二类供给者经营执照，但依据当时的特许取得条件，仍须承担供给义务，总之，1998 年以后，无论是 REC 还是第二类供给者，对两者都保留了继续承 373
担供给的义务。与此相关的是，以前公营电力供给者和第二类供给者是依据取得特许的条件分别适用不同的合约条件规则的，但今后对两者均实行统一的计划，按该计划的规定，在申请受理后的 2 天内必须提供供给。

另一方面，德国在 1997 年的能源业法修订案中废除了供给区域垄断（保护），而该法案又是如何处理供给义务的呢？依据该政府草案，为“（某）自治体区域内的最终用户提供一般供给的能源供给企业必须公布低压的一般合约条件及一般收费价格，无论对谁都须按此一般合约条件和一般收费价格接入网络、提供供给。如该接入或供给对于能源企业来说，从经济性理由来看属过高要求时，该义务将不存在”（第 4 条第 1 款）。本条款与以前的第 6 条规定相同，不属修订对象。政府案中就保留该条规定的理由做了如下说明：即使供给区域垄断失去了法律保障，但是对于特定供给区域内的用户来说，通常只能面对一家供给企业，所以供给企业仍将作为事实上的垄断者继续与这些用户对峙，基于这一前提，故一般供给者仍须继续执行现行法第 6 条关于供给义务的规定[244]。另外，关于供给规程的认可手续，草案里（现行法第 7 条）另有规定。

从以上分析可知，至少在英国和德国，过去的公营供给者即使失去了供给区域垄断，但在当前仍须继续承担供给义务。

在合同缔结强制性理论上，像企业创业期那样，将行业规制上的供给义务转变为合约当事者之间的“合约上的义务”也不是不可能。但那样的话，如果供给者谁也不承接合约用户就会很为难，在上述英国和德国方案的背景
374 下确实会存在这样的情况。如果像英国那样，让所有供给者都承担同等的供给义务倒也无话可说（在那种情况下，比如说是不是最低限度只要有人能供给即可？如果用户指定某个特定的供给者，强烈要求希望由该指定供给者供给时又该怎么办？对于这些问题的解答也不是很明确），但在德国模式中（恰好与日本电信业中的 NTT 一样），为什么只让现有企业承担供给义务？如果这只是过渡性措施的话另当别论，这在道理上似乎很难说得通，是不是应该结合维持普遍服务问题一并研究相应的对策？

当然，供给义务并不只是由行业垄断性衍生出来的，因此，还存在能不能从该类服务的公共性、社会性推导出供给义务的问题[245]，此外，还隐含着

---

244 BT-Drucks. *supra* note. 57 at 16.

245 岸井大太郎. 公用事业的规制放松和改革. 经济法学会年报，1995（16）：31，33－37.

将供给义务的性质转变为类似于医师法上规定的诊疗义务的可能性。

5.3.3　公用事业特权

1994 年燃气业法修订时，道路法第 36 条也作了部分修订，附加了括号内的“燃气管道（供大宗燃气业务用的除外）”。根据此项规定，占用许可的优惠对象仅限于供一般燃气业务用和简易燃气业务用的燃气管道，因此，新设的或已实现自由化的供大宗燃气供给业务用的燃气管道就只能适用该法第 32 条关于一般占用许可的规定。像这样在已实现部分竞争化的市场上，将公用事业特权限定在面向家庭用等核心用户的服务的倾向，今后可能会趋于普遍化。

5.4　结 束 语 375

本章围绕公用事业规制支柱之一的市场准入规制及供给义务作了一些探讨。因受篇幅所限，留下了太多的课题未涉及，如竞争时代的价格规制应该是怎样的？随着网络开放产生的接入费或托送费问题、实现分拆的手段与宪法规定的财产权保障的关系、作为过渡期或转型期问题之一的搁置成本的回收问题、垄断禁止法的适用问题，等等，不胜枚举。

如果说还可再补充一句的话，那就是已在英美出现的所谓复合式公用服务的动向，即通过计量装置，同时向用户提供包括电力、燃气、电信、CATV、保安服务、供水等在内的一体化服务。当然，在欧美同时经营电力和燃气服务的情形历来就不罕见，德国在自治体层面，也存在同时经营供热和供水的情况。就如人们想象的那样，一份账单就可全部解决，而且从服务的软件方面来看，如果能够提供复合型服务的话，对消费者来说，这种打包式的一揽子服务更为便利，对企业来说，在顾客数据处理、抄表等方面或许还能获得“范围经济”。但也可能会存在一些问题，如会不会出现垄断力的滥用？如果想就全部或部分服务另行选择其他供应商时能不能顺利进行？等等，这些问题今后还将继续关注。

不管怎么说，我们正处在一个经济社会大变革的时代，就算不久的将来，正在进行中的公用事业放松规制的潮流再次发生动摇，但目前可谓是势不可挡。不过，需要注意的是，在这样的情况下，还需要预备一些安全阀（减压阀），如1996年的EU指令就是一个典型的例子（EU指令实质上是英国模式向一些大国，如德国、法国妥协的产物）。

虽然说放松规制是大的方向，但不应当是被动地随波逐流，对于一些过
376 渡期可能出现的问题以及规制放松后可能出现的弊端等也应给予足够的关注，这正是赋予公用事业法研究者的最大的课题。

（1997年7月18日）

第 4 篇　展望——能源（行政）法的动向

第6章　能源（行政）法的动向

本书第1篇及第2篇主要就能源法进行了探讨，在第3篇中广泛探讨了 378
政府规制产业问题。第4篇则主要展望能源法（特别是能源行政法）今后有待研究的课题。

6.1　地球环境问题

6.1.1　地球环境问题的登场

人们往往将能源主要角色的交替称为“能源革命”，而人类就是不断经历着“能源革命”。就日本而言，经历了第二次世界大战后大规模的水力发电、因倾斜生产方式而以“煤炭”为主角的时代，20世纪60年代前后，液体能源的石油成为主角。1970年代以后，作为替代石油的（国产及进口LNG）天然气、核能、可再生能源（除过去的水力、地热外，还有太阳光能、太阳热能、风力等）的比重逐渐增大。

21世纪被认为是“氢能源”的时代，但如何制造廉价且安全的氢气？需构筑怎样的基础设施？燃料电池汽车及（产业用、办公用、家庭用）定置型燃料电池的普及始终未能见到。而在这一过程中，从20世纪末开始，由温室效应气体引发的地球环境问题逐渐浮出水面。

6.1.2　能源政策的变迁与两难困境

《能源政策基本法》（平成14年法律第71号）提出了三项政策目标：“确保稳定供给”（第2条）、“环境适应性”（第3条）、“市场原理的有效利用”（第4

条），换言之，能源政策以实现“3E”为目标。对3E构成要素的理解可能会
379 因人而异，有些许的不同，但通常是指：① Energy Security（能源安全保障及能源的稳定供给）；② Economy（经济性或经济效益）或 Economic Growth（经济成长或经济发展）；③ Environment（环境）。

本书第1篇1.5.1节中曾就能源政策作过论述，但即使从笔者开始从事能源法研究的1977年以后来看，能源政策的重心也发生了重大变化。1970年代后半期以来，政策重心大致经历了“能源的稳定供给”——→“经济性”（市场原理）——→“地球环境”的演变过程。福田、麻生内阁以来，地球环境问题成为近期的政治靶心，2009年9月，鸠山首相在联合国气候变动峰会上建议大幅削减温室效应气体排放，提出了较1990年减少25%的目标。由此，地球环境问题成为能源政策最为重要的课题而被聚焦。

当然，从能源安全保障的观点来看，原来的化石燃料及用于原子能发电的铀的确保等仍是非常重要的政策课题，这一点万万不可忽视。

6.1.3 解决地球环境问题的“王牌”

为削减以CO_2为代表的温室效应气体排放而采取相关政策时，要考虑以下因素：① 一步跨入“氢能源社会”或“可再生能源社会”显然不可能，因此，对于现有的化石燃料如煤炭、石油、天然气等，努力提高其利用环节、消费环节的使用效率及节能就尤为重要；② 笔者曾就核能法进行过考察研究，并有过相关论述，虽然本书割爱未加收录，但要解决地球环境问题，“核能”这项内容是必不可少的；③ 如何将可再生能源（自然能源及未利用能源）纳入日本的能源系统将成为重要课题。

人们对于太阳光能发电、风力发电、电动汽车等往往不吝赞誉之词。当然，即使在目前的时点上这些也都是很重要的，但切不可忘记，它们的普及以及对总体能源需求做出贡献还有相当长的路要走。

380 6.1.4 促进可再生能源普及的对策之一

说到可再生能源的普及问题，会让人想到曾经的以“软能源路径论”

为象征的“分散型发电”对阵“大规模发电”的对立画面。但日本的有识之士在某种程度上达成的共识认为，未必能断言分散型发电与大规模发电是一种相互对立的结构，如果将它们定位为是一种“互补性”的存在，和平共存是完全可能的。

可再生能源特别是光伏发电及风力发电，作为防止地球温暖化、实现“低碳社会”的王牌，促进它们发展的相关对策将成为热门话题。

1. 太阳能光伏发电

NEF（新能源财团）受 1981—1987 年通商产业省新能源开发计划推进本部的委托，进行了名为“关于新能源技术产业化条件整备的调查研究”的课题研究，笔者曾在该课题的研讨会上建议，作为促进其普及的对策措施，应给予装备设置费补贴，但被指为“这岂不是在给个人资产形成发放补贴吗?”此外，受美国公用事业规制政策法第 210 条的启发，还提出了由电力公司收购剩余电力的提案，但也因部分委员的异议而遭否定。前者关于装备设置费补贴，后来在国家层面以及地方自治体层面均得到了实施。后者关于剩余电力收购，1992 年时，电力业联合会提议，可按与电力销售价相同的价格（在当时与其他国家相比属较高的价格）收购光伏发电的剩余电力，该提议也得到了电力基本问题研究小委员会的认可。由电力公司收购自发电剩余电力的制度一直持续到 2009 年 10 月。同年 11 月，政府将收购光伏发电剩余电力作为电力公司必须履行的义务，而且还将一般家庭销售剩余电力的价格提高至电力公司售电价格［24 日元/（千瓦·时）］的 2 倍［48 日元/（千瓦·时）］，同年 12 月（即此文执笔时）正在讨论全量收购的提 381
案。实在是有一种恍如隔世之感。

虽然说笔者比谁都更强烈地希望光伏发电得到普及，但总觉得在最近的讨论中有些论点被忽视了。

（1）“踏空风险”

站在未设置光伏发电者的立场来看，尽管从 2009 年 11 月开始实行了剩余电力收购，但仍觉得（设置光伏发电设施）“暂且不论什么道义之类的大道理，总觉得是一种被强加的负担”，如果那么想的话，即使是新建独栋住宅，决定安装光伏电板的家庭也不会很多。如果是因遗产或赠予等获得的房屋，虽不用花费土地出让金，但将门扇、遮阳帘、家具等都算进去的话，也是一笔不小的开支，预算也很紧张，何况还要加上地价，那就更会远离“光伏发电”了。即使考虑到有扶持政策，或多提供一些贷款，对于年收入没有两千万日元以上的家庭恐怕也是相当紧张的。至于那些不能获得长期贷款的中老年人、退休人员，就更没有能力进行房屋的新建、改建了。

关于住宅，第二次世界大战后，每 20~25 年左右就进行一次翻建，住宅成为消耗品的情况并不罕见。不考虑屡屡出现的缺陷住宅，住宅建筑物主体或基础的长寿化、百年化，无论从建筑垃圾削减、资源有效利用的角度，还是从提高抗震性角度来看都是人们所希望的。因此，如果是大型预制装配式房屋的建造商，通常都会进行房屋地基调查（必要的话还会进行地基改造）、墙壁、玻璃的节能化、建造后大约每十年左右还须定期进行屋顶、墙面的涂漆粉刷等修缮。但随着人口的老龄化，苦于修缮费用支出的家庭越来越多，这是无法掩盖的事实。

至于非独栋住宅（公寓式住宅），从物理空间上看似乎存在安装光伏电板的可能性，但如果电力公司不是与整栋住宅的所有住户只签署“一份合同”的话，就很难纳入“剩余电力”收购制度的框架内。即使假定这一问
382 题也能够解决，但围绕维修费用在住户之间的分摊等问题似乎也会有争议，总之，会有相当大的难度。

不管怎么说，如果改行全量收购制度的话，这些未设置光伏发电设施者的“踏空风险”将会进一步加大。

（2）“持有风险”

为普及独栋住宅光伏电板发电，实行了设置费补贴及剩余电力收购等优惠措施，这无疑减轻了设置时的费用负担。此外，最近还出现了建造商在接受独栋住宅建造订单时，还把光伏面板作为“标准规范”配置，确实让人感到欣慰。如果要定制非标准规范的厨房系统或导入 TES（中央热水系统）的话，建造商的选择、价格交涉、发订单、维护保养等一切与建造商无关，所有责任都转移给了定制者（即设置者），根据笔者的亲身体验，那是非常麻烦的事，所以说将光伏面板配置标准化、规范化具有非常重要的意义。但尽管有这样一些环境条件的配合，设置者仍要承担“持有风险”。

首先，据（2009 年 12 月 3 日日本经济新闻晚报第 11 版）报道，未实行标准规范配置的新建住宅或现有住宅增设光伏面板时，各种纠纷不断。而且，虽然

2009 年 11 月以后的剩余电力收购价格是按 10 年收回投入资本的目标来设定的，但是，随着普及程度越来越高，出于公平负担的考虑，说不定哪一天会出现与当初描绘的构想不同的情况，如电力收购价格大幅下降，甚至取消收购（或暂停收购），这种情况未必一定不会发生。即使考虑到环境费，客观上将来市场价格下跌的趋势可以说也是不可避免的。

尤为严重的是，日本的地形特点是平原较少而国土狭窄，城市中建筑物
鳞次栉比，是否一直都能保持当初设置时的采光状况也是无法保证的。比如
说，在第一类低层住宅专用区域及第二类低层住宅专用区域里，建筑物的高
度是有限制的（建筑基准法第 55 条），但因此就能放心了吗？由于没有考虑宅基
地间的高低落差，因此当宅基地存在高低差的情况下，建筑物限高就起不到
安全阀的作用了。连低层住宅专用区域尚且如此，如周边有建筑物的新建或
改建的话，可能导致原来的住宅成为高楼谷底，太阳光被遮挡，结果采用光
伏发电反而不合算，现实中这样的事例也曾有报道。如果没有明确规定类似
于曾经有过的“日照权”那样的光伏发电“采光权”，就会埋下导火索。包 383
括类似于日照权的基准设定等，都是今后需研究的课题。

再进一步来说，包括光伏面板在内的组件还不能说无须维护保养，因此光伏发电系统如何维修保养，从经济核算的角度来看也是极为重要的，但目前该风险是留给设置者的。

另外，众所周知，光伏面板的技术进步日新月异，不断会有更高转换率的新产品上市。因此，设置后，与最新型的相比，当初购买的就显得不便宜了，所谓早买必亏，这也是设置者需承担的风险之一。

除了上述风险之外，还有一个问题就是光伏组件的寿命问题。即使能如预估的那样，十年内能收回费用，但并非十年之后就弃之不用了。而且因设置场所的不同，如有无海风等因素，其使用年限也会有差异。假定使用年限为 20 年左右的话，从爆发性地普及推广期经过 20 年左右之后，使用过的废旧面板可能会堆积如山。届时如果设置者（或其房屋继承人）不具备更新光伏面板的经济能力的话，就不得不关闭该“光伏发电厂”。那样的话，还隐含着使用年限到期后出现大量光伏面板报废的危险性。2009 年时，为了普及推广光伏发电很是热闹了一阵子，但当前是不是该前瞻一下 10 年、20 年后的情况？此外，还可能会发生因收入减少而无力偿还住房贷款或因遗产

继承上的纠纷等，而不得不将房屋转让他人的情况。无论原来设置的光伏电板完好程度如何，如果是旧房，房屋本身可能会被拆除，而且如果宅基地面积较大的话，不排除会出现宅基地拆分或改建多户住宅的情况，在这种情况下，该“光伏发电厂”也就不得不消失了。

(3) 降低持有风险的对策之一

已知独栋住宅安装光伏面板伴有很大的风险，因此，光伏发电普及的目标对象，可以考虑先从独栋住宅中选择规模相对比较大、在一定程度上有能力消化上述风险的独栋住宅开始。据最近的报道，由电力公司、新潟县等自治体及夏普等制造商为主导正在推行大型（1 000 kW）太阳能发电计划，这些都是很不错的选项。

不时还看到有些自治体宣布将积极推行在公共建筑物上设置太阳能光伏
384 发电装置，这很鼓舞人心。说到公共建筑物，据有关报道，曾有人借用美国前总统奥巴马的绿色新政提出了实行“学校新政”的构想。实际上很多校舍的建筑物已老化，而且还因少子化等因素的影响，10 年间关闭的学校已超过 5 000 所（2009 年 11 月 14 日，日本经济新闻晚刊第 6 版）。学校被指定作为开阔地避难场所的情况也较多见，因此，如果是具备较好抗震条件的校舍，经过改建或增强抗震性能后，用来作为光伏发电应该是件有意义的事情。而其他的公共建筑物（无论是共有还是私有），比如说体育馆、剧场等，有报道说它们的天花板的抗震性并不是很好（2009 年 11 月 10 日，日本经济新闻晚刊第 16 版），如果不配套进行改造或增强抗震性的话，是达不到安装光伏发电的要求的。

不管怎么说，将重心移至公共建筑物、工厂、大楼等应该是个重要的选项。

(4) 降低持有风险对策之二

前述“降低持有风险对策之一”，主要是作为对独栋住宅普及光伏发电的替代性或补充性的选项，下面再从独栋住宅如何普及光伏发电的角度来思考降低持有风险的对策。

最重要的一点，就是作为政策目的应该是既不让设置者个人承受损失，又要增加光伏发电设置量，但现状是感觉设置者个人承担的风险过大，设置者个人既是设置者又是运营者或应用者。因此，转换思路，想到了一种新的选择，即培育一个代办融资、运营、操作、零部件更换、设备更新等各种事务的新行业。除了长期租用或短期借用这样一些方法外，极端而言的话，独栋住宅的所有者可以只提供屋顶作为光伏发电组件的设置场所，除导入自己家庭使用外，包括售电在内的运营、应用等其他一应事务全部委托企业办理。接受上述事务委托的企业可以是电力系企业、也可以是ESCO（节能服务企业），这种新的商业模式或许已经诞生了（在某些情况下，也可能会夹杂着一些欺诈性的商业手法），这样的话，设置者个人的风险就可大幅降低。

2. 风力发电

即使从风源的角度考虑是合适的风力发电场所，但可能因风力发电会造成对候鸟的伤害，特别是当设置场所是在陆地（在岸）的情况下，可能会对周边居民造成（低周波）噪声伤害或风害等，也就是说，可能会面临风 385
力发电与环境协调这一难题；反过来从设置者方面来看，要想确保足够的风力，不仅有土地所有或土地占用的问题，还会面临对周边土地能够取得怎样的权限的法律问题。

3. 小结

综上所述，可再生能源发电还存在诸多如权利关系、设置者承受的风险、环境影响评估等有待解决的问题。如果政府不是只追求眼前的数量、真正立足于长期发展来促进其普及的话，希望能够正确认识这些问题，并为解决这些问题迈出切实的一步。

此外，对其他国家的制度还应进行正确的解析，“既要大胆又要细心”，也就是说，既要采取大胆的政策，同时又必须对于这些促进政策可能带来的负面效应以及盲点给予足够的关注，努力使这些盲点最小化，冷静地来应对。

6.1.5 促进可再生能源普及的对策之二

促进可再生能源普及的第二个问题是与现有网络并网的关系问题。

就电力而言，也就是美国前总统奥巴马提倡的“智能电网”的政策。有观点认为，日美在电网的配备、维护管理方面，情况不一样，因此不能一概照搬智能电网的构想。

特别是可再生能源的电源，如风力电源，根据其是否会影响到跨电力公司间的连接线而应对方法也不同。笔者曾参加过 2004 年电力系统利用协议会（ESCJ）刚起步时的“规则制定委员会”的工作，记忆中那时还没有清
386 晰地意识到这些问题。不过，还记得因该协议会的事务去欧洲出差时，当时有大量来自德国北部的风力发电的电力输往下游的比荷卢经济联盟三国，对于他们是如何来进行控制的问题曾经很感兴趣。

据悉，在日本如果增加风力或光伏电力导入量的话，除了发电量会受季节性，或时间性影响变动以外，更麻烦的是周波数的变动。风力或光伏发电的设置者如果合用蓄电系统的话，问题可能会有所缓解，如果不是那样的话，地方电力公司的线网部门在送变电层面该如何应对将会成为一个课题。

不管怎么说，由于进入的是一个未经历过的世界，因此期待能构筑一个比以往更具灵活性的系统。不过，为此大概需要花费多少费用？究竟该由谁来负担（是由发电设施的设置者负担还是由全社会来负担），等等，这些都是需要研究的课题。

另一方面，关于可再生能源接至燃气或供热网络的问题，如果只接受在质量上达到一定标准的可再生能源的话，那么在控制上就不会有困难。因此，在燃气和供热方面，可再生能源与网络的相容问题恐怕还不是主要的，更希望看到企业能在观念上将自己所从事的事业定位于新一代“智能能源”或“全方位能源利用”担当者，努力为实现低碳社会做贡献。在此意义上，该观点与智能电网论是不同的。这是笔者在热电联供研究会及其前身 CES（社区能源系统）研究会、2003 年热供给事业协会供热业状况特别委员会、综合资源能源调查会城市热能分会以及相关研究会学习时的感受。

387

6.2 政府是否应实行强规制

6.2.1 温室效应气体排放规制

1990 年时，笔者曾说过：“作为解决地球环境问题的对策，恐怕必须要超越单纯的社会性规制，（在燃料使用、发电总量等方面）也不完全排除进一步强化更具管制性规制的可能性，哪怕这种规制只是部分性的”。把解决地球环境问题放在最优先地位时，实施强有力的国家管制不是不可以考虑，

比如说对所有家庭及所有企业实行排放量配额制，对于超过月排放额度的，可以考虑让其购买排放权，这样也许更合情理，或者也可以让其支付罚金。

如果只从控制温室效应气体排放来考虑，上述管制应该是有意义的，但如果管制过度的话，国民生活及企业活动会有压抑感，从而导致生活舒适度、满意度的下降、经济活动的停滞。在此意义上，怎样来减少温室效应气体的排放？目标的确立、实现目标的手段、目标实现的进程等都极为重要。

例如就汽车而言，像混合动力汽车、电动汽车、（开发稍显滞后的）燃料电池汽车等这样一些有助于减少温室效应气体排放的汽车，在开发环节的竞争势头非常强劲，在国际层面上，汽车制造商以及相关产业都卷入了其中。相对于开发环节的竞争，也可以采取其他一些较为中性的措施，如对于购买有助于减少温室效应气体排放的“环保汽车”给予补贴、减税等优惠措施等。但如果采用的扶持政策忽视该类车的燃料供给基础设施，只限定特定种类的车辆给予扶持的话，就会扭曲开发竞争、阻碍其他类型的车辆将来的技术开发，甚至有可能阻碍“环保汽车”开发整体的健康发展和普及，对这些问题的关注也很重要。

6.2.2　是否应进一步自由化 388

目前，地球环境问题可说是人们最关心的大事，而有关所谓自由化问题的讨论却有点降温了。但作为研究课题，关于包括家庭用户在内的“完全自由化的是与非”、为促进竞争“对垂直一体化型企业实行法律上的分离或所有权拆分的是与非”“外资对网络准入的是与非”等问题的讨论，并没有得到明确答案就这么搁置着了，因此今后重新拿出来讨论的可能性并非完全不存在。

以往的自由化，虽不能说都是那样，但先由内阁作出决定，然后再在内阁决定的框架内召开审议会的先例并不罕见。在以“政府”为主导、民主党为核心的联合内阁下，政策决定程序将会发生怎样的变化？或者会不会有变化？很多问题都还是未知数。但不管怎样，自由化已有一定进展，目前正是对自由化冷静地进行反思和再研究的时期。在进行再研究时，不应当只是简单地围绕自由化实现的程度怎样、有哪些阻碍因素等眼前的问题，而应就一些更为根源性的、本质型的问题，如自由化的本来目的是什么？自由化的手段有哪些？为什么这些手段是必需的？成功实现自由化的前提条件具备了没有？在自由化的过程中，新构建的电力系统利用协议会及电力批发交易所等能不能充分发挥其功能等问题，展开充分的讨论。

在此基础上，对于“应当要改变的”是什么？或者反过来说，应当要维持的、“不能改变的”是什么？应该有所区分、有所选择。

另外，当一种新的供给形态出现时，不要抱着“一开始就要规制”的思路，而应当以“无规制”“非规制”为前提，在此基础上，视今后是不是会带来弊端以及弊端的程度等再来考虑如何应对，希望是基于这样一种观念的规制。

内容提要

本书作者以历史、理论和政策三位一体的独特视角，介绍了日本能源法数十年的发展研究成果，通过与欧美等的比较研究，从一般意义上分析了政府规制产业法的基本思路、主要的手段方法及各自的利弊，并进一步探讨规制改革的方向及主要研究课题等一些理论问题。全书共分 4 篇 6 章，第 1 篇中第 1 章为能源法的概念；第 2 篇介绍电力业和燃气业的规制与竞争，包括第 2 章日本电力业和燃气业规制的历史，第 3 章电力和燃气业规制改革论；第 3 篇政府规制产业法，包括第 4 章政府规制产业法论，第 5 章规制重构时代的政府规制产业法；第 4 篇为展望——日本能源（行政）法的方向，包括第 6 章能源（行政）法的动向。

本书可供从事能源、电力等相关研究领域的专家及学者借鉴参考。

藤原淳一郎

学历：1944 年出生于日本兵库县，县立神户高中毕业，庆应义塾大学法学学士，神户大学研究生院法学硕士，庆应义塾大学法学研究科公法学专业博士课程法学博士。

履历：庆应义塾大学法学部助教，专任讲师、副教授，1987 年任庆应义塾大学法学部教授，2009 年 3 月退休，自同年 4 月明治学院大学法学研究生院加收，庆应义塾大学名誉教授至今。2003 年取得律师资格。

社会任职：历任电力、燃气、石油各审议会专业委员；现任信息通信委员会、信息通信行政（邮政行政）审议会各专业委员、防卫人事审议会委员、能源综合推进委员会专业委员、原子能发电环境整备机构信息公开适正化委员会委员长等。

主要著作

《十九世纪美国电力行业规制的展开》（庆应义塾大学法学研究会丛书第 48 卷，1989 年）获公用事业学会奖

《现代经济社会与法（现代经济法讲座 1）》（合著，三省堂，1990 年）

《（教科书）行政法》（合著，有斐阁，1994 年）

《信息公开等审查会答询案例集》（合编、行政，1998 年）

《亚洲 基础设施》（编著，庆应义塾大学出版社，1999 年）

《市场自由化与公用事业》（监修，白桃书屋，2007 年）